Topf- und Kübelpflanzen

Joanna K. Harrison
und Miranda Smith

Topf- und Kübelpflanzen

Die schönsten
Pflanzkombinationen für
Balkon & Terrasse

KOSMOS

Impressum

Aus dem Englischen übersetzt von Dr. Wolfgang Hensel

Titel der Originalausgabe: Container Gardening:
Pots, Tubs, Baskets and Window Boxes
erschienen bei Quarto Inc. unter der
ISBN 978-1-59486-958-7

Umschlaggestaltung von Estudio Calamar unter Verwendung von 4 Fotos von Friedrich Strauß (Vorderseite,
Rückseite Mitte, rechts) und Jonathan Buckley / The Garden Collection (Rückseite links).

Alle Angaben in diesem Buch sind sorgfältig geprüft und geben
den neuesten Wissensstand bei der Veröffentlichung wieder. Da
sich das Wissen aber laufend in rascher Folge weiterentwickelt
und vergrößert, muss jeder Anwender prüfen, ob die Angaben
nicht durch neuere Erkenntnisse überholt sind. Dazu muss er
zum Beispiel Beipackzettel zu Dünge-, Pflanzenschutz- bzw.
Pflanzenpflegemitteln lesen und genau befolgen sowie Ge-
brauchsanweisungen und Gesetze beachten.
Die Blütenfarben sind sortenabhängig, daher können auch
Farben auf dem Markt sein, die im Buch nicht genannt werden. Die Blütezeiten sind ebenfalls sortenabhängig, aber auch
klima- und standortabhängig. Die angegebenen Wuchshöhen
und -breiten der Pflanzen sind Mittelwerte. Sie können je nach
Nährstoffbehalt des Bodens variieren. Verschiedene Sorten
können deutlich größer oder auch kleiner wachsen als die Art.

Unser gesamtes lieferbares Programm und viele
weitere Informationen zu unseren Büchern,
Spielen, Experimentierkästen, DVDs, Autoren und
Aktivitäten finden Sie unter **www.kosmos.de**

Gedruckt auf chlorfrei gebleichtem Papier

Für die deutschsprachige Ausgabe:
1. Auflage
© 2009 Franckh-Kosmos Verlags-GmbH & Co. KG,
Stuttgart
Alle Rechte vorbehalten
ISBN 978-3-440-12189-4

Projektleitung: Kullmann & Partner GbR, Stuttgart
Lektorat: Sabine Fels, Simmozheim
Produktion: Kullmann & Partner GbR, Stuttgart
Satz: Kullmann & Partner GbR, Stuttgart

Printed in China / Imprimé en Chine

INHALT

GESTALTUNG UND DESIGN

In einem mobilen Garten aus Töpfen und Kübeln kann der Besitzer seine Kreativität und seinen persönlichen Geschmack ausdrücken – und ein solcher Garten ist praktisch. Dieses Kapitel stellt die wesentlichen Prinzipien eines guten Designs vor und bringt Ordnung in die unüberschaubar vielen Kombinationen aus Gefäßen und Pflanzen. Vor der praktischen Arbeit müssen zunächst einige wichtige Fragen beantwortet werden: Was sollen Gefäße und Pflanzen ausdrücken? Wie sollen sie wirken? Wo werden sie stehen? Bei allen Antworten steht das Gesamtbild des Gartens im Vordergrund. Es geht weniger um die Wirkung eines einzelnen Gefäßes, sondern um den harmonischen Zusammenklang von Haus, Garten und Pflanzgefäß. Aus dieser Harmonie erwächst ein persönlicher Stil – formal, locker oder humorvoll.

Töpfe mit Tradition

Die Tradition ist alt: Seit der römischen Antike – vermutlich sogar schon früher – haben sich Gärtner mit grünem Daumen darum bemüht, die angenehmen Seiten eines mobilen Gartens zur Geltung zu bringen.

TÖPFE AUF DEM DACH

Im antiken Griechenland feierten die Frauen zur Sommermitte das Adonisfest. Um den Tod von Aphrodites Liebhaber zu beklagen, kletterten sie auf die Hausdächer und säten in Tontöpfen oder -körben Fenchel und Salat, Weizen und Gerste aus. Zwischen den Töpfen standen Statuen von Aphrodite aus Wachs oder Terrakotta. Die Samen keimten rasch aus, vertrockneten und wurden nach acht Tagen weggeworfen. Der Brauch sollte das vergängliche Schicksal der Pflanzen und den frühen Tod des schönen, jungen Mannes symbolisieren.

W ie ein Gefäß optimal gestaltet und bepflanzt wird, basiert auf Gestaltungsprinzipien, die sich von der Antike bis heute kaum geändert haben. Die Gärtner der antiken Ägypter, Griechen und Römer ließen ihre Pflanzen vor allem aus praktischen Erwägungen in Terrakottatöpfen wachsen: Das Klima war heiß, die Sommer lang und die Böden vielerorts schlecht oder ausgelaugt. Ausgrabungen in Kreta brachten minoische Terrakottatöpfe (die Minoer lebten vor etwa 5000 Jahren auf der Insel) zutage, in denen vermutlich Sträucher und Blumen, wie Feigen, Granatäpfel, Rosen und Lilien wuchsen.

In seinem Buch De Agricultura (um 160 v. Chr.) beschreibt der römische Autor Cato d. Ältere, wie man Bäume aus Wurzelstecklingen in Terrakottatöpfen vermehrt. Wenn die neuen Bäume ausgepflanzt wurden, zerbrach man den Topf und legte die Scherben mit ins Pflanzloch. Als Archäologen den alten Garten des Hephaistos (460–420 v. Chr.) an der Agora in Athen ausgruben, fanden sie mehrere Blumentöpfe, die in einer Reihe parallel zu den seitlichen Säulen des Tempels ausgerichtet waren.

Die ersten Fensterkästen und Hängekörbe

Im Laufe der Zeit setzte es sich durch, Dächer und Balkone dauerhaft mit bunten Blumentöpfen zu schmücken.

In Rom und Pompeji war es allgemein üblich, Dächer und Terrassen zu begrünen. Obwohl die Häuser in Pompeji dicht an dicht standen und Wasser knapp war, hatten viele Häuser große Blumenkästen vor den Fenstern. Plinius d. Ältere meinte dazu: „Jeden Tag wurde den Augen das prächtige Schauspiel eines Gartens vorgegaukelt, als sei er ein Werk der Natur." Auch Granatäpfel, Feigen, Oliven und Lorbeer wuchsen in Töpfen oder Hängekörben.

Die vermutlich berühmtesten mobilen Gärten waren die „Hängenden Gärten" von Babylon. König Nebukadnezar II. ließ sie im 6. Jh. v. Chr. für seine heimwehkranke Frau Amitis einrichten, die sich nach den Bäumen, Blumen und Hügeln ihre Heimat Medien sehnte.

Islamische Gärten

Um 800 n. Chr. entstanden im heutigen Iran, Irak und Syrien herrliche islamische Gärten. Diese Hofgärten waren mitten in der lebensfeindlichen Wüste Oasen süßer Düfte und leuchtender Farben. Formal angelegte Blumenbeete ordneten sich um Wasserrinnen und kühlende Teiche, und in den Kübeln wuchsen sorgfältig beschnittene Mandel- und Aprikosenbäume und Zypressen neben Rosen, Kletterpflanzen, Jonquillen, Goldlack und Tulpen. In diesem Paradies auf Erden fanden die Menschen Ruhe und Frieden. Die Araber, die 700 Jahre lang, bis 1492, die politische Landschaft Spaniens bestimmten, brachten

Formaler Garten mit Blumentöpfen
Das Gemälde von Theodorus Pulakis (um 1650) *David beobachtet Bathseba im Bad* zeigt einen europäischen formalen Garten, in dem Blumentöpfe eine wichtige Rolle spielen.

Rankgitter nach Maß

Das Bild aus einem illustrierten Manuskript des 16. Jhs. zeigt Kapuzinerkresse, die in einem blauweißen Topf wächst und über ein kleines Rankgitter klettert. An diesem Prinzip hat sich bis heute kaum etwas geändert. Das Aquarell stammt aus einem frühen Pflanzenbuch (*Camerarius Florilegium*; um 1589).

ihre Gärten mit nach Europa. Die spanischen Hofgärten wurden zu Orten der Entspannung und Begegnung. Der Orangengarten in Cordoba bei der Großen Moschee ist einer der ältesten Gärten Europas. Hier wachsen zwischen Brunnen und Teichen zahlreiche Pflanzen in Kübeln.

Mittelalterliche Wurzeln

Die europäischen Wurzeln des Kübelgartens reichen bis ins Mittelalter zurück (etwa 750–1250). In den Klostergärten wuchsen nicht nur Obst, Gemüse und Kräuter für die Küche, sondern auch Heilpflanzen. Viele Zierpflanzen wie Rosen, Lilien und Schwertlilien hatten christlich-symbolische Bedeutung und wurden als Altarschmuck geschnitten.

Um die Mitte des 13. Jhs. setzten sich in den großen Häusern Gärten durch, die in vielerlei Hinsicht den Gärten der Mönche glichen: Sie waren von einer Mauer umgeben und mit Obst, Gemüse und Kräutern bepflanzt. Diese Gärten waren aber nicht mehr nur Nutz- sondern vor allem Ziergärten. Dafür spricht die sogenannte Rasenbank: In einen Kasten mit Erde säte man Gras und duftende Kräuter aus und ließ sich darauf nieder, um den Garten zu betrachten.

Auf mittelalterlichen Wandteppichen, in Handschriften und Zeichnungen sind solche Gartenszenen dargestellt und häufig sieht man darauf auch Pflanzen in Kübeln und Töpfen im Haus und im Garten. Besonders beliebt waren duftende Pflanzen, etwa Nelken und Goldlack. Die Blumen wurden in Keramiktöpfe gepflanzt und in geflochtenen Körben transportiert, wie auf einem Gemälde des 15. Jhs. zu sehen ist. Es stellt die romantische, französische Romanfigur Renaud de Montauban dar.

In jener Zeit begannen Forschungsreisende und Kaufleute, die Welt zu erkunden. Sie reisten über die Seidenstraße in den Fernen Osten, segelten über den Ozean nach Amerika und kamen mit Samen und Topfpflanzen neuer und exotischer Arten zurück. Viele dieser Pflanzen waren empfindlich und überlebten nur in Töpfen, die im Winter durch Rahmenkonstruktionen geschützt werden mussten.

Französische Landschaftsarchitekten des 17. Jhs. ließen sich stark von der italienischen Renaissance beeinflussen. Sie pflanzten empfindliche Arten, wie Anemonen, Narzissen, Fingerhut und Tulpen, in Töpfe und kombinierten sie mit Zitrusfrüchten und Immergrünen, damit die Gärten unabhängig von Klima und Jahreszeit ganzjährig grün und bunt aussahen.

Der französische Gartenarchitekt André le Nôtre schuf nicht nur den weltbekannten Garten von Versailles, sondern auch viele andere Parks und Gärten. Zwischen 1686 und 1687 ließ er 250 000 empfindliche Sträucher und 3000 Bäume in Kübel pflanzen.

Inspiration aus Italien

Zu Beginn des 19. Jhs. war der italienische Stil in England sehr beliebt. Eine treibende Kraft dieser Mode war der Gartenarchitekt Sir Charles Barry. Er verarbeitete Eindrücke einer Reise zu italienischen Gärten und Villen in mehreren englischen Gärten. Der italienische Stil sah geometrische Grundrisse mit großen Terrassen vor. Lange Reihen aus Pflanzgefäßen betonten die strenge Formalität dieser neuen Gärten. Im viktorianischen England wuchsen

BELIEBTE KÜBEL

Eine besonders beliebte Kübelform sind die sogenannten Versailles-Kübel, die vermutlich auf Le Nôtre und seine Arbeiten zurückgehen. Man kann ein Seitenteil dieses kubischen Pflanzkübels aus Holz aufklappen, um leichter an den Metallkübel innen heranzukommen. Die Versailles-Kübel (rechts) haben Tradition, sind aber auch heute noch sehr beliebt.

Im 18. Jh. wurden zahllose exotische Pflanzen aus aller Welt nach England eingeführt und eröffneten den Gärtnern völlig neue Möglichkeiten – von formalen Gärten bis hin zu naturalistischen Landschaften. Viele dieser empfindlichen Pflanzen mussten in Kübeln gezogen werden und überstanden den Winter nur in Gewächshäusern.

RECHTS: **Versailles-Kübel**
Eine moderne Version des klassischen Originals aus dem 17. Jh.

OBEN: **Klassische Kübel**
Das Gemälde von Giusto Uten (Ende 16. Jh.) zeigt den Garten der toskanischen Villa Petraia. Pflanzkübel aus Keramik in geometrischen Reihen und an den Ecken säumen die Parterres.

GANZ OBEN: **Sanfte Grenzen**
Topfpflanzen auf den Mauern des Belvedere in der Villa Piatti in Rom (gemalt von George Samuel Elgood) geben der formalen Anlage einen persönlichen Stil.

Blumentopf für die Kontemplation
Der amerikanische Impressionist Frederick Childe Hassam (1859–1935) malte dieses Bild einer Frau mit Pelargonien-Topf Ende des 19. Jhs.

exotische Palmen und Orchideen in Gewächshäusern – natürlich in Kübeln und Töpfen – und die Massenproduktion von Gusseisen und Zement erlaubte die Herstellung von Gefäßen in allen möglichen Stilen. Die Menschen hatten mehr Freizeit als früher, und das Schlendern in den Parks war allseits beliebt. Die Gärtner reagierten, indem sie die Beete zu jeder Jahreszeit mit Einjährigen füllten, die in Töpfen vorgezogen wurden. Im Winter entschieden sie sich für Immergrüne, die sie mitsamt ihren Töpfe eingruben.

Die Neue Welt im Topf

In Amerika wuchsen die Pflanzen seit Mitte des 18. Jhs. oder früher in Gefäßen: Archäologen haben Blumentöpfe von spanischen Siedlern entdeckt, die schon 100 Jahre vor den Kolonialgärten Neuenglands in Gebrauch waren. In der Zeit des Bürgerkriegs wurde es modern, Pflanzen in verzierten, glasierten Töpfen zu ziehen. Zu Beginn des 20. Jhs. verstärkte sich der italienische Einfluss durch Einwanderung und Reisefreude. Die Landschaftsgestalterin Beatrix Farrand ließ europäische Themen in ihre Gartenpläne einfließen und gestaltete, angeregt durch Eric Soderholtz, Töpfe und Kübel, die den harten Wintern von Maine standhielten. Den Garten von Dumbarton Oaks in Washington DC gestaltete sie in den 1920er-Jahren; auch hier wachsen zahlreiche Pflanzen in Gefäßen. Etwa zur gleichen Zeit propagierte Irving Gill in Kalifornien erschwingliche, moderne Häuser, deren minimalistische weiße Mauern durch Blumenkästen und Kübelpflanzen aufgelockert wurden.

Der Stil des 20. Jahrhunderts

Ab dem späten 19. Jh. hatte die englische Gartengestalterin Gertrude Jekyll, die über 100 Gärten entwarf, einen enormen Einfluss auf britische Gärten. Sie verwendete Pflanzgefäße, um einem Garten Farbe und Textur zu geben, wobei sie vor allem Funkien in allen Formen liebte. Auch Vita Sackville-West setzte in den 1930er-Jahren zahlreiche Kübelpflanzen in ihren Garten von Sissinghurst (Kent). Sie schrieb: „Ich liebe Topfpflanzen … ich weiß, sie müssen dauernd gegossen werden, aber das wird durch die Möglichkeit mehr als ausgeglichen, sofort beliebige Farbakzente zu setzen." Sie gehörte zu den ersten, die alte Waschwannen aus Kupfer als Kübel verwendete. Die berühmte englische Gärtnerin Beth Chatto schrieb während eines Frankreichurlaubes Ende des 20 Jhs. in ihrem Garden Notebook: „Vor vielen Jahren faszinierten mich Pflanzen, die in allen möglichen Gefäßen wuchsen; darunter vor allem die großen Blätter von Funkien, die unerwartet zwischen Fuchsien hervorlugen."

In den modernistischen und minimalistischen Gärten der 1950er-Jahre kamen Topf- und Kübelpflanzen wieder in Mode. Leider sind davon nur die langweiligen und meist schlecht gepflegten Betonkübel auf Parkplätzen und in Einkaufsstraßen übrig geblieben.

Erst in jüngerer Zeit, in der Gärten als erweiterte Wohnräume verstanden werden, finden mobile Gärten wieder eine angemessene Würdigung. Töpfe und Kübel lassen sich zu immer neuen und anderen Arrangements zusammenstellen, mit denen sich ein moderner Garten sehr stylisch gestalten lässt.

Beton und Stahl
Die Pflanzen auf diesem Dachgarten wachsen in Kübeln aus Stahl und Beton – jeweils eine Hängebirke oder Sukkulente pro Kübel.

Warum Pflanzgefäße?

Was wäre ein Dachgarten in Marokko oder Manhattan ohne Blumen-
kübel, was ein Herrenhaus ohne Amphoren auf der Terrasse? Und wie
fühlte man sich auf einer spanischen Gasse, wenn nicht leuchtend bunte
Blumen aus Fensterkästen und auf Balkonen wucherten?

GUTE GRÜNDE FÜR EINEN TOPFGARTEN

- Ziehen Sie Gemüse und Kräuter im Kübel, um Geld zu sparen.
- Werten Sie eine langweilige Ecke im Garten auf.
- Schmücken Sie Pflaster- oder Betonflächen mit Farbe und Duft.
- Verleihen Sie einem Garten einen ganz persönlichen Stil, ohne großen Aufwand zu treiben.
- Schaffen Sie Blickpunkte in Haus und Garten.

UND WAS SPRICHT GEGEN DEN TOPF-GARTEN?

- Blumen, die in Töpfen wachsen, müssen regelmäßig versorgt werden. Ein vernachlässigtes Pflanzgefäß sieht sehr unschön aus. Wenn Ihnen das alles zu viel ist, kaufen Sie ein besonders hübsches Gefäß, und vergessen Sie die Bepflanzung.
- Schlecht aufeinander abgestimmt Arten, die sich gegenseitig den Platz streitig machen, sehen unschön aus. Solche Gefäße sind unattraktiv und schaden dem Gesamtbild.

Farbtupfer
Dekorativ bepflanzte Blumenschalen geben dieser Kiesfläche Farbe, Stil und Gediegenheit. In den Kupferschalen wachsen mehrere Tulpensorten, beispielsweise 'Apricot Beauty', 'Black Hero' und 'Negrita'.

Blumenkübel sind der Zuckerguss auf dem Gartenkuchen. Sei der Garten groß, klein oder nur eine Fensterbank: Es gibt für jeden Platz die richtige Pflanze im richtigen Gefäß. Mit einem Blumentopf kann man sehr spontan Kreativität ausdrücken und einen belebenden Akzent setzen. Das können duftende, farbenfrohe Blumen, Würzkräuter für die Küche und frisches Gemüse (gleich neben der Küchentür), ja sogar Bäume oder Sträucher sein. Pflanzgefäße locken Vögel und Schmetterlinge an, doch der wichtigste Aspekt hat damit nichts zu tun: Es macht Spaß, einen mobilen Garten zu gestalten! Dieses Buch zeigt ihnen Wege zum perfekt gestalteten Pflanzgefäß.

Vielseitige Lösungen

- Eine Zusammenstellung verschiedener Töpfe bring die Nüchternheit schattiger Ecken und bringt Farbe ins Einerlei.
- Bäume oder Bambuspflanzen im Kübel versperren unschöne Ausblicke in Nachbars Garten.
- Verkehrslärm wird durch hohe Gräser abgemildert, in denen der Wind rauscht.

Brauchen Sie Pflanzgefäße?

- Wollen Sie die Blicke auf einen Weg, die Gartengrenzen oder ihre Tür lenken? Pflanzgefäße sind der perfekte Rahmen.
- Lieben Sie das Gärtnern, haben aber nicht genug Zeit für ausgiebige Gartenarbeit? Pflanzgefäße sind die Lösung.
- Wollen Sie gesundes Obst und Gemüse anbauen, trauen aber dem Boden ihres Gartens nicht? Pflanzen Sie in bester Erde im Gefäß.

Praxis-Tipps

- Achten Sie bei Auswahl und Platzierung neuer Pflanzgefäße auf die Sicherheit.
- Passen Sie Bepflanzung und Material dem herrschenden Klima an.
- Stellen Sie wertvolle Pflanzgefäße, die gestohlen werden könnten, nicht an leicht zugängliche Orte.
- Machen Sie breite und niedrige Pflanzgefäße unattraktiv für Katzen. Zweige mit Dornen, zwischen denen die Pflanzen hindurchwachsen, halten Katzen ab. Eine Sandkiste in der Nähe könnte sie von den Kübeln ablenken.
- Schenken Sie den Pflanzen ein Mindestmaß an Aufmerksamkeit, damit sie nicht austrocknen und absterben: Jedes Gefäß braucht individuelle Zuwendung.
- Achten Sie darauf, niemandem durch die Pflanzen zu schaden: Der Kontakt mit Kakteendornen ist schmerzhaft, und der Saft von Wolfsmilchgewächsen kann die Haut reizen.

OBEN RECHTS: **Den Wind einfangen**
Pflanzgefäße sind mehr als frei kombinierbare Farbtupfer – sie regen auch andere Sinne an. Auf diesem Dachgarten fängt sich der Wind in den rauschenden Grashalmen und lenkt vom Straßenlärm ab.

RECHTS: **Relaxen statt schuften**
Mobile Gärten vergrößern den Wohnraum nach außen. Die pflegeleichten Echeverien neben den Liegen auf dem Holzdeck sehen einfach stylisch aus.

Ungeliebt und ungepflegt

Vernachlässigte Blumentöpfe sind schlimmer als gar keine. In diesem Topf hat sich das Lebermoos *Marchantia polymorpha* (unten) ausgebreitet. Ein Kübelgarten muss regelmäßig versorgt werden.

TIPPS

- Achten Sie bei der Auswahl der Container auf Qualität, nicht auf Quantität.
- Verzichten Sie in einem kleinen Garten auf Gras und Blumenbeete. Stellen Sie hübsche Blumenkübel auf Kies- oder Pflasterflächen.
- Wenn Sie einen langweiligen Garten für eine besondere Gelegenheit aufwerten möchten, entscheiden Sie sich für frisches, farbiges Laub und Blumen – das gibt Farbe und Glamour.

MEHR ZUM THEMA
Kapitel *Pflegeleichte Gärten* (S. 60)

1 Spiegel der Persönlichkeit

Ein mobiler Garten spiegelt Ihre Persönlichkeit wider. Haben Sie keine Hemmungen, nach Lust und Laune kreativ zu sein.

2 Das Umfeld muss stimmen

Berücksichtigen Sie die Umgebung, in der Sie den mobilen Garten präsentieren. Ist der Garten formal oder locker gestaltet? Modern oder klassisch? Wählen Sie Farbe, Material und Stil der Gefäße passend zur Außenansicht des Hauses. Beides sollte sorgfältig aufeinander abgestimmt sein.

8 GRUNDREGELN: Gestalten mit

5 Proportion und Endgröße

Jede Pflanze erreicht eine bestimmte Endgröße, die in die Wahl des Gefäßes einfließen sollte. Handelt es sich um eine rankende oder kletternde Art? Passen Wuchsform und Größe der Pflanze zur Größe und Form des Gefäßes?

Ein Schiff wird kommen
Auch ein altes Ruderboot kann kreativ bepflanzt werden. Wer mutig und geschmackvoll nach Ungewöhnlichem sucht, wird belohnt – hier der kleine Stadtgarten eines New Yorker Hauses, in dem ein Boot die Hauptrolle spielt.

Blickpunkte schaffen
Die modernen Amphoren mit zurückhaltender Bepflanzung stehen in der Sichtachse eines Kiesweges.

Quadratisch, praktisch...
Dieser Blumenkübel aus Blei und rostigem Eisen ist eigentlich eine Plastik, die mit *Buxus* bepflanzt wurde – den Buchsbaumtisch hat Tony Ridler gestaltet.

3 Gestalten mit Stil
Machen Sie sich Gedanken über einen einheitlichen Stil. Da ein Pflanzgefäß starke Akzente setzt, sollte es diesem Stil entsprechen. Art und Stil des Gefäßes bilden mit der Bepflanzung ein harmonisches Ganzes.

4 Warum Kübel?
Zu welchem Zweck brauchen Sie einen mobilen Garten? Soll er das Gartenbild unterstreichen, ihm Farbe verleihen? Möchten Sie Kräuter und Gemüse ziehen? Insekten anlocken? Denken Sie bereits beim Kauf des Gefäßes an den späteren Standort und den geplanten Zweck.

Pflanzgefäßen

6 Reizvolle Brüche
Regeln darf man brechen. Ein großer Blumenkübel mit niedrigem, beschnittenem Buchsbaum kann prächtig aussehen. Ein übergroßes Pflanzgefäß kann einem kleinen Garten einen Hauch von Weite verleihen. Es gibt nur eine feste Größe: die Schwerkraft. Jeder Kübel muss einen zentralen Schwerpunkt haben und mit ausgewachsener Bepflanzung stabil und sicher stehen.

Erhöhte Aufmerksamkeit
Die beiden Lavendel (*Lavandula*) in hohen Keramiktöpfen schaffen ein mobiles Blumenbeet in Augenhöhe. So kommt der aromatische Duft bestens zur Geltung.

7 Eine Auge für die Schönheit
Gefäßpflanzen sind dem Auge näher als Beetpflanzen. Bei ihnen zählt nicht nur die Farbe, sondern auch Geschmack (Gewürze), Textur, Duft und Geräusch. Je stärker ein Pflanzgefäß im optischen Mittelpunkt steht, desto mehr sollten Sie auf Qualität und Stil achten.

8 Möglichkeiten und Grenzen
Bevor Sie einen mobilen Garten bepflanzen, fragen Sie sich ehrlich: Wie viel Zeit und Sorgfalt können Sie in die Pflege investieren? Kommen Gefäße und Pflanzen mit dem herrschenden Klima zurecht? Nur wer realistisch an die Sache herangeht, wird belohnt, ansonsten enden teure Investitionen leicht in Frust.

Bepflanzen – die Grundregeln

An erster Stelle der Planung steht der optimale Standort. Danach werden die Pflanzen ausgewählt, die sich dort wohlfühlen. Dann erst folgt die Wahl des geeigneten Gefäßes: In welcher Form kommen die Pflanzen optimal zur Geltung und welche unterstützt am besten das Wachstum?

TIPP

Als Faustregel sollte eine ausgewachsene Pflanze etwa doppelt so hoch und anderthalbmal so breit sein wie der Topf.

KÜBEL IN BESTFORM

- Wenn Sie im Gartencenter ein Gefäß aussuchen, probieren Sie gleich ein paar Pflanzen-Kombinationen aus. Viel zu oft werden Töpfe und Pflanzen getrennt gekauft – spätere Enttäuschung inklusive.

- Vertrauen Sie ihrem persönlichen Gespür für Design. Machen Sie eine grobe Skizze des Pflanzenumrisses, und zeichnen Sie einige Kübelformen dazu. So sehen Sie, ob alles zusammenpasst.

- Kontrastierende Formen funktionieren eigentlich immer als Blickfang, beispielsweise ein kugelig beschnittenes Lorbeerbäumchen in einem Versailleskübel oder eine starre, stachelige Agave in einem runden, glänzenden Metalltopf.

Wenn Sie nach einer geeigneten Pflanze suchen, sollten Sie ihre Wuchsform kennen – aufrecht, kletternd, kriechend – möglichst auch die Endhöhe und -breite. Viele dieser Informationen stehen auf den Schildchen in den Gärtnereien (siehe auch die Vorschläge am Ende des Buches). Ein erfahrener Kübelgärtner weiß, wie sich die Bepflanzung im Laufe ihrer Entwicklung verändert. Die Wuchsform der ausgewachsenen Pflanze sollte harmonisch zum Kübel und zur Umgebung passen.

Richtiger Topf, richtige Pflanze, richtige Form

Das Gespür für die unterschiedlichen Wuchsformen, die Proportionen und ihr Zusammenspiel kann man erlernen. Auf den nächsten Seiten finden Sie die wichtigsten Grundregeln.

Pflanze und Gefäß im Einklang
Wenn Sie sich für eine Kombination entscheiden, vertrauen Sie auf Ihr Bauchgefühl. Diese Sukkulenten passen mit ihren beinahe aggressiven, starren Formen bestens zu der geometrischen Pflanzschale.

Hoch

Ein hohes Pflanzgefäß schreit geradezu nach Aufmerksamkeit. Es setzt einen modernen stylischen Akzent und harmoniert mit Formschnitt. Eine Amphore im griechischen Stil auf einer Plinthe gibt einem flachen Garten mehr Höhe. Ein hohes Pflanzgefäß eignet sich ideal für rankende Pflanzen; aromatisch duftende Arten kommen durch die Höhe stärker zur Geltung.

Rechteckig

Schmale, rechteckige Kästen oder Tröge sind ideal für eine Fensterbank. Achten Sie bei der Bepflanzung auf einen symmetrischen Aufbau, damit die Gestaltung nicht „schief" wirkt. Üppige, starkfarbige Arten wirken locker und besonders natürlich.

Oval

Rundliche Formen wirken locker, besänftigend und stabil. Runde Gefäße kommen im Zentrum eines Arrangements oder einer Fläche bestens zur Geltung. Diese Stimmung sollte durch die Auswahl der Pflanzen unterstrichen werden. Eine lockere, aber symmetrische Wuchsform sieht von allen Seiten gut aus.

Anregungen zur Bepflanzung

- Ein mit kugelig beschnittenem Buchs *(Buxus)* bepflanzter, hoher Terrakottatopf (oben)

- *Nassella tenuissima* (syn. *Stipa tenuissima*) in einem hohen, konischen Gefäß aus galvanisiertem Metall

- *Lilium regale* in schmalen, gemusterten Blumentöpfen

- Wilde Artischocke *(Cynara cardunculus)* und Duftpelargonien 'Lady Plymouth' in einer griechischen Steinurne auf einer Plinthe.

- Ein Fensterkasten mit rosafarbenen und roten Petunien, Pelargonien, blauen Winden, malvenfarbenen Lobelien und *Brachyscome* (oben)

- Buchsbaumkugeln, Alpenveilchen, Veilchen und kriechender Efeu in einem Fensterkasten aus Holz

- *Pennisetum orientale* 'Karley Rose' (Federborstengras) in einem modernen, galvanisierten Metalltrog

- Purpurner Zierkohl, Studentenblume *(Tagetes patula)* und Kapuzinerkresse in einem Steintrog

- Ein Topf mit *Heuchera* 'Silver Scrolls', hohem Purpurglöckchen *(H. americana)* und schwarzem Schlangenbart *(Ophiopogon planiscopus* 'Nigrescens') (oben)

- Japanischer Fächerahorn *(Acer palmatum* 'Atropurpureum') in einem glasierten Topf im asiatischen Stil

- Mehrere rundblättrige Funkien *(Hosta takudama)* und *H. undulata* in rundlichen Terrakottatöpfen

- Blauschwingel *(Festuca glauca)* in einem ovalen, polierten Metalltopf

Flach

Flache Töpfe kommen am besten dort zur Geltung, wo man sie von oben betrachten kann. Stellen Sie Schalen neben das Haus oder einen Sitzplatz, sodass man sie aus der Nähe sieht. Beschränken Sie sich bei der Bepflanzung auf flach wachsende Arten, die mit wenig Substrat auskommen.

Konisch

Die konische Form des Gefäßes sollte von einer fächerförmig ausgebreiteten Wuchsform aufgenommen werden. Konische Töpfe dürfen nicht kopflastig werden, sonst könnten sie umkippen.

Bauchig

In diesen Gefäßen sehen Pflanzen mit polsterförmigem Wuchs besonders attraktiv aus. Ideal sind aufrecht stehende Blüten und Laub, das weich über die Ränder wächst. Da ein großer Teil des Gefäßes von den Pflanzen verdeckt wird, darf man beim Kauf ruhig etwas sparen.

Anregungen zur Bepflanzung (Fortsetzung)

- *Sempervivum* in einer breiten, flachen Schale aus Terrakotta (oben)

- Panaschierter Thymian (*Thymus citriodorus* 'Variegata') zusammen mit *Iris reticulata* und gelbem Krokus in einem flachen Holzgefäß

- Grasnelken (*Armeria*), Moosphlox (*Phlox subulata)* und *Saxifraga* zwischen Kies in einem Steinbecken

- *Osteospermum* und *Heuchera* 'Plum Pudding' in einem niedrigen Gefäß

- Verschiedene Alpenpflanzen (Enzian, Storchschnabel) in einem Steintrog

- Kleine Narzissen und *Anemone blanda*

- Dicht an dicht gepflanzte *Saxifraga*

- Strauchmargerite (*Argyranthemum*) in einem Blumentopf aus Terrakotta (oben)

- Kugelig beschnittener Buchs (*Buxus*) in einem klassischen Terrakottakübel

- Wiesenmargeriten (*Leucanthemum vulgare*), *Anthemis tinctoria* 'Sauce Hollandaise', *Geranium himalayense* 'Plenum', Keulenlilie und purpurne Petunien in einem halben Fass

- Fenchel (*Foeniculum vulgare*) in einem halben Fass

- Currystrauch (*Helichrysum italicum*)

- Zwergpalme (*Chamaerops humilis*)

- *Heuchera* 'Cappuccino', *Hedera helix* 'Light Fingers' und schwarzer Schlangenbart (*Ophiopogon planiscapus* 'Nigrescens') in einem Terrakottatopf (oben)

- Margeriten, Osteospermum, Petunien, Eisenkraut, graublättrige Lakritzpflanze (*Helichrysum petiolare*) in einem Korb mit Plastikeinsatz

- Panaschierter Efeu, Pelargonien, rankende Fuchsien, Fuchsien und Lakritzpflanze (*Helichrysum petiolare*) mit hellgrünen Blättern in einem Hängekorb

- Erdbeeren in Terrakottatöpfen

Grafisch

Pflanzen wie Farne oder Palmen haben eine fast architektonische Form und kommen am besten als Solitäre zur Geltung. Gefäße mit scharfen, geraden Kanten wirken modern und zeitgenössisch – zu ihnen passen die klaren Formen von Sukkulenten und Kakteen. Töpfe und Pflanzen sollten als Blickpunkte inszeniert werden.

Freestyle

Manchmal ist es sehr erfrischend, alle Regeln zu brechen und etwas Neues auszuprobieren, um den Garten zu beleben und spannender zu machen. Das Gefäß könnte geometrisch geformt sein, aus glänzendem Metall bestehen oder unterschiedliche Materialien kombinieren (beispielsweise gebeizte Eiche mit polierten Steinen). Natürlich können Sie auch funktionelle

Gefäße zu Blumenkübeln umwidmen: Farbeimer, Körbe, Olivenölkanister, sogar alte Schubkarren. Sollte das Gefäß zu stark in den Vordergrund drängen, wird es mit rankenden Pflanzen etwas kaschiert. In ein interessantes Gefäß gehört dagegen eine aufrechte Pflanze, die nicht zu stark vom Topf ablenkt.

- Agave americana in einem glänzenden Kasten aus rostfreiem Stahl (oben)
- Zu Formen beschnittene Eibe (Taxus) oder Buchs (Buxus) in einem antiken Tontopf
- Keulenlilie in einem Terrakottatopf
- Bambus in einem matten Zinktrog

- Ein kegelförmiges Kupfergefäß mit einem japanischen Fächerahorn (Acer palmatum dissectum 'Crimson Queen' (oben)
- Eine einzelne Echeverie in einer großen Muschel
- Farbige Tulpen in einem Buddeleimer für Kinder
- Ein dickes Seil, das um einen Topf gewickelt wird

- Ein alter Schubkarren, in den Gemüse gepflanzt wird (oben)
- Kartoffeln in einem alten Mülleimer
- Erdbeeren in einer Dränageröhre aus Terrakotta
- Tomaten in einem alten Sack
- Dürreresistente Sempervivum, Saxifraga und Sedum in nicht mehr gebrauchten Kochtöpfen oder ausgedientem Geschirr
- Thymian oder Oregano in alten Gießkannen

Farbgestaltung

Jeder Mensch hat eine Lieblingsfarbe – ein Blick in den Kleiderschrank spricht Bände.
Der persönliche Geschmack ist bei der Auswahl der Pflanzen ähnlich individuell wie
bei der Wahl der Kleider. Bei der Gestaltung eines Pflanzgefäßes kommt es darauf an,
alle Farbtöne auf eine Haupt- oder Lieblingsfarbe abzustimmen.

PFLANZENFARBEN

- Purpur und Malve sind sehr vielseitige Farben. *Verbena bonariensis* zum Beispiel passt praktisch zu allen Partnern.

- Orange, Lachsrot und Rosa sind dagegen schwierige Farben, die nur mit Vorsicht verwendet werden sollten.

- Eine Kombination aus Limonengrün und leuchtendem Gelb (*Alchemilla mollis* oder *Euphorbia × martinii*) wirkt edler und moderner als ein klassisches warmes Gelb.

- Wählen Sie die Farben passend zur Jahreszeit.

- Im Winter werden die Farben anderer Pflanzenteile wichtig: Beeren, Rinde und Zweige.

- Auch Pflanzungen in einer einzigen Grundfarbe sehen attraktiv aus, wenn Sie auf verschiedene Tönungen derselben Farbe in Blüten und Blättern achten (siehe das Beispiel in Malve auf S. 26).

- Achten Sie bei warmen Farben auf ein Gegengewicht aus grünem Laub (siehe S. 23).

Die Entscheidung für eine Blütenfarbe ist sehr persönlich. Wer Malve oder helles Gelb liebt, dem wird Ihre orange- oder purpurfarbene Gestaltung wenig zusagen, aber die Bepflanzung Ihrer Töpfe ist allein Ihre Entscheidung. Blumen sollen ihren Besitzer erfreuen und nicht die Nachbarn. Das Farbthema der Arrangements muss daher optimal auf Sie selbst und die Umgebung des mobilen Gartens abgestimmt werden. Wem nützt ein unattraktiver Topf mit beliebigen Farben? Wenn Sie sich an einige bewährte Regeln halten, vermeiden Sie grobe Fehler, und Ihre Töpfe sehen zu jeder Jahreszeit optimal aus. Machen Sie sich zunächst mit den Farbharmonien und -kontrasten vertraut, bevor Sie eigene Kombinationen ausprobieren. Mit der Zeit bekommen Sie Erfahrung in der richtigen Zusammenstellung.

Farbkreis

Der Farbkreis ist ein einfaches, aber sehr effektives Hilfsmittel, um die Wirkung von Farben abzuschätzen; auch Künstler arbeiten damit. Die drei Primärfarben Rot, Blau und Gelb haben in ihrer Reinform keine gemeinsamen Farbanteile. Werden sie miteinander gemischt, entstehen neue Farben: Rot und Blau werden zu Purpur, Blau und Gelb zu Grün, aus Gelb und Rot wird Orange – die sogenannten Sekundärfarben.

Den Farbkreis nutzen

Auch im Garten kann die geschickte Zusammenstellung von Farben ein Blumenarrangement optimal zur Geltung bringen. Durch Kombination der geeigneten Farben erzielen Sie ganz genau die von Ihnen gewünschte Wirkung.

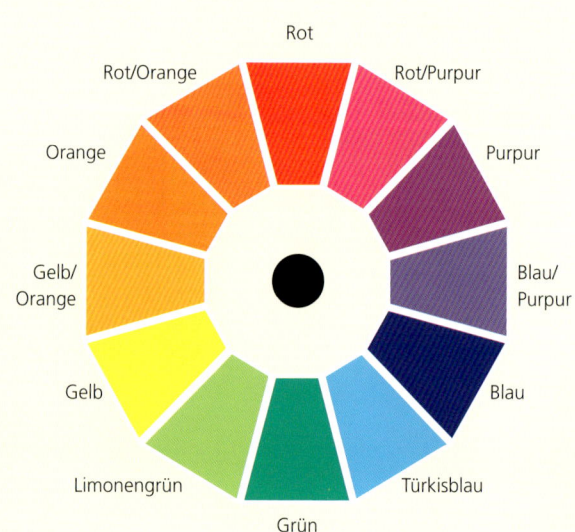

LINKS: **Violett- und Blautöne**
Im Frühling bilden Terrakottatöpfe mit *Crocus tommasianius* 'Whitewell Purple', *C.* 'Flower Record' und *Iris reticulata* 'Harmony' (im Hintergrund) eine perfekte Farbharmonie nach dem Farbenkreis. Das komplementäre Gelb der Osterglocken ganz hinten dient als Kontrast.

NATUR PUR

VORBILD NATUR

Nehmen Sie sich die Arten- und Farbkombinationen der Natur zum Vorbild. Wenn Sie sich am Umfeld Ihres Gartens orientieren, werden sich Ihre eigenen Arrangements gut einfügen. Sie wirken nicht nur harmonisch und naturnah, sondern locken auch Bienen, Schmetterlinge und andere Bestäuber in den Garten.

Komplementärfarben

Am sichersten fahren Sie mit den harmonisch aufeinander abgestimmten Farben, die im Farbenkreis dicht nebeneinanderstehen – sie haben gemeinsame Farbanteile. Dagegen bilden Farben, die sich gegenüberstehen, einen starken Kontrast – Gelb und Purpur sind solche Komplementärfarben. Der englische Landschaftsmaler John Constable malte stets einen kleinen roten Akzent in seine Bilder, um das Grün zu verstärken. Auch die französischen Impressionisten setzten Komplementärfarben sehr gezielt ein: Sie tupften purpurfarbene Akzente auf die Leinwand, um das Gelb zum Strahlen zu bringen. Ein Arrangement mit Komplementärfarben wirkt lebhaft und brillant und sticht ins Auge.

OBEN: **Blau bis Purpur**
Eine Kombination von Komplementärfarben belebt jedes Arrangement. Hier kommt das Orange der Tulpen durch die violettblaue Unterpflanzung erst richtig zur Geltung. Die beiden Kübel schwimmen auf einem Teich.

Warme Farben

Warme Farben wie Rot, Orange oder Pink bringen Glamour in den Garten. Die meisten Blumen in diesen Farben lieben sonnige Standorte und kommen dort optimal zur Geltung. Auf kleinem Raum wirken sie dagegen unruhig und bedrängend. Hier sind Kontraste die Lösung: Zwei oder drei warme Farbtupfer (Rot, Orange und Gelb) werden mit Blau als Komplementärfarbe zum Leuchten gebracht. Stellen Sie keine Blumen in Pastellfarben neben leuchtend warme Töne, sie verblassen neben den starken Farben.

OBEN: **Terrasse im Farbrausch**
Diese Terrakottatöpfe wurden mit Blumen in warmen Tönen bepflanzt: *Canna* 'King Humbert', *C.* 'Wyoming', *Dahlia* 'Grenadier und *D.* 'David Howard'. Für Kontrast sorgen blaue Fenster und die hellblaue Holzabdeckung. Die Abbildung zeigt außerdem, dass warme Farben am besten in Hausnähe aussehen – es sei denn, sie dienen als markanter Blickfang.

Kombination aus Grün und Grau
Die Wirkung des modernen Innenhofes wird durch graue Platten, Teich und schwarze Pflanzkübel bestimmt. Für Blickpunkte sorgen *Festuca glauca* 'Blue Glow' und andere Blattschmuckpflanzen. Der Garten strahlt Ruhe und Frieden aus.

GEFÄSSFARBEN

- Stimmen Sie die Farbe von Töpfen und Kübeln harmonisch auf Haus- und Gartenfarben ab.

- Mit Terrakotta sind Sie auf der sicheren Seite. Erdbraun passt zu allen Farben.

- Glänzende oder silbrige Pflanzen wirken in modernen Metallkübeln besonders ansprechend.

- Glasierte Töpfe sollten die Farbe der Blüten unterstreichen und nicht von ihr ablenken (siehe Kapitel über Gefäße, ab S. 102).

- Wenn Sie ein neues Pflanzgefäß kaufen oder ein altes neu streichen, sollte es sich in das vorhandene Farbschema einfügen.

- In einem klassischen Gefäß mit gedeckten Farben dominieren die Farben der Bepflanzung; moderne, synthetische Farben lenken stärker von den Blüten ab.

Kühle Farben

Pastellfarben fügen sich, ebenso wie cremeweiße bis weiße Töne, in jedes Gestaltungskonzept ein. Anders als warme Farben passen sie zu allen Farbthemen. Es gibt an einem warmen Sommerabend kaum etwas Schöneres, als zwischen Blumentöpfen mit duftendem Lavendel und weiß-rosa gestreiften Lilium regale auf der Terrasse zu entspannen. Kühle Farben wirken beruhigend, und die weißen Blüten bewahren ihr zauberhaftes Leuchten auch nach Sonnenuntergang.

Sanfte Farben

Weiche, sanfte Farben schaffen ein Gefühl der Weite und sind daher ideal für kleine Gärten oder schattige Ecken. Kombinieren Sie Pastellfarben, die nebeneinander im Farbenkreis stehen, zu harmonischen Gruppen. Komplementäre Pastellfarben setzen eher kühle, stylische Akzente. Auch andere Töne derselben Primärfarben – Malve und Purpur – sehen gut aus.

Laub

Die Blätter einer Pflanze sind häufig genauso wichtig wie die Blüten. Sie bilden den perfekten Hintergrund für die Blüten oder machen sogar die eigentliche Anziehungskraft eines Arrangements aus. Graugrüne Blätter dämpfen kräftige Blütenfarben, leuchtendes Grün lässt sie noch greller hervortreten. Immergrüne Pflanzen wirken formal, und Arten mit dichtem, dunkelgrünem Laub sorgen für Tiefe und Ruhepunkte für das Auge. Dunkelgrün besänftigt hellere, warme Blütenfarben.

Dunkle Blattfarben passen sehr gut zu modernen Metall- oder glänzenden Bronzegefäßen. Allerdings wirken zu viele dunkle Pflanzen leicht etwas düster. Setzen Sie in kleinen Gärten dunkles Laub als Hintergrund für silbrige Blätter oder leuchtende Blüten im Vordergrund ein. Silbernes Laub wirkt beruhigender als dunkles Laub und schafft die Illusion von Tiefe, vor allem in Innenhöfen. Rosa Töne fügen sich mit silbernen und purpurnen Blättern zu einem harmonischen Farbenspiel zusammen. Übrigens gelten bei der Zusammenstellung von Blattschmuckpflanzen dieselben Regeln wie für Blütenpflanzen.

Violettes Farbthema
Die alte, weiße Emailleschale bildet den idealen Hintergrund für Petunien, Fuchsien, Lobelien und *Istoma* in blau-violetten Tönen. Weil das Farbenspektrum von dunklem Purpur (Petunien) bis fast Weiß (Lobelien) reicht, wirkt die Ton-in-Ton gestaltete Schale harmonisch, ohne langweilig zu sein.

Farbwirkung

Bordeaux

IDEALE PFLANZE:
Günsel
Ajuga

Beschreibung: Die runden, bordeauxrot gefärbten Blätter des Günsels bilden einen herrlichen Kontrast zu den hellgrünen und gelb gefärbten Blättern der *Iris pseudacorus* 'Variegata'. Beide Pflanzen bevorzugen Halbschatten und feuchten Boden.

Beste Jahreszeit: Günsel hat wintergrüne Blätter und bildet im April bis Mai hübsche, blaue Blütenstände.

Begleitpflanzen: Im Sommer *Allium* 'Purple Sensation' und *Nerine bowdenii*

Weitere Pflanzen in Bordeauxrot: *Heuchera* 'Plum Pudding', *Helleborus orientalis*, *Lilium nepalense*, *Tulipa* 'Burgundy'

Rot

IDEALE PFLANZE:
Kamelie
Camellia japonica

Beschreibung: Die üppigen, roten Blüten mit leuchtend gelben Staubblättern bilden einen wunderschönen Kontrast zu den dunkelgrünen, glänzenden, immergrünen Blättern der Kamelie.

Beste Jahreszeit: Das attraktive Laub sieht ganzjährig gut aus und belebt vor allem den Winter. Die leuchtenden Blüten erscheinen im Frühling.

Begleitpflanzen: Der winterharte Schildfarn *Polystichum setiferum* 'Pulcherrimum Bevis' passt ebenso gut wie das Schneeglöckchen *Galanthus* 'Atkinsii'.

Weitere Pflanzen in Rot: *Dahlia* 'Grenadier', *Crocosmia* 'Lucifer', *Cornus alba* 'Sibirica' mit roten Zweigen und *Imperata cylindrica* 'Rubra'

Orange

IDEALE PFLANZE:
Fächerahorn
Acer palmatum

Beschreibung: Der Fächerahorn ist in über 400 Sorten erhältlich. *A. palmatum* ist ein kleiner, winterharter, Laub abwerfender Baum; viele Zwergformen passen bestens in einen Kübel.

Beste Jahreszeit: Im Herbst färben sich die Blätter rot, scharlachrot, orange und gelb.

Begleitpflanzen: Sehen am besten als Solitäre aus, können aber auch mit *Iris sibirica*, Funkien und Ziergräsern mit fernöstlichem Touch wie *Hakonechloa macra* kombiniert werden.

Weitere Pflanzen in Orange: *Calendula officinalis* 'Fiesta Gitana', *Tropaeolum* 'Alaska' und *Crocus ancyrensis* 'Golden Bunch'

Gelb

IDEALE PFLANZE:
Tulpe
Tulipa 'West Point'

Beschreibung: Das Gelb dieser Frühlingstulpe im Terrakottakübel wird durch das komplementäre Malvenblau des Vergissmeinnichts (*Myosotis sylvatica*) unterstrichen.

Beste Jahreszeit: Frühling

Begleitpflanzen: *Erysimum* 'Primrose Monarch'; dunkelblaue oder malvenfarbene Stiefmütterchen (*Viola* 'Blue Blotch' oder andere) und Blauschwingel

Weitere Pflanzen in Gelb: Taglilien (*Hemerocallis citrina*), *Argyranthemum* 'Jamaica Primrose', *Petunia* 'Prism Sunshine', *Helianthus* 'Teddy Bear' und *Crocus* 'Romance'

Farbwirkung (Fortsetzung)

Grün

IDEALE PFLANZE:

Ziertabak

Nicotiana 'Lime Green'

Beschreibung: *Nicotiana* 'Lime Green' ist eine duftende Pflanze, die hier in einem Terrakottatopf zusammen mit Pfennigkraut (*Lysimachia nummularia* 'Aurea') und Lakritzpflanze (*Helichrysum petiolare* 'Limelight') wächst. Die Grünschattierungen der Blätter und Blüten wirken beruhigend.

Beste Jahreszeit: Sommer

Begleitpflanzen: *Cordyline australis*, eine karminrote Varietät von *Pelargonium* (z. B. 'Paul Crampel',) oder als Unterpflanzung von hohen *Nicotiana sylvestris*

Weitere Pflanzen mit grünlichen Blüten: Schopflilie (*Eucomis bicolor*) und *Zinnia elegans* 'Envy'

Blau

IDEALE PFLANZE:

Traubenhyazinthe

Muscari armeniacum

Beschreibung: In einer weißen, ovalen Emailleschüssel kommen die kleinen blauen Traubenhyazinthen (*Muscari armeniacum*) bestens zur Geltung. Die blaue Primärfarbe der Blüten wird vom Gelb der Osterglocken im Hintergrund verstärkt.

Beste Jahreszeit: Frühlingsmitte

Begleitpflanzen: *Narcissus* 'Tête-à-Tête', Wiesenprimel (*Primula veris*), Kleines Immergrün (*Vinca minor*) und *Fritillaria pyrenaica*.

Weitere Pflanzen in Blau: *Clematis* 'Perle d'Azur', *Hyacinthus orientalis* 'Delft Blue' oder *H.* 'King Codro' und *Convolvulus sabatius*; dazu *Lobelia erinus* 'Riviera Sky Blue' und *Campanula* 'Takion Blue'.

Purpur

IDEALE PFLANZE:

Schwertlilien

Iris

Beschreibung: Die samtige Textur und die tief purpurnen Blütenfarben der Bartlilien, wie *Iris* 'Matinata' oder *I.* 'Titan's Glory' sehen in hohen, fassartigen Gefäßen gut aus. Das hellgrüne Laub hellt auf. Wählen Sie Begleitpflanzen mit orangefarbenen oder leuchtend grünen Blättern.

Beste Jahreszeit: Frühsommer

Begleitpflanzen: Blaustrahl-Wiesenhafer (*Helictorichon sempervirens*), *Euphorbia griffithii*, *Heuchera* 'Plum Pudding'

Weitere Pflanzen in Purpur: Zierlauch, *Geranium wallichinianum* 'Buxton's Variety', *Verbena bonariensis*, Aubergine 'Ping Tung Long', *Sempervivum* 'Purple Queen' und *Viola* 'Penny Violet Flare'

Malve

IDEALE PFLANZE:

Schopflavendel

Lavandula stoechas

Beschreibung: Malve ist die vielleicht sanfteste aller Farben; der Schopflavendel mit seinen graugrünen, aromatisch duftenden Blättern ist ideal für die Pflanzung im Kübel: beruhigend und wunderschön anzusehen.

Beste Jahreszeit: Juni und Juli, wenn die Blütenstände zahlreiche Insekten anlocken

Begleitpflanzen: Gut geeignet als Unterpflanzung für Olive und Lorbeer oder neben anderen aromatischen Pflanzen, wie Purpursalbei oder Currypflanze (*Helichrysum italicum*)

Weitere Pflanzen in Malve: *Erysimum* 'Bowles Mauve', *Lobelia erinus* 'Waterfall Light Lavender'

Rosa

IDEALE PFLANZE:

Alpenveilchen
Cyclamen coum

Beschreibung: Der Charme eines alten Steintrogs unterstreicht das intensive Pink der Alpenveilchen, das durch einen helleren Rosaton sanft gemildert wird. Beide Farbschattierungen harmonieren bestens mit den unterschiedlichen Grünschattierungen der Blätter.

Beste Jahreszeit: Frühling

Begleitpflanzen: Blaue und purpurne Krokusse, *Primula* 'Miss Indigo' und Echeverien

Weitere Pflanzen in Pink: *Gladiolus communis* ssp. *byzantinus*, *Osteospermum jucundum* und Tränendes Herz (*Dicentra*)

Weiß

IDEALE PFLANZE:

Schmucklilie
Agapanthus

Beschreibung: Die reinweißen Blüten der eleganten Schmucklilie kommen vor dem dunkelgrünen Hintergrund der Eibenhecke kontratsreich zur Geltung. Obwohl man versucht ist, die Zwiebeln in einen großen Blumentopf zu pflanzen, fühlen sich Schmucklilien am wohlsten in Gefäßen, die sie ganz ausfüllen.

Beste Jahreszeit: Spätsommer

Begleitpflanzen: Sieht am besten als Solitär aus, kann zu *Crocosmia* 'Lucifer ', *Nicotiana sylvestris*, Buchsbaumhecken oder Lavendel gestellt werden.

Weitere Pflanzen in Weiß: Weiße Löwenmäulchen (*Antirrhinum majus*) und *Lavatera trimestris* 'Mont Blanc'

Schwarz

IDEALE PFLANZE:

Veilchen
Viola 'Molly Sanderson'

Beschreibung: Obwohl es kein echtes Schwarz gibt, kommt diese Sorte der Farbe schon ziemlich nahe. Das Veilchen wächst mit rankenden Trieben. Da die kleinen Blüten in einem gemischten Arrangement untergehen, sehen sie am besten im eigenen Topf aus. Eine gelbe Blüte in der Nachbarschaft bringt die dunklen Blüten optimal zur Geltung.

Beste Jahreszeit: Frühsommer

Begleitpflanzen: Rankende *Verbena* 'Tapien Violet' und das goldblättrige Pfennigkraut (*Lysimachia nummularia* 'Aurea')

Weitere Pflanzen in Schwarz: *Iris chrysographes*, Schlangenbart (*Ophiopogon planiscapus* 'Nigrescens') und *Aeonium* 'Zwartkop'

Braun

IDEALE PFLANZE:

Segge
Carex buchananii

Beschreibung: Wenn man alle Farben des Farbenkreises miteinander mischt, bekommt man Braun. Das immer wieder unterschätzte Braun ist eine besonders natürliche Farbe. Statt sie ausschließlich mit Welken und Absterben in Verbindung zu bringen, sollten wir vor allem die vielen Farbnuancen für die Gestaltung nutzen. Im Garten wird Braun vor allem durch Ziergräser vertreten; hier eine rotbraune Segge im Metallkübel.

Beste Jahreszeit: Spätsommer, Herbst

Begleitpflanzen: *Verbena bonariensis* und *Helenium autumnale* 'Moerheim Beauty'

Weitere Pflanzen in Braun: *Panicum virgatum* und *Acer griseum*

Textur

Pflanzen haben sehr unterschiedliche Texturen (sichtbare Oberflächen): von den weichen, samtartigen Blätter des Wollziests bis zu den harten, spitzen Kakteen. Ein geschickt gewähltes Gefäß mit einer nach der Textur ausgesuchten Pflanze kann einen überzeugenden Akzent setzen.

GEEIGNETE PFLANZEN

Agave	spitz
Buchsbaum	ordentlich
Canna	wachsartig
Farne	fedrig
Gräser	seidig
Kakteen	stachelig
Mohn	papierartig
Moos	weich
Sukkulente	fleischig
Wollziest	samtig

Die meisten Menschen denken bei Blumentöpfen zunächst an bunte Sommerblumen. Warum auch nicht? Farben heben die Stimmung. Zu viel Farbe ist aber auch nicht gut – wie ein zu üppiges Essen. Mit der Zeit lernt deshalb jeder, der sich mit Pflanzen in Töpfen und Kübeln befasst, auch Blätter und Textur einer Pflanze zu schätzen. Häufig sind sie sogar wichtiger als die kurze Phase der Blüte.

Versuchen Sie, mit unterschiedlichen Texturen Spannung zu erzeugen. Oder schaffen Sie durch mehrere Arten mit ähnlicher Oberfläche eine Atmosphäre der Ruhe (runde Formen) oder der lebendigen Energie (spitz, stachelig). Auch die Blattgröße spielt eine Rolle. Kombinieren Sie die starren, schmalen Blätter der Keulenlilie mit den leichten, fedrigen Wedeln des Frauenhaarfarns oder die fleischigen Blätter der Hauswurz mit den schmalen Grasblättern des Schlangenbartes.

Natürlich hat auch jedes Gefäß seine ganz spezielle Textur. Spielen Sie mit ungewöhnlichen Kontrasten – Rau mit Glatt, Glänzend mit Matt usw.

Manche Texturen regen nicht nur die Augen, sondern auch den Tastsinn an. Streichen Sie mit der Hand über ein weiches Moospolster oder spüren Sie mit dem Finger die weiche Blattoberfläche eines Wollziests (*Stachys byzantina*). Ein hohes Ziergras, das als Solitär in einem hübschen Gefäß wächst und die ersten Halme aus der Erde streckt, verführt dazu, über die weichen Triebe zu streichen.

LINKS: **Weich und samtig**
Die beiden winzigen Hochstammlavendel wachsen in eckigen Töpfen auf einer bleiverkleideten Fensterbank. Die weichen Moospolster erinnern an die Minilandschaften eines Zen-Gartens. Man möchte mit der Hand über das weiche Moos streichen. Wenn man Moos aus dem Wald holt, stört man den natürlichen Lebensraum von Kleintieren; es ist umweltgerechter, sein eigenes Moos zu züchten. Lesen Sie rechts, wie's geht.

LINKS: Lang und spitz
Die spitzen Blätter von *Dasylirion glaucophyllum* schießen geradezu aus dem hübschen Topf. Die glatten, fleischigen Blätter der Sukkulenten sorgen für wirkungsvollen Kontrast.

UNTEN: Stachelig und glatt
In Terrakottatöpfen auf einem Holzsteg wachsen eine Zwergkiefer und Gräser. Der Kontrast aus weichen Nadeln, seidigen Gräsern und der kühlen Glätte der Töpfe schafft eine optisch spannende Gruppe.

NATUR PUR

MOOS SELBST ZÜCHTEN

Mit diesem Rezept können Sie Moos in oder auf einem Gefäß ansiedeln:

1 Füllen Sie eine Handvoll Moos in einen Mixer (möglichst viel Erde entfernen).

2 Geben Sie einen halben Teelöffel weißen Zucker oder Buttermilch und eine Flasche Bier dazu.

3 Kurz anschalten, dann die Mischung auf die Fläche streichen, auf der das Moos wachsen soll.

4 Stellen Sie das Gefäß in den Schatten und halten Sie es feucht (vorsichtig mit destilliertem Wasser besprühen).

RECHTS: Spitz und fest
Die Sukkulenten *Pachyveria* 'Glauca' wachsen in einer modernen Metallschale mit Kies. Die Gestaltung wirkt durch die regelmäßige Anordnung formal und stylisch. Die runden, dunklen Kieselsteine spiegeln sich im Metall und nehmen den Kontrast zwischen dem hellen Kies und den spitzen Blättern der Sukkulenten auf.

Der große Auftritt

Wer ein Gefäß mit theatralischer Wirkung gestalten möchte, braucht Mut und sollte im großen Stil an die Sache heran gehen. Vor allem gestalterischer Mut zahlt sich aus, denn die meisten Gärten profitieren von einem starken Design. Ein solches Pflanzgefäß wird zum Blickfang und zum Star des Gartens. Mit dem passenden Kübel heben Sie jede ihrer Lieblingspflanzen aus dem Einerlei eines Blumenbeetes heraus.

6 IDEEN FÜR: Die Bepflanzung

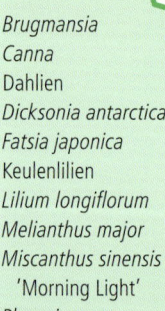

GEEIGNETE PFLANZEN

Brugmansia
Canna
Dahlien
Dicksonia antarctica
Fatsia japonica
Keulenlilien
Lilium longiflorum
Melianthus major
Miscanthus sinensis
 'Morning Light'
Phormium

1 Einfach und auffallend

Der Zierlauch *Allium giganteum* wächst in einem purpurnen, glasierten Topf an einem sonnigen, windgeschützten Standort. Die Zwiebeln werden im Herbst in gut durchlässiges Substrat (Sand oder Kies beimischen) eingesetzt. Im Frühsommer zeigt sich die Pflanze in ihrer ganzen Pracht. Der 1,50 m hohe Zierlauch kommt meist ohne Stütze aus; in einer dichten Bepflanzung stützen sich die Pflanzen gegenseitig. Warten Sie nach der Blüte ab, bis sich die Blätter zurückziehen, dann blüht der Zierlauch im nächsten Jahr erneut.

LINKS: **Purpurn glasierter Topf mit *Allium giganteum***
Der größte Zierlauch ist ein fantastischer Blickfang. Er sieht in Kombination mit Gräsern oder in einem mediterranen Garten besonders gut aus. Setzen Sie früh blühende Zwiebelpflanzen in denselben Kübel, dann schiebt sich der Zierlauch im Frühsommer durch die Blätter.

BLUMENKÜBEL ALS BLICKFANG

- Der Standort ist entscheidend: Setzen Sie den Kübel in den Fluchtpunkt von Wegen, Mauern oder Pergolen, so wird der Blick darauf gelenkt.
- Kleine Töpfe kommen auf Plinthen besser zur Geltung.
- Meiden Sie große Kübel mit schmaler Standfläche. Sie könnten bei Wind zu leicht umkippen.
- Investieren Sie in ein besonders schönes und ausdrucksstarkes Gefäß aus erstklassigem Material.

- Terrakottatöpfe, Versailles-Kübel und griechische Amphoren werden mit der richtigen Bepflanzung in Ihrer Wirkung gesteigert.
- Wenn Sie nur eine Art pflanzen möchte, sollte sie eine markante Wuchsform haben.
- Statt eines großen Topfes können Sie mehrere kleine Töpfe bepflanzen, die dann wie auf einer Bühne zu einem Gesamteindruck arrangiert werden.
- Passen Sie das Pflanzgefäß seiner Umgebung anzupassen, beispielsweise durch einen Anstrich.

OBEN: **Showtime**
Die prächtige *Brugmansia* setzt auf der Terrasse einen Akzent. Vorsicht! Die Pflanze ist sehr giftig und gehört nicht in Haushalte mit kleinen Kindern oder Haustieren.

2 Gestuft

Alang-Alang-Gras (*Imperata cylindrica* 'Rubra') wird mit Schlangenbart (*Ophiopogon planiscapus* 'Nigrescens') kombiniert. Die prächtigen Gräser fühlen sich in durchlässigem, feuchtem, nährstoffreichem Substrat wohl. Beide Arten bevorzugen die Sonne, vertragen aber etwas Schatten. Sie werden im Winter nicht zurückgeschnitten, da sie auch verdorrt noch interessant aussehen. Im Spätsommer kommen die leuchtend roten Blätter des Alang-Alang Grases wunderschön zur Geltung.

3 Klassisch und ruhig

Pflanzen Sie Einjährige in dekorative Steinkübel. Die hübschen Blüten werden durch den Steinkübel „gezähmt" und bringen ihrerseits das Gefäß optimal zur Geltung, weil sie weder durch Blüten noch durch allzu viel Laub vom Kübel ablenken.

4 Beherrschend

In diesem öffentlichen Garten machen in Form geschnittene Buchsbäume zusammen mit einer herbstlichen Bepflanzung auf sich aufmerksam. Im kleinen Garten wäre eine derartige „Kübelstatue" sicher fehl am Platz, doch in großem Rahmen kommt die Gruppe bestens zur Geltung. Zwischen den Töpfen mit den kugelig beschnittenen Buchsbäumen wachsen Alpenveilchen und Gräser in eigenen Töpfen – sie geben der formalen Gruppe Farbe und Textur. Der übergroße Topf hebt den Buchsbaum in der Mitte deutlich heraus.

5 Groß und kühn

Die *Brugmansia* im Topf mit ihren exotisch duftenden Blüten verlangt Aufmerksamkeit. Die Art ist empfindlich; sie braucht volle Sonne und nährstoffreichen, durchlässigen Boden. Stickstoffreiches Substrat fördert die Blütenbildung.

6 In Szene gesetzt

Wenn Sie sich keine großen, prächtigen Töpfe leisten können, stellen Sie kleine Töpfe theatralisch auf alte Stühle, Regale oder kleine Stehleitern. Die größten Pflanzen gehören in den Hintergrund.

LINKS: **Wachtposten**
Hier werden Buchsbäume mit Formschnitt durch eine herbstliche Bepflanzung (u. a. Alpenveilchen) aufgelockert.

Gestalten mit einer Art

Eine einzige Pflanzenart pro Gefäß ist eine formale und sehr moderne Form der Gestaltung. Solitäre setzen nicht nur ein markantes Zeichen, sondern bringen Blüten, Blätter und Wuchsform optimal zur Geltung.

GEEIGNETE PFLANZEN

Blüten
Agapanthus
Lilium regale
Tulpen

Laub
Baumfarne
Farne
Funkien
Phormium

Sträucher
Buchs
Hortensien

Gräser
Bambus
Ziergräser

Bäume
Fächerahorn
Zwergkiefer

Einzelne Arten sehen besonders wirkungsvoll aus, wenn die Töpfe in Reihen oder Paaren arrangiert werden, denn unser Auge nimmt solche Rhythmen unmittelbar wahr. Wählen Sie Pflanzen von markanter Form und charakteristischem Erscheinungsbild, die von allen Seiten gut aussehen. Es müssen nicht unbedingt große Arten sein, auch niedrig wachsende Alpenveilchen, Hauswurz, Thymian, Zierlauch und andere sehen prächtig aus,

wenn sie in dichten Gruppen zusammenstehen. Gerade zarte, im Frühling oder Herbst blühende Zwiebelpflanzen gehen oft neben ihren prächtigeren Nachbarn unter.

In flachen Pflanzschalen lassen sich Zwiebelpflanzen gezielt dorthin stellen, wo ihre Blüten bestens zur Geltung kommen. Wagen Sie Experimente: Stellen Sie mehrere Farbvarianten derselben Art zu spannenden Gruppen zusammen.

Gut zu wissen

- Arten mit dickem Wurzelwerk, wie Lilien und *Agapanthus*, fühlen sich als Einzelpflanzungen wohler.

- Pflanzen, die sich über Ausläufer ausbreiten lassen sich im Topf „zähmen".

LINKS: **Frisches Weiß**
Die Petunie 'Conchita Blossom White' bildet ein herrliches Polster unter Hochstammrosen. Da sie den Rand der Töpfe überwuchert, kann sie auch in nicht ganz so attraktiven Gefäßen wachsen.

NATUR PUR

Petunien sind völlig problemlose Einjährige. Ihr polsterförmiger Wuchs macht sie zu idealen Pflanzen für Töpfe und Hängekörbe, und sie locken Schmetterlinge und Bienen an.

6 Gestaltungsvorschläge

Frühling

Tulpen
Tulipa 'Ballerina'

Beschreibung: Die rot-orangefarbene Lilientulpe 'Ballerina' sieht am schönsten aus, wenn sie als Farbblock eine ganze Schale füllt. Die Sorte wird bis 50 cm hoch. Ähnlich auffallend ist die orangefarbene *Tulipa* 'Prinses Irene', die zusätzlich in Rot mit einem Hauch von Purpur gestreift ist; sie wird 30–35 cm hoch.

Standort: Die größte Wirkung erzielen die Blüten, wenn sie sich gegen ein komplementäres Blau absetzen können, beispielsweise Vergissmeinnicht (*Myosotis sylvatica*). Auch helles Grün und Gelb von Blüten oder Blättern bildet einen wunderbaren Hintergrund. *Euphorbia × martinii* passt sehr gut.

Pflanzgefäß: Ein galvanisierter Metallkübel mit Handgriffen sieht zeitlos modern aus und ist zudem praktisch.

Tipp: Setzen Sie im Herbst oder Frühwinter die Zwiebeln sehr dicht in einen Topf.

Frühsommer

Melisse
Melissa officinalis 'Aurea'

Beschreibung: Dieser Terrakottatopf wurde mit panaschierter Goldmelisse bepflanzt (*Melissa officinalis* 'Aurea). Er bildet einen duftenden Blickfang, der von allen Seiten gleich gut aussieht. Die Sorte wird 60–120 cm hoch.

Standort: Der Topf sollte mit den Händen erreichbar sein, denn der starke Zitronenduft wird frei, wenn man über die Blätter streicht.

Pflanzgefäß: Melisse wirkt am schönsten in einem klassischen Terrakottatopf im mobilen Küchengarten.

Tipp: Aus ein paar Blättern lässt sich ein Entspannungstee bereiten: Einfach kochendes Wasser darüber gießen.

NATUR PUR

Die winzigen Blüten der Goldmelisse locken Bienen und andere Insekten an.

Gestaltungsvorschläge (Fortsetzung)

Sommer

Schmucklilie
Agapanthus 'Purple Cloud'

Beschreibung: Schmucklilien sehen als Solitäre am besten aus, außerdem wären ihre fein verästelten Wurzeln eine zu starke Konkurrenz für benachbarte Pflanzen. Am schönsten wirken sie, wenn die Gefäße in einer Reihe auf einer gepflasterten Oberfläche stehen. *Agapanthus* 'Purple Cloud' blüht von August bis September und braucht einen sonnigen Standort; sie wird 90 cm hoch.

Standort: Braucht als südafrikanische Art einen Sonnenplatz.

Pflanzgefäß: Hohe Container setzen die Pflanze bestens in Szene; die starken Wurzeln können Gefäße minderer Qualität sprengen.

Tipp: In kälteren Regionen wird das Substrat mit einer dicken Mulchschicht abgedeckt und die Schmucklilie an einem frostfreien Platz überwintert.

Spätsommer

Strauchiger Salbei
Salvia leucantha

Beschreibung: Der Strauch dürfte jeden begeistern, der ihn zum ersten Mal sieht. Der Strauchige Salbei (*Salvia leucantha*) blüht vom Spätsommer bis in den Herbst hinein. Er lässt sich problemlos ziehen, verträgt Trockenheit und ist weitgehend schädlingsresistent. Der Strauch wird 60–120 cm hoch und ebenso breit.

Standort: Am besten in voller Sonne; sonst wächst die Pflanze schütter.

Pflanzgefäß: In einem hohen Gefäß können sich die Zweige ganz natürlich über die Seiten ausbreiten.

Tipp: Im Frühsommer zurückschneiden, dann wächst der Strauch dichter.

NATUR PUR

Salbei ist ein Magnet für allerlei Schmetterlinge und Vögel.

Herbst

Hartriegel
Cornus sp.

Beschreibung: Hartriegel mit roten Zweigen bieten das ganze Jahr über einen hübschen Anblick. Sie blühen weiß im Mai, tragen Beeren, und ihre Blätter färben sich im Herbst purpurrot.

Standort: Die leuchtend roten, kahlen Zweige kommen am besten an einem Standort mit viel Herbstsonne zur Geltung.

Pflanzgefäß: Die roten Zweige sehen auch im Winter noch prächtig aus. Ihre Farbe passt besonders gut zu einem attraktiven Terrakottatopf.

NATUR PUR

Die Beeren des Hartriegels liefern den Vögeln bis in den Winter wichtige Nahrung.

Tipp: Der Strauch bevorzugt leicht sauren Boden; mulchen Sie mit Kiefernnadeln.

Winter

Formschnitt
Buchsbaum

Beschreibung: Wer geschickt mit der Schere umgeht, kann alle möglichen Tiere, vom Känguru bis zum Gockel oder Kaninchen formen. Solche pfiffigen Elemente beleben die Terrasse und bieten einen guten Anlass für ein Gespräch mit dem Nachbarn.

Standort: Sträucher in Tierform brauchen unbedingt einen Standort, wo sie zum Blickfang werden.

Pflanzgefäß: Dieser Hochstamm steht noch im Transportgefäß des Gartencenters. Ein immergrüner Strauch braucht aber ein stabiles Gefäß, das dem exponierten Standort gerecht wird. In diesem Fall wären ein schwerer, frostfester Terrakotta- oder ein glasierter Keramiktopf angemessen.

Tipp: Die meisten Formschnittsträucher fühlen sich in der Sonne wohl; Buchsbaum verträgt auch Schatten.

Formale Gestaltung

Ein formaler Garten wirkt edel und schön. Seine Wirkung beruht auf einer symmetrischen Anlage mit markanten Blickpunkten. Schöne Kübel unterstreichen diese Gestaltung.

GEEIGNETE PFLANZEN

Blumen
Lilium regale
Rosen
Tulpen

Laubschmuck
Funkien

Sträucher
Buchsbaum (Formschnitt)
Eibe (Formschnitt)
Heiligenkraut
Lavendel
Liguster
Portugiesischer
   Kirschlorbeer

Bäume
Laubbäume
Lorbeer (Hochstamm)
Zitrusbäume

Kletterpflanzen
Efeu

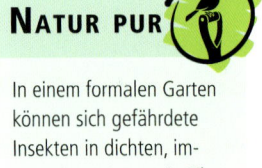

NATUR PUR

In einem formalen Garten können sich gefährdete Insekten in dichten, immergrünen Arten wie Eibe, Liguster und Buchsbaum vor ihren natürlichen Feinden verstecken.

In einem traditionellen formalen Garten gehören geschlossene Flächen ebenso zur Gestaltung, wie sorgfältig gepflegte Blumenbeete und bewusst platzierte Gefäße. Pflanzgefäße erfüllen im formalen Garten zwei wesentliche Aufgaben: Sie unterstreichen die Geometrie und dienen als Blickfang. In Reihen aufgestellte Pflanzgefäße schaffen räumliche Tiefe und sorgen – in der Wiederholung – für Rhythmik. Tatsächlich lässt sich ein geometrisches Muster allein mit Pflanzgefäßen schaffen, sie bilden kreisförmige Flächen oder leiten als „Alleen" von einem Gartenbereich in den nächsten über. Die Pflanzgefäße sollten möglichst groß und prächtig sein, etwa Terrakottakübel in traditionellem Stil, griechische Steinamphoren oder Versailles-Kübel aus Holz.

Gestaltungstipps

• Paarweise stehende Kübel geben einem Gartenobjekt (Bank, Tor) mehr Gewicht und Bedeutung.
• Versuchen Sie, sich auf einen Gefäßtyp (gleicher Stil und gleiches Material) zu beschränken; ideal sind identische Pflanzgefäße.
• Große Pflanzkübel eignen sich als Rahmen für besonders hübsche Aus- und Durchblicke; sie dürfen den Blick ruhig auf eine interessante Gestaltung im Nachbargarten lenken.
• Pflanzkübel akzentuieren einen Wechsel des Bodenniveaus; schmale, hohe Gefäße geben ebenen Gärten mehr Höhe.

Formschnitt gehört dazu

Zu Formen beschnittene Sträucher sind das Non-Plus-Ultra eines formalen Gartens. Sauber beschnittene Eibe, Buchsbaum oder Liguster verleihen jedem Garten einen Hauch von Formalität; das Gleiche gilt für aromatisch duftende Sträucher wie Lavendel oder Heiligenkraut.

ORDNUNG UND SCHÖNHEIT

Die großen Terrakottatöpfe mit der zierlichen, weiß blühenden Tulpe 'White Triumphator' lenken den Blick durch die Pergola auf den Torbogen in der Eibenhecke.

Standort: Die eleganten Tulpen passen nicht nur bestens in formale Gärten, sondern sehen auch in der Wiese eines naturnahen Garten hübsch aus.

Pflanzgefäß: Die Tulpen werden im Herbst sehr dicht in nährstoffreiches, gut durchlässiges Substrat gepflanzt; sie werden bis 60 cm hoch.

Tipp: Die weißen Blüten heben sich gut gegen den dunkelgrünen Hintergrund ab. Um einen wirkungsvollen Effekt zu erzielen, sollten sich 15 und mehr Tulpen in einem Topf drängen.

DIE ILLUSION VON RAUM

Klassisches Gestaltungsbeispiel mit identischen, in einer Reihe aufgestellten Töpfen, die Raumtiefe schaffen und für Rhythmik sorgen.

Standort: Die großen, verzierten Terrakottatöpfe wurden mit kugelig beschnittenen Buchsbäumen bepflanzt. Sie betonen den Niveauwechsel an der Terrassenkante und erzeugen einen Eindruck von Weite; außerdem bekommt die Kante optisch mehr Gewicht.

Pflanzgefäß: Solche Terrakottatöpfe lassen die Antike anklingen und verleihen dem Garten einen Hauch von Kultur und Geschichte.

Tipp: Kugelig beschnittener Buchsbaum kommt am besten in der Wiederholung zur Geltung; er wirkt harmonisch und gibt Struktur.

BLICKPUNKTE SCHAFFEN

Eine verspielte Kombination aus Verbenen, Lobelien und Petunien in einer eleganten Steinschale; die sanften Pastelltöne harmonieren bestens mit dem Grau des Steins.

Standort: Schalen oder Amphoren auf Plinthen erheben die Bepflanzung über die Blumenbeete der Umgebung und werden so ganz automatisch zum Blickfang. Die immergrüne Hecke bildet einen betont ruhigen Hintergrund für die zierlichen Blüten, die in einer farbigeren Umgebung untergehen würden.

Pflanzgefäß: Der hohe Fuß der Schale erlaubt es Blättern und Blüten, anmutig über den Rand zu wuchern, ohne den Boden zu erreichen.

Tipp: Pflanzgefäße in erhöhter Position lassen sich leichter pflegen.

DIE WIRKUNG STEIGERN

Die Gräser (Nassella tenuissima, syn. Stipa tenuissima) in den einfachen Terrakottatöpfen reagieren auf den leisesten Luftzug. Die Bewegungen des Grases unterstreichen die fließende Struktur des Wassers.

Standort: Die symmetrische Anordnung gibt den Einzelelementen und dem Gesamtdesign größeres optisches Gewicht.

Pflanzgefäß: Die große Standfläche der Töpfe verhindert, dass sie bei heftigem Wind umkippen.

Tipp: Im Winter bedienen sich Finken und andere Samen fressende Vögel an den Grassamen.

BLICKFANG EINRAHMEN

Die beiden Töpfe mit *Argyranthemum* am Fuß der Treppe stehen in einem der berühmtesten englischen Gärten des 20. Jahrhunderts: Sissinghurst von Vita Sackville-West. Sie rahmen den Treppenaufgang und brechen die harten Kanten der Treppenstufen.

Standort: Identische Töpfe und Pflanzen am unteren und oberen Ende der Treppe lenken die Aufmerksamkeit auf die Gartenbank von Edwin Lutyens.

Pflanzgefäß: *Argyranthemum* ist nicht winterhart und muss bei Frost an einem geschützten Standort überwintern.

Tipp: Wenn Sie die Pflanzen nicht selbst im Gewächshaus ziehen können, kaufen Sie Ende Mai gut gewachsene Exemplare aus der Gärtnerei.

RAUM DEFINIEREN

Die italienisch anmutenden Nadelbäume in den großen Terrakottatöpfen grenzen die Terrasse ab und schaffen einen optisch geschlossenen Raum.

Standort: Der säulenförmige Wuchs erinnert an die Toskana, verleiht dem Sitzplatz aber auch mehr Privatheit, weil der Blick durch Kübel vom Garten dahinter abgelenkt wird.

Pflanzgefäß: Nadelgehölze für ein Pflanzgefäß sollten Trockenheit aushalten und frostfest sein (vor allem das Wurzelwerk). Geeignet ist beispielsweise Wacholder (*Juniperus scopulorum* 'Skyrocket'). Zur Sicherheit sollte der Kübel aber zu Winterbeginn mit Stroh, Vlies oder Luftfolie umwickelt werden.

Tipp: Nadelgehölze mit kompakter Wuchsform – nicht zu oft beschneiden – eignen sich am besten. Die hier gewählte säulenförmige Sorte wirkt wie ein Raumteiler und gibt dem Garten sowohl Höhe als auch Struktur.

FORMALES FLAIR

Der große, formale Kübel aus Blei wurde mit einer Girlande aus Efeu und einem hochstämmigen Liguster bepflanzt. Daneben stehen kleine Töpfe mit beschnittenem Buchsbaum.

Standort: Leider kommt dieses formale Arrangement vor einem Fenster nicht besonders vorteilhaft zur Geltung.

Pflanzgefäß: Ein derart großer Pflanzkübel braucht unbedingt einen festen, dauerhaften Standort. Die kleineren Töpfe in seiner Nachbarschaft lenken etwas ab und dämpfen sein dominant-wuchtiges Erscheinungsbild.

Tipp: In einem großen Kübel finden Bäume oder Sträucher Platz, die vielleicht mit dem natürlichen Boden im Garten nicht zurechtkommen. Auf diese Weise könnten auch Blaubeeren, die sauren Boden brauchen, in einem Garten mit basischem pH-Wert wachsen.

Freie Gestaltung

Ein Arrangement aus Blumenkübeln ganz frei zu gestalten, macht besonders viel Spaß. Dabei stehen die Wahl und Platzierung des Gefäßtyps nicht im Vordergrund. Vielmehr wird alles, was Erde aufnehmen kann und attraktiv aussieht, für eine dekorative Pflanzung genutzt.

GEEIGNETE PFLANZEN

Einjährige
Gemüse
Rankende Pflanzen
Pelargonien
Sommerblumen

Laubschmuck und Stauden
Gräser
Kakteen und Hauswurz
Kräuter und aromatisch
 duftende Pflanzen
Wildblumen

Bäume und Sträucher
Fruchtsträucher und
 Obstbäume
Kletterpflanzen
Olivenbäume

Es gehört zu den angenehmen Seiten der Gartengestaltung, für spontan erstandene Pflanzen nach einem passenden Pflanzgefäß Ausschau zu halten – vielleicht eine alte Holzkiste oder ein geflochtener Korb. Alte Eimer, ausgetretene Cowboystiefel, rostige Schubkarren, leere Ölkanister oder ein marodes Ruderboot: Alles ist möglich. Verwirklichen Sie Ihren persönlichen Stil ohne Rücksicht darauf, ob Sie damit jedermanns Geschmack treffen. Gerade bei der freien Gestaltung lässt sich die elementare Lust, mit Pflanzen zu gestalten und kreativ zu sein, ausleben. Außerdem sparen „Instant-Pflanzgefäße" eine Menge Geld und die Verwendung als Pflanztopf gibt nutzlos herumliegenden Dingen einen neuen Sinn.

Lockere Zusammenstellung

Selbstverständlich braucht auch ein frei gestalteter mobiler Garten eine gewisse Ordnung. Wenn Sie die einzelnen Gefäße ohne Überlegung verteilen, entsteht der Eindruck von Unordnung und Chaos. Eine einfache und wirkungsvolle Lösung bietet das Prinzip „Henne und Küken" – kleine Töpfe, die sich locker um ein großes Gefäß gruppieren. Versuchen Sie, eine rhythmische Wirkung zu erzielen, wobei „Rhythmik" in diesem Fall keine gerade Linie meint, sondern eher eine geschwungene Reihung.

Anders als im formalen Garten, können Sie im informell gestalteten Garten freier mit Farben und Kontrasten umgehen: Warum nicht Küchenkräuter neben bunten Blumen platzieren oder Gemüse neben der Küchentür? Wenn die Pflanzen im Herbst verdorren, lassen Sie die Samenstände für die Vögel stehen.

NATUR PUR

In einem verwilderten Garten fühlen sich Insekten und Kleintiere eher zu Hause als in sauberen Beeten. Lassen Sie vor allem für Wildbienen einen Teil des Gartens unaufgeräumt. Diese Insekten finden immer schwerer geeignete Lebensräume.

DAS RECYCLING-PRINZIP

Alles, was Sie nicht mehr brauchen, eignet sich als Pflanzgefäß. Hier wurde ein altes Auto mit hölzernen Blumenkästen in ein blühendes Paradies verwandelt.

Standort: In einem derart geräumigen „Pflanzgefäß" finden zahlreiche Wildtiere Unterschlupf und Schutz.

Pflanzgefäß: Bei diesem Pflanzgefäß wurde das Recycling auf die Spitze getrieben.

Tipp: Wenn der Garten nicht groß genug für ein Pflanzgefäß dieser Art ist, wie wäre es mit einem Kaffeesack? Fragen Sie in einem Coffeeshop nach. Der Sack wird mit Vlies ausgekleidet, mit Erde gefüllt und in eine Ecke des Hofes gestellt.

HENNE UND KÜKEN

Diese Töpfe sind nach dem klassischen Muster „Henne-und-Küken" arrangiert; sie können in milden Wintern draußen stehen bleiben.

Standort: Ohne den „Hennentopf" in der Mitte sähen die vier kleinen Töpfe verloren aus. Erst in dieser Zusammenstellung bekommt die Gruppe Ausdruckskraft.

Pflanzgefäß: Im „Hennentopf" wachsen ein *Cornus sericea* 'Cardinal' und Schneeheide (*Erica carnea* 'Winter Snow'). Die „Küken" sind *Carex dipsacea*, *Heuchera* 'Can Can', *Pinus heldreichii* var. *leucodermis* 'Schmidtii' und Schneeheide.

Tipp: Bei der Zusammenstellung einer Gruppe wirkt eine ungerade Anzahl (drei, fünf) an Gefäßen besser als eine gerade.

BLUMEN UND KRÄUTER MISCHEN

Dieser Mini-Cottagegarten besteht aus rustikalen Pflanzgefäßen mit Blumen, Kräutern und Nutzpflanzen. In einer alten Kasserolle wächst ein Salat 'Tom Thumb', Basilikum in einem Eimer und in anderen Gefäßen Zwiebeln, Wildes Stiefmütterchen *(Viola tricolor)*, Ringelblumen und purpurner Rosenkohl.

Standort: Diese Gruppe findet ihren logischen Platz neben einer Tür in der Nähe zur Küche. Damit sind die Töpfe beim Kochen stets griff- und pflückbereit.

Pflanzgefäß: Durch Bepflanzung lassen sich ungenutzte oder beschädigte Küchengefäße – Kasserollen, Eimer oder Siebe – wunderbar einer neuen Nutzung zuführen.

Tipp: Vergessen Sie nicht, ein Loch in den Boden der Gefäße zu bohren, sonst entsteht Staunässe, und die Pflanzen gehen ein.

MIT DRAHTKÖRBEN GESTALTEN

Dieser Drahtkorb wurde dicht an dicht mit Echeverien bepflanzt. Sie gehören zu den dankbarsten Topfpflanzen, weil sie es nicht übel nehmen, wenn sich niemand um sie kümmert.

Standort: Echeverien sind bereits an sich ein „Hingucker", vor allem, wenn sie wie hier dicht an dicht stehen. Ihre interessante Wuchsform kommt auch ohne großen Aufwand zur Geltung.

Pflanzgefäß: Der Drahtkorb sieht ungewöhnlich aus und ist außerdem ein perfektes Gefäß für die Echeverien, die einen sehr durchlässigen Boden brauchen.

Tipp: Die blaugrünen Rosetten der Echeverien sehen als Gruppe in einem Gefäß ausnehmend attraktiv aus.

NATUR PUR

- In einem vielgestaltigen Kübelgarten mit unterschiedlichen Gefäßen und Pflanzen finden Insekten und Kleintiere bis hin zu Amphibien Schutz und ein sicheres Winterquartier.

- Räumen Sie nicht jedes herabgefallene Blatt weg: ein bisschen Unordnung kommt den Tieren zugute. Sie suchen darunter Schutz im kalten Winter. Je unordentlicher der Garten, desto mehr Wildtiere finden darin Unterschlupf.

UMWIDMUNG VON GEFÄSSEN

In dieser emaillierten Brotdose wächst eine bunte Vielfalt aus rosa, roten und malvenfarbigen Petunien und Lobelien. Der Kübel ist das beste Beispiel dafür, dass sich wirklich alles eignet, solange man Erde einfüllen kann und das überschüssige Wasser abfließt.

Standort: Die Dose steht auf einem dicken Baumstumpf als natürlicher Säule.

Pflanzgefäß: Gefäß und Bepflanzung erinnern nostalgisch an eine vergangene, romantische Zeit.

Tipp: Da Metalldosen schnell rosten, sollten Sie wirklich nur Gefäße verwenden, die nicht mehr gebraucht werden.

NATUR PUR

- Lassen Sie sich bei der Gestaltung von der Natur in Ihrer Umgebung inspirieren. So locken Sie Tiere in den Garten.
- Viele Einjährige und Wildblumen wirken wie Magneten auf Insekten.
- Lassen Sie Wildblumen stehen, die sich von selbst ausgesät haben; es sind Blumen, keine Unkräuter.

KONTRASTIERENDE FORMEN

In unterschiedlich großen Terrakottagefäßen wachsen bunt zusammengestellte Tulpen, gelbe Stiefmütterchen und Gräser. So entsteht ein wunderschöner, kontrastreicher Mix aus Formen und Farben.

Standort: Solche Gruppen sehen am schönsten auf gepflasterten Gartenflächen aus. Trotz der Vielfalt der Größen und Formen sorgt das Material (unglasiertes Terrakotta) für eine gewisse Einheitlichkeit. Das warme Braun bildet den perfekten Hintergrund für die attraktive bunte Bepflanzung.

Pflanzgefäß: Die rosa Tulpen in dem hohen Krug halten die Gruppe zusammen. Dank der stark variierenden Wuchsformen von zierlichen Gräsern bis zu straff-aufrechten Tulpen, wirkt die Gruppe äußerst lebhaft und beschwingt.

Tipp: Wenn Sie ein attraktives Pflanzgefäß besonders herausstellen möchten, wählen Sie die Bepflanzung zurückhaltend. Für exotische oder ungewöhnliche Pflanzen eignet sich dagegen eher ein schlichter Topf.

NATURNAH GESTALTEN

Das dicht belaubte Arrangement wurde fast ausschließlich mit natürlichen Materialien gestaltet – auch der Tisch und das Pflanzgefäß sind aus Holz. Damit bekommt die Gruppe ein naturnahes Flair und wirkt in ihrer Einfachheit äußerst rustikal.

Standort: Die im Bild erkennbaren Pfosten gehören zu einer Pergola aus Holz. Sie spendet nicht nur Schatten, sondern dient auch als Träger für Hängekörbe. Damit stehen die naturnahen Pflanzgefäße in einem klar definierten Raum und brechen mit ihrer Bepflanzung die geraden Linien auf.

Pflanzgefäß: Der hohe Pflanzkübel ist ein ausgehöhlter Baumstamm. Die Moose wirken sehr natürlich und verleihen der Pflanzgruppe die Aura eines Zen-Gartens.

Tipp: Farne und Moose eignen sich bestens, um Holzgefäße in schattigen Bereichen zu beleben. Allerdings sollten Sie das Moos nicht aus dem Wald holen, sondern in einer Gärtnerei kaufen.

Moderne Gestaltung

In einem modernen, zeitgenössischen Kübelgarten können Sie das Lebensgefühl unserer Zeit einfangen. Dabei werden Sie feststellen, dass sich Grundlegendes über die Jahrhunderte kaum geändert hat.

GEEIGNETE PFLANZEN

Blütenschmuck
Agapanthus
Canna
Lavendel
Lilien
Schwertlilien
Zierlauch

Blattschmuck
Bambus
Baumfarne
Farne
Phormium
Ziergräser

Sukkulente
Agaven
Hauswurz

Sträucher
Buchsbaum

Bäume
Birken
Oliven

NATUR PUR

Wasser ist eine kostbare Ressource. Steingartenpflanzen, wie Fetthenne und andere Sukkulenten, oder Trockenheit liebende Arten, wie Lavendel und Rosmarin, kommen mit extrem wenig Wasser aus und sind pflegeleicht.

Gärten sind, anders als früher, weder lästige Pflicht noch Schmuckstücke, die nur aus der Ferne betrachtet werden dürfen. Heutige Gärten sind ins Freie verlagerte Wohnräume, in denen wir entspannen, uns unterhalten oder Freunde treffen. In die Gestaltung fließen so unterschiedliche Vorbilder wie japanische oder maurische Gärten ein. Da die Grundstücke teuer sind, muss ein moderner Garten aus dem verfügbaren Raum das Beste machen – gerade Linien statt unnötiger Schnickschnack. Dabei kommt den Pflanzgefäßen eine große Bedeutung zu, denn sie bestimmen, ob die Gestaltung wirklich „stylisch" ist: Edelstahl, Granit, Natursteinkacheln oder Holz sind dieselben Materialien, mit denen Innenräume gestaltet werden, und sie bringen die beliebten exotischen Pflanzen bestens zur Geltung.

Für die Bepflanzung gelten ähnliche Prinzipien wie für den klassischen, formalen Kübelgarten: Wiederholungen, Rhythmik, Geometrie und Definition von Raum. So schafft etwa eine exakte Reihung identischer, moderner Gefäße ein Gefühl von Raum, Ordnung und Konzentration.

Auch bei der Wahl der Pflanzen haben klar strukturierte Arten Vorrang vor wilder Üppigkeit. Buchsbaum, *Phormium* und Oliven werden ohne Partner und ohne Ablenkung durch farbige Blüten in bester Position präsentiert. In Stadtgärten, deren Besitzer wenig Zeit haben, spielen pflegeleichte Formen wie Hauswurz und Ziergräser eine immer wichtigere Rolle. Dasselbe gilt für Formschnittsträucher, deren exakte Formen dem Garten Klarheit verleihen.

MODERNE ANSÄTZE

GUT ZU WISSEN

- Je weniger Arten Sie pflanzen, umso reduzierter und klarer wirkt der Kübelgarten.
- Besonders wirkungsvoll sind Pflanzgruppen in großen Gefäßen.
- Bedecken Sie das Substrat für die Pflanzen vollständig mit einem Mulch, der zum Lebensraum passt: Zu Agaven passen große, polierte Kieselsteine, zu Gräsern Muschelschalen oder Kiesel. Damit unterdrücken Sie gleichzeitig das Unkraut und senken die Wasserverdunstung.
- Entscheiden Sie sich bei der Auswahl der Pflanzen vorrangig für Formen mit interessanter Farbe, Textur oder Wuchsform, beispielsweise einen Baumfarn.
- Lassen Sie im Haus das Thema der Pflanzgefäße wieder anklingen.
- Auf Terrassen, Dachgärten oder in Innenhöfen, wo Sie sich mit Freunden treffen, rückt ein Spot-Light eine besonders attraktive Pflanze „ins Licht".
- Es gibt moderne Pflanzgefäße mit Lenkrollen, die sich leicht umstellen lassen und spontane Neuarrangements möglich machen.
- Wählen Sie für ein einheitliches Bild Pflanzgefäße aus denselben oder ähnlichen Materialien wie die festen Oberflächen im Garten.

WOHNRAUM IM FREIEN

Schlichte Terrakottagefäße mit kugelig beschnittenem Buchsbaum bilden den Hintergrund für einen Essplatz im Freien. Sie trennen nicht nur den Raum ab, sondern verleihen ihm auch einen Hauch von Luxus und Eleganz.

Standort: Die gezielte Beleuchtung hebt den formalen Charakter der Gefäße hervor und macht den Essplatz an Abenden besonders einladend.

Pflanzgefäß: Form und Größe der Gefäße lassen den vorhanden Raum größer erscheinen als er tatsächlich ist.

Tipp: Ein vollständig mit Substrat gefülltes Pflanzgefäß dieser Größe ist sehr schwer. Füllen Sie den unteren Teil mit Styropor oder einem anderen leichten Material und geben Sie oben nur so viel Erde dazu wie nötig.

DEN RAUM STRUKTURIEREN

Die flachen, mit Fetthenne bepflanzten Schalen scheinen auf den Wasserflächen zu schweben. Die sanft fließende Wasserrinne ist eine moderne Version der Kaskade.

Standort: Die meisten anderen Pflanzen würden ungeschützt in der heißen Mittagssonne verdorren. Die Fetthenne fühlt sich dagegen in diesem zeitgenössischen Garten am Meer wohl; ihre weichen Formen brechen die geraden Kanten der Wasserrinne.

Pflanzgefäß: Fetthenne hat ein flaches Wurzelwerk. Für sie stellen schalenförmige Pflanzgefäße kein Problem dar.

Tipp: Fetthenne muss nicht regelmäßig gegossen werden, selbst bei trockenem Wetter reicht einmal pro Woche bis alle zehn Tage völlig aus.

ULTIMATIV PFLEGELEICHT

Diese fuchsrote Segge *(Carex buchananii)* im reifenförmigen Behälter aus glänzendem Stahl ist ein echter Hingucker.

Standort: Das Gras scheint wie eine Explosion aus Fäden aus dem Behälter zu springen. Die fein verteilten Halme und Blätter bilden einen starken Gegensatz zur glatten, glänzenden Metalloberfläche.

Pflanzgefäß: Ist dieser Behälter eine Schale oder ein Ring? Trotz der äußerst modernen Machart wirkt die Form erstaunlich natürlich.

Tipp: Die Segge wächst an ihrem natürlichen Standort in feuchter Umgebung und zieht auch im Kübel feuchtes Substrat vor. Setzen Sie das Pflanzgefäß nicht der prallen Mittagssonne aus.

STACHELIG MAL VIER

Agave americana zeichnet sich durch eine starre, stachelige Wuchsform aus. Das Wasser wirkt wie ein Spiegel, der die Formen sogar noch betont.

Standort: Die Viererreihe ist klassisch und doch modern; die starren, aufwärts weisenden Blätter setzen ein markantes Zeichen.

Pflanzgefäß: Obwohl die vier Gefäße im kretischen Stil gleiche Form und Größe haben, weist jeder der handgemachten Töpfe kleine, individuelle Unterschiede auf.

Tipp: An den starren Blättern der Agave kann man sich verletzen. Stellen Sie Agaven daher stets so auf, dass man nicht daran stößt.

MOBILE PFLANZGEFÄSSE

Art, Form und Größe der Pflanzkübel bestimmen den Charakter eines modernen Gartens: Sie geben ihm Stil oder sind sogar Kunstobjekte. Vielfach erregen sie mehr Aufmerksamkeit als die Bepflanzung.

Standort: Auf diesem Holzdeck stehen Kübel, die Schönheit mit Funktionalität vereinen. Da sie auf Rollen beweglich sind, lassen sich die Kübel je nach Bedarf als Sichtschutz oder Raumteiler arrangieren.

Pflanzgefäß: Metallplatten sind ein äußerst vielseitiges Material. Sie lassen sich zu vielen Formen und Größen zusammenbauen und passen zu jedem modernen Gartenstil.

Tipp: In einem Gefäß auf Rollen können Sie selbst Sonne liebende Pflanzen durchaus für kürzere Zeit verschieben, um eine Schattenfläche aufzuhellen.

MULCH AUS NATURSTEINEN

Die glatten, runden Formen der Feldsteine bilden einen spannenden Kontrast zur rauen Rinde des Olivenbaumes und der glänzenden Oberfläche des galvanisierten, rechteckigen Metallkübels.

Standort: Die Steine entsprechen dem natürlichen Standort des Olivenbaumes, der auf steinbedeckten Terrassen kultiviert wird. Damit bilden sie eine perfekte, harmonische Ergänzung zum Baum.

Pflanzgefäß: Silbrig schimmernde Metallkübel passen gut zu Pflanzen mit silbrig glänzenden, blaugrünen Blättern wie Lavendel und Olivenbäumen.

Tipp: Die Steine sehen nicht nur gut aus, sie helfen auch Wasser zu sparen und unterdrücken das Unkraut. Zusätzlichen Schutz bieten eine Lage Zeitungspapier, durchbohrte Plastikfolie oder ein wasserdurchlässiges Vlies unter den Steinen.

ENTSPANNUNG AUF DEM DACH

Grüne Dachgärten wirken wie natürliche Oasen. Wenn die Töpfe geschickt bepflanzt werden, sind sie attraktiv für viele einheimische Insekten; außerdem reinigen sie die Luft und blocken Straßenlärm ab.

Standort: Diese Pflanzkübel mit hohen Ziergräsern umschließen den Sitzplatz und machen daraus einen intimen Rückzugsort. Je nach Position rahmen sie hübsche Ausblicke ein und versperren die Sicht auf weniger Schönes.

Pflanzgefäß: Diese modernen Metallgefäße sehen zwar prächtig aus, haben aber einen Nachteil: Sie können die Pflanzenwurzeln überhitzen, vor allem, wenn sie lange der direkten Sonne ausgesetzt sind (siehe auch Kapitel über Pflanzgefäße).

Tipp: Kübel, Substrat und Pflanzen sind – insbesondere nach dem Gießen – sehr schwer. Erkundigen Sie sich bei einem Statiker, welche Belastung Ihr Flachdach aushält, damit Sie keine unangenehme Überraschung erleben.

NATUR PUR

Statt schlechte oder möglicherweise sogar belastete Erde für teures Geld auszutauschen, stellen Sie Pflanzgefäße darauf, und ziehen Sie in guter Erde Blumen oder Gemüse.

Balkone

Balkone erweitern die Wohnfläche ins Freie und erlauben im Unterschied zum Garten weite Ausblicke. Mit den geeigneten Pflanzgefäßen schaffen Sie ganzjährig ein hübsches Mini-Biotop.

GEEIGNETE PFLANZEN

Bäume, die Wind vertragen
Ahorn
Weißdorn

Kletterpflanzen
Actinidia
Clematis
Efeu
Rostrote Rebe

Grüne Trennwände
Griselinia littoralis
Hainbuche
Ilex, immergrün
Liguster

Immergrüne Sträucher
Buchsbaum
Hebe 'Autumn Glory'
Orangenblume
Winterbeere

Stauden
Armeria maritima
Pelargonien
Taglilien

Ein Balkon kann ganz unterschiedlich gestaltet werden, vom städtischen Schick mitten auf dem Land bis zum französisch angehauchten, ländlichen Garten mitten in der Stadt. Dazu brauchen Sie nichts weiter als einige Kübel und jede Menge Vorstellungskraft.

Sicherheit geht vor

Erkundigen Sie sich beim Architekten oder einem Statiker, welche Gewichtsbelastung Ihr Balkon aushält. Größere Pflanzgefäße mit feuchter Erde und Bepflanzung sind ziemlich schwer, und der Balkon muss diese zusätzliche Belastung aushalten können.

Stellen Sie die Pflanzkübel zur Sicherheit in die Nähe tragender Wände oder über Stützen. Der größte Kübel steht jeweils dort, wo die größte Stabilität zu erwarten ist.

Sichern Sie alle Pflanzgefäße gegen Absturz, insbesondere Blumenkästen, Hängeampeln oder Kästen auf Simsen.

Prüfen Sie die Sicherheit von Geländern, auf denen Sie Kästen anbringen möchten. Schon ein einfacher Balkonkasten mit feuchter Erde und Pflanzen ist schwerer, als man gemeinhin vermutet. Verwenden Sie ausschließlich stabile und sichere Befestigungshaken und -winkel.

Stellen Sie jedes Gefäß auf kleine Füßchen und sorgen Sie für guten Wasserabzug. Überschüssiges Wasser können Sie in passenden flachen Schalen auffangen. Um etwas Gewicht zu sparen, wählen Sie große Kübel aus leichtem, synthetischem Material (das gilt auch für eine große Gruppe aus kleineren Töpfen).

Balkon wie an der Küste
Pflanzen der Meeresküste eignen sich hervorragend für Balkonkästen. Sie sind an den Wind gewöhnt und ertragen vergessliche Gärtner.

Gestaltungsideen
Versuchen Sie, Ihre Ideen zunächst auf einem Block zu skizzieren. Sie können nicht zeichnen? Dann machen Sie ein Foto des Balkons, drucken Sie es aus und legen Sie Transparentpapier darüber. Nun können Sie mit runden und eckigen Formen experimentieren. Hier drei Möglichkeiten:

Entspannend

Formal

Intim

Leuchtend und pflegeintensiv
Die dicht an dicht stehenden Pelargonien in Töpfen und Balkonkästen sollen nicht nur den Besitzer, sondern vermutlich auch Passanten erfreuen.

PLANUNG

CHECKLISTE

- Was für ein Mikroklima herrscht auf dem Balkon?
- In welche Himmelsrichtung weist der Balkon?
- Wann bekommt er direktes Sonnenlicht?
- Liegt er windgeschützt?
- Ist die Luft verschmutzt?
- Ist ein Sichtschutz nötig?

Berücksichtigen Sie bei der Auswahl der Pflanzen alle Faktoren. Nur Arten, die gut mit den Bedingungen Ihres Balkons zurechtkommen, sehen von der Wohnung und der Straße optimal aus.

TIPPS FÜR DIE BALKON-BEPFLANZUNG

Gestaltung
- Wenn Sie den Stil des angrenzenden Zimmers auf dem Balkon fortsetzen, erscheint der Wohnraum größer.
- Auf engen Balkonen nehmen runde Gefäße mehr Platz weg als eckige.
- Verwenden Sie tiefe Gefäße, die nicht so schnell austrocknen.
- Sorgen Sie mit Buchsbaum und anderen immergrünen Sträuchern das ganze Jahr über für Aufmerksamkeit.
- Nutzen Sie die Gefäße optimal aus: Pflanzen Sie Zwiebeln und Knollen für Frühling und Herbst dazwischen.

Trennwände
- Wüchsige Kletterpflanzen auf gut gesicherten Rankgittern, Stützen und Geländern schließen den Balkon gegen Einblicke ab.
- Eine Eibenhecke im Trog schließt sich zu einem wunderbaren Sichtschirm.
- Kletterpflanzen, die im Herbst ihr Laub abwerfen, sind eine gute Alternative. Sie bieten heftigen Winden weniger Widerstand als Immergrüne.

Wind und Windrichtung
- Bestimmen Sie die Hauptwindrichtung, und richten Sie mit Trennwänden einen Windschutz ein.
- Buchsbaum oder Liguster vertragen starken Wind; beide eignen sich bestens als Windbrecher oder Sichtschutz.
- Vermeiden Sie hohe Pflanzen, die bei heftigen Böen leicht umkippen.
- Stellen Sie empfindliche Pflanzen im Schutz von robusten Arten oder hinter einer Trennwand auf.

Gießen
- Balkonpflanzen brauchen im Sommer mehr Gießwasser als Gartenpflanzen. Wenn Ihr Balkon sehr üppig bepflanzt ist, sollten Sie über ein automatisches Bewässerungssystem nachdenken (siehe S. 122).
- Die Pflanzgefäße müssen, außer bei Frost, das ganze Jahr über gegossen werden, vor allem, wenn der Balkon im Regenschatten liegt.
- Aus Pflanzgefäßen aus Fiberglas, Plastik und Metall verdunstet weniger Wasser als aus porösem Material wie Terrakotta. Verwenden Sie statt schwerer Blumenerde leichte Substratmischungen.

Dachgärten

Kreativ gestaltete Dachgärten werden immer beliebter. Es gibt keinen Grund, warum ein Garten nicht auch in größerer Höhe gedeihen sollte – vor allem, wenn große Pflanzkübel eine wichtige Rolle spielen.

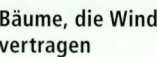

GEEIGNETE PFLANZEN

Bäume, die Wind vertragen
Bergkiefer (Zwergsorten)
Dreizähniger Ahorn
Escallonia
Stechpalme
Weißdorn

Immergrüne Sträucher, die Wind vertragen
Buchsbaum
Griselina
kleinblättrige *Hebe*
Pittosporum
Wacholder
Weiße Scheinzypresse
Winterbeere

Laubsträucher, die Wind vertragen
Rosen, wie *Rosa rugosa*,
  Rosa 'Sarabande',
  R. 'Alberic Barbier',
  R. 'Rene Andre'
Sanddorn
Spierstrauch

Immergrüne Palmen
Europäische Zwergpalme

Stauden, die Wind vertragen
Agapanthus
Armeria maritima
Phormium
Taglilien

Dachgärten bieten nicht nur eine willkommene Abwechslung zum gehetzten, hektischen Leben darunter, sie verbessern auch die Luftqualität, weil sie Staubpartikel festhalten und Sauerstoff erzeugen. Pflanzgefäße spielen bei dieser Umwandlung eine entscheidende Rolle.

Ganz wichtig bei der Planung ist die Sicherheit. Mit Erde, Pflanzen und Wasser gefüllte Pflanzgefäße sind schwerer als sie aussehen. Lassen Sie die Tragfähigkeit des Daches also zunächst von einem Experten prüfen, und halten Sie sich unbedingt an seine Vorgaben. Er kann auch berechnen, an welchen Stellen die schwersten Gefäße stehen sollten (nahe tragenden Wänden oder über Stützen). Erkundigen Sie sich bei der Stadtverwaltung, ob Genehmigungen eingeholt werden müssen.

Belastungen

Ein Dachgarten ist den Umwelteinflüssen besonders stark ausgesetzt. Daher brauchen Sie Pflanzen, die solche Belastungen ertragen. Die Pflanzen der Meeresküste, die am natürlichen Standort Wind, Trockenheit und Sonne aushalten müssen, sind wie geschaffen für Dachgärten: Zierbäume, Gräser, niedrige Sträucher, möglichst mit harten Blättern.

Auf einem Dachgarten trocknen die Gefäße sehr schnell aus. Fetthenne, Lavendel, Heiligenkraut und andere Pflanzen mit sukkulenten oder silbrig-grauen Blättern kommen mit solchen Bedingungen am besten zurecht. Ziehen Sie auch ein automatisches Bewässerungssystem für den Dachgarten in Betracht.

Gestaltungsideen
Die Skizzen machen deutlich, wie ein Dachgarten aussehen könnte. Der Zweck bestimmt das Design:

Gemüsegarten

Entspannung

Treffpunkt

Tropische Terrasse
Aus der Luft sieht dieser ungewöhnlich bepflanzte Dachgarten wie ein kleines, tropisches Paradies aus.

Gräser im Wind
Die Metallkübel heben die Ziergräser auf größere Höhe. Man glaubt fast das Rauschen des Windes in den Gräsern zu spüren und fühlt sich wie am Strand, hoch über dem Lärm der Straße.

WELCHES PFLANZGEFÄSS?

- Die Pflanzgefäße sollten so groß wie möglich, aber sicher und gut zu pflegen sein.

- Die Gefäße müssen heftigen Sturmböen widerstehen: Sie könnten umkippen, zerbrechen oder gar auf die Straße fallen und Passanten verletzen.

- Alle Pflanzgefäße müssen auf Füßchen stehen und einen guten Wasserabzug haben.

- Bei Dachterrassen mit wertvollem Bodenbelag wird das Pflanzgefäß mit wasserdurchlässigem Vlies ausgekleidet, damit keine Erde durch die Drainagelöcher austritt.

- Bepflanzte große Gefäße sind sehr schwer. Füllen Sie die Pflanzgefäße unten mit Styroporflocken, und schichten Sie das notwendige Substrat darüber, um Gewicht zu sparen, das Wichtigste bei einem Dachgarten.

- Gefäße aus Terrakotta sind zwar sehr stabil, trocknen aber auch schneller aus, als die viel leichteren Plastik- oder Fiberglasgefäße. Eine Alternative sind Plastikgefäße in Terrakotta-Optik.

- Metallgefäße heizen sich in der direkten Sonne stark auf, trocknen die Erde aus und schädigen unter Umständen sogar das Wurzelwerk. Kleiden Sie ein Metallgefäß innen mit einer doppelt gelegten Luftfolie (Drainagelöcher aussparen!) aus; das schützt das Substrat vor Hitze und Kälte.

- Gestalten Sie den Dachgarten möglichst einheitlich. Das wirkt besser, als eine bunt gemischte Sammlung verschiedener Gefäße.

BEPFLANZUNG

- Moderne Dachgärten werden durch markante Pflanzen wie *Phormium*, Funkien, Agaven und Bambus aufgewertet.

- Verwenden Sie Substrate auf Torf- oder Torfersatzbasis (Kokosfasern); sie sind leichter als Mischungen mit Topferde.

- Ein Gewicht sparendes Pflanzgefäß steht nicht so stabil wie ein schweres, außerdem trocknen leichte Substrate rascher aus und müssen häufiger gegossen werden.

- Prüfen Sie mindestens zweimal pro Jahr, ob der Wurzelballen noch genügend Platz hat.

- Frost stellt eine große Gefahr dar; die Winterhärte muss höher sein als bei einer ähnlichen Art im Garten.

- Immergrüner Buchsbaum, Eibe und Wacholder in hohen Gefäßen eignen sich als Sichtschutz und schützen empfindlichere Pflanzen.

- In Pflanzgefäßen mit Rankgittern wachsen viele Kletterpflanzen; sie bilden einen guten Sicht- und Windschutz.

- Sträucher, die nahe an einer Wand wachsen, sind besser vor den Elementen geschützt.

CHECKLISTE KLIMA

Einige Fragen zu Ihrem Dachgarten:
- Liegt er exponiert oder geschützt?
- Sonnig oder schattig?
- Aus welcher Himmelsrichtung weht der Wind vorwiegend?
- Wollen Sie eine Blickrichtung verstellen?
- Wünschen Sie Abgeschlossenheit?
- Ist ein Wasseranschluss vorhanden?
- Gibt es einen Wasserabfluss?
- Wie bekommen Sie Pflanzgefäße, Substrat und Pflanzen auf das Dach?

Wenn Sie die Antworten bereits in die Auswahl der Pflanzen und Gefäße einfließen lassen, wird Ihnen die Dachgarten-Gestaltung gelingen. Durch die von unten aufsteigende Hauswärme sind manche Dachgärten sogar wärmer als ein ebenerdiger Garten. In solchen Fällen gedeihen selbst empfindlichere Pflanzen. Auf einem Dachgarten lassen sich viele Pflanzen ziehen: Zier- und Obstbäume, Sträucher, Blumen und sogar Gemüse.

Wind- und Sichtschutz
Kiefern sind winterhart und vertragen verschmutzte Luft und Wind. In diesem Dachgarten dienen sie als Windschutz und grenzen den Privatbereich ab. In den Töpfen darunter wachsen Rhododendren und Azaleen.

Senkgärten

Auch wenn es unwahrscheinlich klingt – ein Senkgarten mit Pflanzgefäßen hat viele Vorteile. Empfindliche und Schatten liebende Arten fühlen sich an diesem geschützten Standort wohler, und die Pflege gestaltet sich einfacher.

GEEIGNETE PFLANZEN

Stauden
Christrose
Farne
Funkien
Liriope
Osterlilie
Purpurglöckchen
Schaublatt
Schildnarbe
Veilchen

Einjährige
Rühr-mich-nicht-an
Ziertabak

Zwiebeln & Knollen
Alpenveilchen
Osterglocken
Schneeglöckchen
Tulpen

Kletterpflanzen
Kletterhortensie
Waldrebe

Sträucher
Buchsbaum
Feuerdorn
Fuchsien
Kamelien
Orangenblume
Spindelstrauch
Winterjasmin
Zierquitten

Bäume
Stechpalme

Gräser
Hakonechloa
Seggen

Im geschützten Mikroklima eines schattigen Senkgartens trocknet die Erde in den Töpfen nicht so rasch aus, und manche großen Sträucher wachsen merklich langsamer als im hellen Sonnenlicht.

Bei der Planung eines Senkgartens mit Pflanzgefäßen kommt es auf zwei Faktoren an: Zugänglichkeit und Licht. Da manche Stellen nur wenig direktes Licht erhalten, sind Sie bei der Auswahl der Pflanzen an gut angepasste Arten gebunden. Prüfen Sie, welcher Standort wann und wo von der Sonne beschienen wird und wählen Sie die Pflanzen entsprechend aus. Zum Glück gibt es eine Menge hübscher Arten, die sogar düstere Ecken angenehm beleben. Die Zugänglichkeit bestimmt die Größe der Gefäße. In Senkgärten mit kleiner Grundfläche passt am besten ein einzelner, großer Kübel, der mit pflegeleichten Sträuchern bepflanzt wird. Sie müssen selten gegossen werden und sind mit einer Düngergabe im Frühling zufrieden (wenn sie länger stehen bleiben sollen, werden die Sträucher in Erde gepflanzt).

Wird der Senkgarten häufiger begangen – beispielsweise als Durchgang zu anderen Gartenabschnitten – ist ein rechteckiges Gefäß günstiger, weil es weniger Platz einnimmt. Kletterpflanzen lenken den Blick in die Höhe; außerdem verkleiden sie unschöne Bereiche oder Mauern. *Clematis*-Arten, die auch im Halbschatten wachsen, eignen sich bestens für solche Standorte. Ihre Blüten fallen zwar nicht so üppig aus wie in der Sonne, bleiben aber länger am Strauch.

Während die meisten Kletterpflanzen ein Rankgerüst brauchen, halten sich andere an natürlichen Unterlagen fest. Kletterhortensien wachsen mit wenig Licht und brauchen kaum Pflege; vor allem müssen sie praktisch nicht zurückgeschnitten werden.

Gestaltungsideen
Wenn Sie einen Senkgarten gestalten, können Sie ihm ein Thema geben, eine zurückhaltende, stylische Oase schaffen oder den Garten mit Farbe und Duft beleben.

STILSICHER

- Investieren Sie für eine bessere Raumwirkung etwas mehr Geld in ein wirklich großes oder in ein Paar besonders attraktive Pflanzgefäße. Setzen Sie mit einer einzigen Art oder mit Immergrünen einen wirkungsvollen Akzent.

- Wenn Ihnen ein üppig grüner Dschungel vorschwebt, verteilen Sie mehrere Töpfe mit exotischen, Schatten liebenden Arten wie Farne, Schaublatt oder Osterlilien.

- Kombinieren Sie Arten mit rundlichen Blättern (Funkien, Begonien) mit spitzen Gräsern.

- Nicht zu unterschätzen ist die Wirkung weicher, grüner Moospolster. Moose wirken in größeren Gefäßen als Mulch, können aber auch einzeln in flachen Schalen oder auf einem Rindenstück gepflanzt werden.

TIPPS FÜR PFLANZGEFÄSSE

- Stellen Sie die Gefäße auf kleine Füßchen, damit überschüssiges Wasser abfließt.

- Je nach Jahreszeit sorgen Töpfe mit Stauden, Einjährigen oder Zwiebel- und Knollenpflanzen für Farbe.

- Reflektierende Pflanzgefäße (verspiegelt, polierter Stahl, Aluminium) geben mehr Licht und suggerieren Weite.

- Weiße und pastellfarbene Blüten hellen dunkle Stellen auf und lassen einen Raum weniger beengt erscheinen als leuchtend bunte Farben.

- Pflanzen mit Licht reflektierenden Blättern, wie Chartreuse-(Gold-)Funkien, panaschierte Hortensien oder Buntnesseln hellen auf.

- Silberblättrige Arten brauchen Sonne, sie kümmern in dunklen Senkgärten.

- Während die meisten Kräuter Sonne brauchen, geben sich Minze, Schnittlauch und Petersilie auch mit weniger Licht zufrieden.

- Mit üppigen Pflanzen versperren Sie den Blick auf unschöne Gegenstände (z. B. Mülltonnen).

OBEN: **Schattenliebhaber**
Dieser immergrüne Tüpfelfarn *(Polypodium)* wächst bestens im Schatten eines Senkgartens. Die weichen Wedel beleben.

UNTEN: **Versunkene Schätze**
Die Stars dieses extrem tiefen Senkgartens sind eine üppige Zimmercalla *(Zantedeschia)* und Bambus. Sie hellen diese dunkle „Schlucht" auf.

NATUR PUR

Feuerdorn braucht nicht viel Licht. Er bildet im Frühling zahlreiche kleine, weiße Blüten, aus denen sich im Herbst sehr attraktive rote bis orangefarbene Beeren entwickeln. Die dicht belaubten Zweige bieten Tieren Schutz; mit etwas Glück baut ein Vogel darin sein Nest.

NATUR PUR

In einem sogenannten Wurmkomposter werden Küchenabfälle in wertvollen Kompost umgewandelt. Die Würmer bieten Fachhandel, Internet oder auch Angelgeschäfte an (dort werden sie als Köder verkauft). Zur Kompostbereitung eignen sich normale Regenwürmer *(Lumbricus terrestris)* oder Kompostwürmer *(Eisenia foetida)*, als Material Gemüseabfälle aus der Küche. Der hochwertige Kompost enthält viele Nährstoffe. Wurmkomposter sind kleiner als die üblichen Schnellkomposter und eignen sich damit gut für schattige Senkgärten.

Durchgänge

Enge Durchgänge werden gerne vernachlässigt. Mülleimer oder Fahrräder versperren den Zugang zum Haus. Eine Grundreinigung und einige attraktive Pflanzgefäße verwandeln den bislang vernachlässigten Ort in einen mobilen Garten.

GEEIGNETE PFLANZEN

Farbe im Schatten

Alpenveilchen
Begonien
Fuchsien
Japanische Kamelien
Männertreu
Rühr-mich-nicht-an
Schlüsselblumen
Strelizien
Veilchen
Ziertabak

Sträucher und Farne für Vollschatten

Mondsichelfarn
Pfauenradfarn
Schildnarbe
Skimmia × confusa
 'Kew Green'
Waldfarne
Zwergbambus

Stauden für Vollschatten

Christrose
Funkien
Purpurglöckchen

Schattenpflanzen für Wildtiere

Efeu
Feuerdorn
Immenblatt
Seggen
Stechpalme

Gestaltungsideen
Die drei Skizzen zeigen einen formalen Blickfang, der von einer hohen Wand ablenken soll, eine lockere Bepflanzung mit aromatisch duftenden Pflanzen vor einer niedrigen Mauer und einen Bambus als Sichtschutz vor einer unattraktiven Mauer.

Manche Durchgänge wirken regelrecht düster. Das Haus auf der einen, der Zaun des Nachbarn auf der anderen Seite nehmen Licht und engen ein. Der Boden ist gepflastert oder mit Kies belegt, die Erde trocken und verdichtet. Pflanzgefäße schaffen unmittelbar Abhilfe, weil sie sich abwechslungsreich und wirkungsvoll bepflanzen lassen.

Identische Gefäße mit markanter Bepflanzung, in regelmäßigen Abständen neben dem Weg platziert, haben eine starke Raumwirkung. Buchsbäume in Metallkübeln sehen das ganze Jahr über interessant aus. Farbige Blumen in kleinen Töpfen sorgen in den Zwischenräumen je nach Jahreszeit für Farbe und Kontrast. Stellen Sie am Ende des Durchganges

einen interessanten, großen Topf als Blickfang auf. Er zieht die Aufmerksamkeit auf sich und lenkt von der Enge ab.

Bei einer gemischten Bepflanzung sollten alle Arten gleich gut den herrschenden Bedingungen angepasst sein, beispielsweise Waldpflanzen, Farne, Fingerhut und Funkien.

Die Kletterrose 'Zephirine Drouhin' eignet sich sehr gut für einen engen Durchgang, weil sie auch im lichten Schatten gedeiht. Ihre intensiv rosa Blüten verströmen einen wunderbaren nostalgischen Duft, sie hat keine Stacheln, breitet sich gut aus und klettert bis 3 m hoch. Auch die krankheitsresistente Kletterrose 'New Dawn' und die Meidiland® Rosen vertragen etwas Schatten.

NATUR PUR

Kühle, feuchte Durchgänge locken Schnecken an. Damit sie sich nicht an Ihren Pflanzen gütlich tun, legen Sie nachts einen alten Teppich oder eine Holzplanke auf den Boden. Am nächsten Morgen drehen Sie die „Falle" um; die Vögel werden sich freuen.

UNTEN: **Markante Topfgruppe**
Die beiden zu Kugeln beschnittenen Buchsbäume im Vordergrund flankieren den Weg in den Garten.

OBEN: **Häuslicher Dschungel**
Farne, Funkien und Bambus verwandeln den engen Gang in einen exotischen Dschungel. Der Bodenbelag aus recycelten Fußbodendielen wirkt natürlich.

TIPPS FÜR PFLANZGEFÄSSE IN DURCHGÄNGEN

- Stellen Sie in sehr engen Durchgängen rechteckige Kübel auf. Sie sind geräumiger und nehmen weniger Platz weg.

- Vermeiden Sie ein Sammelsurium zu vieler und zu kleiner Gefäße; der freie Durchgang darf nicht enger werden als 90 cm.

- Ausladend wachsende Sträucher sind keine gute Wahl für Durchgänge. Besser sind Kletterpflanzen und Sträucher, die an Rankgestellen in die Höhe wachsen.

- Im Halbschatten zu Füßen einer Mauer sollten Waldpflanzen wachsen, beispielsweise Alpenveilchen oder Farne.

- Meiden Sie stachelige oder dornige Arten.

- Unterbrechen Sie lange, gerade Durchgänge nach zwei Dritteln des Weges durch eine Pflanzgruppe.

- Beziehen Sie die Mauern mit ein – Kübel und Ampeln sind perfekt. Wählen Sie auch hier Gefäße gleicher Form und gleichen Stils, kein buntes Gemisch. Denken Sie bei der Auswahl der Arten daran, dass die höheren Töpfe mehr Licht bekommen.

Terrassen

Terrassen stehen in einer besonders engen Beziehung zu den angrenzenden Wohnräumen. Legen Sie bei der Auswahl der Pflanzgefäße daher besonders großen Wert auf Stimmigkeit: Stil und Farbgebung sollten zueinander passen.

Gestaltungsideen
Diese Vorschläge zeigen eine einfache Kombination von Gräsern, eine Gruppe von Formschnittsträuchern und eine betont lockere Gestaltung.

GEEIGNETE PFLANZEN

Schmetterlinge anlocken
Frikarts-Astern
Sonnenwende

Geschlossenheit
Stechpalme oder Lorbeer

Immergrüner Schutz
Bambus
Orangenblume

Lange blühend
Hortensien
Lavendel

Offenheit
Olivenbäumchen

Duftend
Duftende Lilien
Ziertabak

Halbschatten
Geranien

Schatten
Rühr-mich-nicht-an

Struktur gebend
Buchsbaum
Eibe
Skimmie

Sonne
Petunien

Textur
Beifuß
Blauschwingel

Während sich der Stil der Wohnung auf der Terrasse fortsetzen sollte, ist bei der Auswahl der Pflanzen das Mikroklima entscheidend. Stellen Sie die Gefäße mit den empfindlicheren Arten im Schutz robusterer Pflanzen auf. Nutzen Sie größere Gefäße für die dauerhafte Bepflanzung, kleine für Einjährige, die je nach Jahreszeit Farbe beisteuern.

Terrassen ganz ohne Pflanzen wirken abweisend und kalt. Pflanzgefäße brechen die harten Linien und schaffen eine einladende Atmosphäre. Außerdem setzen Pflanzen Grenzen und erzeugen damit mehr Privatsphäre. Definieren Sie Ess- und Sitzbereiche durch Pflanzen und verstellen Sie unschöne Durchblicke. Auf einer Terrasse, die vom Wohnzimmer aus sichtbar ist, sorgen einige Immergrüne ganzjährig für interessante Blickpunkte.

Buschig wachsende Pflanzen beanspruchen auf kleinen Terrassen zu viel Platz. Erheblich besser eignen sich beschnittene Buchsbäume oder Eiben, sowie säulenförmig wachsende Sorten von Wacholder.

Wenn die Terrasse zu einer Oase der Entspannung werden soll, setzen Sie duftende Pflanzen ganz oben auf die Einkaufsliste; die Farben ergeben sich dann von selbst. In der Tat haben viele stark duftende Pflanzen pastellfarbene Blüten, die sehr entspannend wirken. Blüten, die sich erst abends öffnen, duften sehr angenehm, und ihre zarten Blütenfarben hellen den Abend auf. Besonders stark duften Lilien, *Nicotiana sylvestris* und *N. alata*. Sehr hübsch sind auch aromatisch duftende Pflanzen wie Lavendel oder Duftgeranien (*Pelargonium*-Sorten), die ihre

ätherischen Öle abgeben, wenn man über die Blätter streicht (siehe S. 98–99). In der Nähe von Sitzplätzen gewinnt die Oberflächentextur einer Pflanze an Bedeutung. Streichen Sie mit den Fingern über die weiche Oberfläche einer aromatisch duftenden *Artemisia* 'Powis Castle' oder über die weichen Blätter des Blauschwingels – eine äußerst entspannende Erfahrung.

Halten Sie sich bei den Gefäßen an einen einheitlichen Stil, und passen Sie das Material der Standfläche an. Terrakotta sieht auf Naturstein und Ziegeln wunderschön aus; glänzendes Metall passt gut zu einem Holzdeck.

WIE PRAKTISCH!

EIN PAAR GUTE IDEEN

- Setzen Sie einen großen Topf mit Basilikum neben Tomaten, dann haben Sie die Zutaten für einen Salat beisammen.

- Töpfe mit Gewürzpflanzen neben einem Grill sind äußerst praktisch. Sie können frische Kräuter über einen Salat streuen und dem Fleisch mit duftenden Kräutern mehr Aroma geben.

- Wenn die Terrasse groß genug ist, schaffen Sie „Räume" mit Wänden aus Pflanzgefäßen. So können die Kinder spielen, während Sie etwas mehr Ruhe finden.

- Selbst mäkelige Kinder mögen Erdbeeren oder Blaubeeren. Aus dem Topf können sie die Früchte ganz nach Wunsch selbst ernten.

TIPPS FÜR TERRASSEN

- Verwenden Sie nicht zu viele Pflanzgefäße. Sie lassen die Terrasse unruhig erscheinen, und es kostet viel Zeit, alles in Ordnung zu halten.

- Bepflanzte Gefäße betonen oder versperren den Blick auf die Umgebung: Dichte Bepflanzung konzentriert die Aufmerksamkeit auf die Terrasse, während Pflanzen „mit Durchblick" die Umgebung stärker einbeziehen.

- Schützen Sie größere Gefäße vor Beschädigung: Treiben Sie durch das Bodenloch des leeren Kübels einen stabilen Stab tief in den Untergrund, um das Gefäß zu befestigen.

UNTEN: **Dreifachwirkung**
Die drei kleinen Töpfe mit Fetthenne und Veilchen auf dem Tisch ziehen den Blick an. Sie beleben die große Fläche.

OBEN: **Zeichen setzen**
Der einzelne, hohe Terrakottatopf mit dem kugeligen Buchsbaum lässt die kleine Terrasse größer erscheinen, weil er optisch die Höhe einbezieht.

Mauern

Eine Mauer ist wie eine leere Leinwand. Mit Blumentöpfen verteilen Sie Farben und Strukturen darauf und schenken damit vor allem einem kleinen Stadtgarten eine zusätzliche Dimension. Pflanzgefäße verwandeln eine langweilige, vielleicht sogar bedrückende Ecke in einen lebhaften, farbigen Blickfang.

Gestaltungsideen
Stellen Sie Töpfe mit aromatischen Pflanzen auf die Fensterbank, beleben Sie eine Mauerkrone mit einem Pflanztrog, oder mischen Sie Immergrüne mit Einjährigen.

GEEIGNETE PFLANZEN

Nach Osten
Australischer Taschenfarn
Lonicera 'Graham
 Thomas'
Kirschen
Kletterhortensie
Zierquitte
Zimmercalla

Nach Norden
Forsythien
Kamelien
Rose (*Rosa* 'New Dawn',
 R. 'Zephirine Drouhin')
Spalier-Becherkätzchen
Clematis 'Nelly Moser'
Zwergmispel

Nach Süden
Duftender Seidelbast
Glyzine
Obstbäume
Pelargonien
Rosen
Sternjasmin

Nach Westen
Jasmin
Kamelien
Magnolien
Rosen
Säckelblume

In vielen kleinen Gärten kommt es darauf an, so viele Flächen wie möglich zu nutzen. Warum nur den Boden und nicht auch die Mauern?

Für die Bepflanzung von Wandgefäßen gelten einfache Regeln:

1. Weist die Mauer nach Norden, Süden, Westen oder Osten?
2. Wieviel Sonne/Schatten bekommt sie im Laufe des Tages?
3. Ist die Mauer Wind und Regen ausgesetzt?
4. Welche Form sollen die Gefäße haben? Rechteckige Wandgefäße brauchen weniger Platz und nehmen mehr Substrat auf.

Jede Wand hat ein eigenes Mikroklima und kann sonnig, schattig oder windig sein. Eine Mauer im Süden des Gartens ist nach Norden, eine Nordwand nach Süden ausgerichtet.

aufreihen

beleben

verschleiern

Ausrichtung der Mauer

Nach Westen weisende Mauern: Die meisten Pflanzen, vor allem Rosen und Obstbäume, fühlen sich vor warmen, nach Westen weisenden Mauern wohl, die sie vor Nordwestwinden schützen.
Nach Süden weisende Mauern: In einer geschützten Gegend ist eine nach Süden weisende Mauer ein optimaler Standort für empfindliche Arten. Leuchtend bunte Pelargonien oder silberblättrige Mittelmeerpflanzen (Lavendel und Kräuter) gedeihen prächtig in der Hitze. Allerdings sollten die Töpfe gemulcht werden, damit das Substrat nicht zu schnell austrocknet.
Nach Osten weisende Mauern: Hier fühlen sich robuste Forsythien oder Zierquit-

ten wohl, die Frost oder die starken Temperaturschwankungen vertragen, wenn die Sonne morgens aufgeht. Sehr empfindliche Arten wie Kamelien, Obstbäume und Waldreben leiden in der Ostlage.
Nach Norden weisende Wände: Viele Pflanzen für diesen Standort haben helle bis weiße Blüten, die gut im Schatten wachsen und dunkle Ecken aufhellen. Waldstauden oder Farne eignen sich bestens, aber auch ein Stachelbeerstrauch (auch als Hochstamm) wächst gut im Schatten. Schattenmorellen sind die einzigen Obstbäume, die sogar im Schatten gedeihen. Einige Pflanzen für sonnige Standorte wie Winterjasmin oder Geißblatt vertragen auch die Nordausrichtung.

OBEN: Farbtupfer Die alten Blechdosen wurden zu Gefäßen für Pelargonien umfunktioniert.

UNTEN: Aromatischer Eingang Die Blechtöpfe mit Kräutern verwandeln eine langweilige Mauer in einen kleinen Küchengarten.

SICHERHEIT & BEWÄSSERUNG

- Jedes Wandgefäß muss sorgfältig befestigt werden, denn in einem regnerischen Herbst kann die Erde sehr schwer werden. Wenn das Gefäß fällt, besteht Verletzungsgefahr (siehe Sicherheit, S. 103).

- Befestigen Sie die Wandgefäße stets so, dass guter und sicherer Zugang zum Gießen und Pflegen möglich ist. Denken Sie daran, dass die Gefäße tröpfeln könnten (empfindliche Beläge schützen!). Stellen Sie ein Auffanggefäß darunter, das überschüssiges Wasser aufnimmt.

- Wenn das Gießen zum Problem wird, sollten Sie in ein Bewässerungssystem investieren. Eine Alternative sind Wasser speichernde Granulate, die meist mit Langzeitdüngern kombiniert sind und sich für Topfpflanzen, Fensterkästen oder Ampeln eignen (siehe Gießen S. 122, 123).

- Binden Sie einen festen Stab an den Gartenschlauch, damit Sie in der Höhe besser zielen können.

PFLANZGEFÄSSE

- An einer Mauer lassen sich viele Gefäße befestigen: Tröge, Hängekörbe, Drahtkörbe, spezielle Wandtöpfe oder dekorative Büchsen und Gießkannen.

- Stellen Sie einzelne Töpfe an den Fuß einer Mauer. Wenn es der Platz erlaubt, rücken Sie die Gefäße etwas ab, damit sie vom Regen profitieren.

- Kletterpflanzen, die auf dem Boden stehen, brauchen ein Rankgerüst an der Wand. Schrauben Sie die Kletterhilfe mit Abstandshaltern an die Wand.

- Als Alternative zu Kletterpflanzen eignen sich rankende Arten, die in einem hoch aufgehängten Topf wachsen und ihre Triebe nach unten hängen lassen.

Eingänge

Ein Hauseingang verrät sehr viel über Stil und Persönlichkeit der Bewohner. Die passenden Gefäße mit der besten Bepflanzung zu finden, erfordert sorgfältige Planung. Wenn das Ergebnis stimmt, kommen Treppe und Eingang optimal zur Geltung.

Gestaltungsideen
Stellen Sie sich die Situation in den Skizzen jeweils ohne Pflanzen vor, dann wird unmittelbar deutlich, wie positiv sich eine geschickte Bepflanzung und sorgfältig platzierte Pflanzefäße auswirken.

SICHERHEIT

• Treppen im Garten sehen zwar sehr attraktiv aus, werden aber zur Gefahrenquelle, wenn man sie nicht regelmäßig überprüft. Auch die Bepflanzung muss sich der Sicherheit unterordnen:

• Die Töpfe dürfen Gehweg und Treppe nicht verstellen. Der einfache und sichere Zugang zu Treppen und Eingangstür muss gewährleistet sein – denken Sie auch an ältere Besucher. Andererseits können gerade Pflanzkübel auf einen Wechsel im Bodenniveau aufmerksam machen. Auf Treppen ohne Geländer dienen sie als psychologische Barriere.

• Buschige oder dornige Arten gehören nicht auf schmale Treppen oder neben schwer zugängliche Eingangstüren.

Für Eingänge und Treppen eignen sich dieselben Pflanzen wie für Terrassen (S. 54).

Eingänge laden nicht zum Verweilen ein; sie sind für den Durchgang gemacht. Bei der Gestaltung kommt es daher auf die unmittelbare Wirkung an. Pflanzgefäße können den ersten Eindruck von einem Haus wirkungsvoll unterstreichen und sind ein wunderbarer Ersatz für einen Vorgarten. Werfen Sie einen kritischen Blick auf Ihre Eingangtreppe und Tür: Überwiegen Ziegelsteine, Natursteine, Zement oder Holz? Ist der Stil traditionell oder modern, rustikal oder edel? Gibt es eine dominierende Farbe?

Formaler Eingang

Tatsächlich steigert ein gewisses Maß an Formalität die Wirkung des Eingangsbereiches. Dies gelingt aber nur dann, wenn die Pflanzgefäße immer in „Topform" sind. Pflegeleichte Arten, wie in Form geschnittener Buchsbaum oder Eibe sehen das ganze Jahr über gut aus. Ein Paar identischer Kübel rechts und links der Tür lenken den Blick und verleihen dem Eingang Würde. Hochstammlorbeerbäumchen in Versailles-Kübeln oder Buchsbaumkugeln in hohen Gefäßen sind die klassische Wahl. Untergepflanzte Einjährige, Knollen oder Zwiebeln steuern die Farben bei: beispielsweise Tulpen im Frühling, Alpenveilchen oder Stiefmütterchen im Winter, Kapuzinerkresse oder Lavendel im Sommer. Im Winter können sie kleine Formschnittbäumchen durch Leuchten noch besser zur Geltung bringen.

Soll der Eingangsbereich lockerer wirken, pflanzen sie graues Heiligenkraut (*Santolina chamaecyparissus*) oder Beifuß – beide lassen sich gut in Form schneiden, überzeugen durch Textur und aromatischen Duft. Erziehen Sie Kletterpflanzen wie mehrfach blühende Kletterrosen, Geißblatt oder Jasmin zu einem Bogen über der Tür.

Treppen

Auf den Stufen stehende, gleichartige Gefäße mit Pflanzen von aufrechtem Wuchs, wie Tulpen oder Buchsbaumkugeln, steigern die formale Wirkung der Treppe.

Rankende Pflanzen wie Kapuzinerkresse, Efeupelargonien und *Erigeron karvinskianus* (Karvinskis Berufkraut) sorgen für einen aufgelockerten Eindruck. In Küchennähe sind Kräuter wie Thymian, Salbei, Rosmarin oder Majoran thematisch und praktisch besser geeignet. Blumentöpfe, die auf den Treppenstufen bzw. nur oben und unten stehen, brechen die harten Kanten der Stufen und lenken die Aufmerksamkeit auf unterschiedliche Höhen.

Oben: Treppen zum Frühling
Die breiten Steinstufen wirken dank der frühlingshaften Bepflanzung mit *Tulipa* 'Lilac Perfection', Vergissmeinnicht und Osterglocken weicher.

Unten: Still gestanden!
Hochstamm-Lorbeer in Terrakottatöpfen ist die erste Wahl für einen formalen, optisch ausgewogenen Eingangsbereich.

Rechts: Buchs passt
Die Buchsbaumkugeln in den Terrakottatöpfen geben dem strengen Aufgang mehr Leichtigkeit. Da sie in Gefäßen stehen, die genau auf eine Stufenbreite passen, ist auch die Sicherheit gewährleistet.

TIPPS FÜR EINGÄNGE

• Vermeiden Sie zu viele kleine Töpfe. Sie verwirren nur, erfordern großen Pflegeaufwand und sind typische Stolpersteine.

• Wenn Sie einen sehr wertvollen Pflanzkübel gegen Diebstahl sichern möchten, müssen Sie ihn einzementieren oder mit einer Kette durch das Abflussloch am Boden fest mit der Wand verbinden.

• Ein Rankgitter neben oder über der Tür bildet die Unterlage für viele schöne Kletterpflanzen. Um ihre Wirkung zu entfalten, müssen Kletterpflanzen aber das ganze Jahr über gepflegt und sorgfältig beschnitten werden.

Pflegeleichte Pflanzgefäße

Sie wollen Ihren Garten mit attraktiven Pflanzgefäßen verschönern, wissen aber genau, dass Ihnen nie genug Zeit zur Pflege bleibt? Mit pflegeleichten Pflanzen wird Ihr Traum dennoch Wirklichkeit: Ein pflegeleichter mobiler Garten kann ebenso schön sein, wie ein pflegeintensiver.

GEEIGNETE PFLANZEN

Alpenpflanzen
Alpenmohn
Fetthenne
Hauswurz
Steinbrech

Markante Pflanzen

Agave
Aloe
Beschorneria yuccoides 'Quicksilver'
Neuseelandflachs
Puya alpestris
Schmucklilie

Pflegeleichte Pflanzen mit langer Blütezeit

Färberkamille
Lavendel
Nelke
Petunien
Schafgarbe
Veilchen
Ziertabak

Pflegeleichte Pflanzen für den Schatten

Farne
Wolfsmilch
Zimmeraralie

Pflegeleichte Gefäße müssen noch besser geplant werden als die üblichen Töpfe, sonst sparen Sie später kaum Pflegezeit ein. Wählen Sie Sträucher aus, die das ganze Jahr über hübsch aussehen und selten oder nie beschnitten, gegossen oder gedüngt werden müssen.

Hier eine kleine Auswahl:
- Immergrüne Sträucher wie Aukuben sind sehr robust; die weiblichen Pflanzen tragen leuchtend rote Beeren im Winter.
- Orangenblumen (*Choisya ternata*) kommen mit fast allen Situationen zurecht, von Sonne bis Halbschatten. Sie brauchen wenig Pflege und bilden im Frühling duftende, weiße Blüten (Nachteil: nicht winterhart).
- Arten mit markanter Wuchsform, wie *Fatsia japonica* und die sukkulente *Beschorneria yuccoides* kommen mit extrem wenig Pflege aus (Nachteil: Müssen im Winter ins Haus gestellt werden).
- Zu Kugeln geschnittene Buchsbäume sehen stylisch aus und brauchen nicht viel Aufmerksamkeit. In einem modernen Pflanzgefäß wirken sie ungewöhnlich und machen Eindruck.
- Ein besonderer Baum in einem ausgesuchten Kübel ist der Zierapfel; er muss nicht dauernd gepflegt werden und sieht doch das ganze Jahr über attraktiv aus.
- Die meisten Alpenpflanzen wachsen bestens in Töpfen und in flachen Schalen sind sie ohnehin unschlagbar. Alles, was sie brauchen, ist ein gut durchlässiges, mit Kieselsteinen vermischtes Substrat; Düngung ist kaum erforderlich.

Hauswurz

Petunien

Zimmeraralien, Farne & Neuseelandflachs

BEPFLANZEN

GUT ZU WISSEN

- Entscheiden Sie sich für Substrate auf Erdbasis, und mischen Sie einen Langzeitdünger dazu.
- Verteilen Sie nach dem Pflanzen Mulch aus Rinde oder Kieselsteinen auf der Oberfläche, um die Feuchtigkeit zu halten und Unkraut zu unterdrücken.
- Wässern Sie bei Bedarf gründlich und durchdringend, statt jeden Tag nur ein bisschen.
- Wenn das Wurzelwerk gut angewachsen ist, kommen die Pflanzen bestens alleine zurecht; nur bei sehr heißem, trockenem Wetter muss gelegentlich gegossen werden.
- Ein Bewässerungssystem spart Zeit. Da eine Tröpfelbewässerung sparsam mit Wasser umgeht, tun Sie sogar etwas für die Umwelt.

TOP 5 PFLEGELEICHTE PFLANZEN

1 Winterharter Storchschnabel
Die neuen Sorten des winterharten Storchschnabels blühen vom Spätfrühling bis in den Herbst hinein. Sorten wie *Geranium* 'Ann Folkard', *G.* 'Okey Dokey' und *G.* 'Purple Pillow' blühen verlässlich.

2 „Wave"-Petunien
Die Petunien mit dem „Wave" im Sortennamen sind farbenprächtig und wüchsig; sie blühen vom Frühling bis zum Spätsommer.

3 Taglilien
Taglilien gibt es in zahlreichen Farben und Formen. Bei geschickter Auswahl überschneiden sich die Blühperioden, und Sie haben den ganzen Sommer Freude.

4 Gräser
Gräser wie Chinaschilf *(Miscanthus)* oder Federgras *(Nassella tenuissima)* sehen ganzjährig gut aus.

5 Hauswurz
Arten und Sorten der Hauswurz gedeihen auch dann, wenn sich niemand um sie kümmert. Ihre sternförmigen Blüten nehmen alle Tönungen von hellrosa bis dunkelrot an.

OBEN: **Petunien**
Petunien sind preiswert, leicht zu ziehen und brauchen wenig Pflege. Hier wachsen sie in einem rustikalen Krug, sehen aber auch in Hängekörben, Fensterkästen oder gemischten Pflanzgefäßen gut aus.

OBEN: **Edel und ruhig**
Dieses ungewöhnliche Pflanzgefäß mit Sukkulenten strahlt eine gewisse Würde aus und zeigt, welche Wirkung sich mit pflegeleichten Pflanzen erzielen lässt.

RECHTS: **Hart im Nehmen**
In Städten beeinträchtigen Abgase, Lärm und nächtliches Licht die Wachstumsbedingungen für Gartenpflanzen. Gräser in einem Pflanzgefäß halten das aus, brauchen wenig Pflege und bringen einen Hauch von wilder Natur in unsere Gärten.

Wildtiere anlocken

Da die unzerstörte Natur durch Straßen, Häuser und intensive Landwirtschaft auf immer kleinere Bereiche zurückgedrängt wird, sind viele Wildtiere auf Gärten als letztes Refugium angewiesen. Für Schmetterlinge, die mit den Nachteilen einer verschmutzten Innenstadt zu kämpfen haben, ist eine Fensterbank mit Blumen wie eine Oase: Hier finden sie Futter und Schutz.

UNTEN: **Willkommen, Schmetterling!**
Schmetterlinge bevorzugen Blüten, die viel Nektar produzieren und früh oder spät aufblühen. Tagschmetterlinge werden von Farben, Nachtschmetterlinge eher von Düften angelockt.

DIE BESTEN BÄUME, UM INSEKTEN ANZULOCKEN

Eberesche
Magnolien
Obstbäume
Schwarzbirke
Stechpalme
Wacholder
Weißdorn
Zaubernuss

DIE BESTEN PFLANZEN, UM VÖGEL ANZULOCKEN

Holunder
Königskerze
Kugeldistel
Lobelie
Purpur-Wasserdost
Schmuckkörbchen
Schneeball
Schwarze Susanne
Sonnenblume
Sonnenhut

OBEN: **Blattlausalarm**
Marienkäfer sind die natürlichen Feinde der Blattläuse und können einen Befall unter Kontrolle halten. Marienkäfer wiederum sind das natürliche Futter von Vögeln und Spitzmäusen.

Die Nahrungskette

Alle Pflanzen und Tiere sind Teile der Nahrungsketten in der Natur. Manche Tiere leben von den Produkten der Pflanzen, sie werden von anderen Tieren gefressen, und auch die Räuber können zur Beute von größeren Raubtieren werden. Einige Tiere im Garten sind Verbündete des Gärtners. Je bunter die Vielfalt der Blumen, desto mehr Tiere finden Nahrung, Schutz und Wasser – einige fressen sogar „Schädlinge".

Schutz

Kletterpflanzen wie Geißblatt und Waldrebe liefern nicht nur Futter, sondern bieten überwinternden Insekten und nistenden Vögeln auch den Schutz, den sie brauchen. Außerdem finden Kleintiere Schutz vor Räubern. Andere heimische Bäume locken mit Blüten und Früchten alle möglichen Wildtiere an, insbesondere Vögel und Insekten. Selbst im Herbstlaub finden Käfer und andere Insekten Schutz vor winterlicher Kälte.

RECHTS: Hummelweide
Grasnelken fügen sich gut in Kübel mit Stein- oder Alpengärten ein. Hummeln suchen in den Blüten nach Pollen und Nektar.

UNTEN: Krötenhaus
Diese Kröte sucht in einem Blumentopf Schutz vor der Mittagssonne. Manchmal zahlt es sich aus, mit dem Aufräumen etwas zu warten.

Eine Futterhecke

Eine Hecke aus naturnahen Sträuchern im Kübel – Blaubeeren, Weißdorn, Hartriegel und Schneeball – bietet vielen Tieren Futter und Verstecke. Solche Hecken bleiben unbeschnitten, bis die Vögel sich ihren Teil geholt haben. Auf jeden Fall darf die Schere nicht vor dem Hoch- bis Spätsommer angesetzt werden, damit eventuelle Nester nicht gestört werden. Fast genauso gut sind Kletterpflanzen wie Wilder Wein, Geißblatt und Trompetenblume (*Campsis*). Da sich kleine Vögel nachts zwischen den Blättern verstecken, sollten die Sträucher nicht zu knapp beschnitten werden. Dornen oder stachelige Sträucher bieten zusätzlichen Schutz.

DIE ZEHN BESTEN BIENENPFLANZEN

Astern
Blaukissen
Duftnessel
Fetthenne
Lavendel
Majoran
Rote Spornblume
Schleifenblume
Strauchveronika
Studentenblume

NATUR PUR

Feuerdorn braucht nicht viel Licht. Er bildet im Frühling zahlreiche kleine, weiße Blüten, aus denen sich im Herbst sehr attraktive rote bis orangefarbene Beeren entwickeln. Die dicht belaubten Zweige bieten Tieren Schutz; mit etwas Glück baut ein Vogel darin sein Nest.

NEKTARREICHE FRÜHLINGSPFLANZEN

Blaukissen
Goldlack
Heiden
Hyazinthen
Krokusse
Nelken
Schlüsselblume
Traubenhyazinthe
Veilchen
Vergissmeinnicht

NEKTARREICHE SOMMERPFLANZEN

Aromatische Kräuter
Eisenkraut
Geißblatt
Katzenminze
Nachtkerze
Schmetterlingsstrauch
Seidenpflanze
Sonnenwende
Ziertabak
Zinnien

Vögel anlocken

Pflanzen, die mit Blüten und Nektar Insekten anlocken, sind auch für Vögel interessant. Lassen Sie ruhig einige Blüten und Gräser Früchte und Samen bilden, vor allem Arten, die bis in den Herbst hinein stehen bleiben. Der Raureif des Winters verwandelt sie in filigrane Schönheiten, und Spinnen verankern daran ihre Netze. Schneiden Sie die Überreste erst im Spätwinter/Vorfrühling ab. Beerensträucher, wie Holunder und Zwergmispel, sind wichtige Futterquellen für Amseln und Drosseln.

Nein zu Insektiziden

Versuchen Sie, weitgehend auf chemische Mittel zu verzichten, vor allem auf Spritzmittel gegen Insekten. Häufig helfen bereits geeignete Begleitpflanzen, um Schädlinge im Zaum zu halten. Eine bunte Mischung unterschiedlicher Arten sieht nicht nur hübsch aus, sondern unterdrückt auch die Massenverbreitung spezialisierter Schädlinge, ohne andere Insekten zu schädigen. Gute Kombinationen sind beispielsweise:
• Studentenblumen zu Tomaten oder Knoblauch zu Rosen – beide wehren Blattläuse ab.
• Kapuzinerkresse zu Kohl – die Raupen wenden sich lieber der Kapuzinerkresse zu und lassen den Kohl in Ruhe.
• Porree oder Zwiebeln zu Möhren– der kräftige Duft schreckt Möhrenfliegen ab.

Wasser

Wasser im Garten wirkt auf viele Wildtiere wie ein Magnet. Ein halbes, mit Wasser gefülltes Fass oder ein alter Spülstein reichen bereits aus. Sie werden mit Wasserpflanzen bepflanzt, hinzu kommen einige Wildblumen, Beerensträucher und Gräser, die Samen bilden dürfen. Ein solches Biotop zieht Insekten, Vögel und Amphibien wie eine Oase an.

Schichten Sie in Ihrem „Gartenteich" einen Steinhaufen so auf, dass ein Stein als Tritt aus dem Wasser ragt. Nun können Tiere, die ins Wasser gefallen sind, leicht wieder entkommen (auf S. 123 steht mehr über Teiche im Kübel). Achten Sie darauf, dass ein Bereich neben der Wasserfläche dicht mit Pflanzen bewachsen ist; er dient als Schutz und Tarnung für die Tiere. Durstige Insekten landen gerne auf einem treibenden Stück Holz, während sich Frösche und Molche (sie fressen Schnecken!) eher über eine Holzrampe ins Wasser locken lassen. Fische haben in einem solchen wildtierfreundlichen Teich allerdings nichts zu suchen.

NATUR PUR

WILDBLUMENWIESE

Gartencenter bieten Wildblumenmischungen an, die im Frühherbst ausgesät werden. Schon im nächsten Frühling wächst eine Wildblumenwiese im Topf. Noch besser ist es allerdings, eine eigene Mischung aus Lieblings-Einjährigen zusammenzustellen und in einem Blumenkasten auszusäen.

Umgeben Sie den Teich mit anderen, blattreichen Pflanzgefäßen, in denen die Tiere Sicherheit und Schutz finden.

Bringen Sie genügend Sauerstoff produzierende Arten im Wasser unter, sonst wird es rasch faulig.

In solchen alten Waschbecken (Stopfen verschließen und ggf. versiegeln) fühlen sich Wasserpflanzen wohl.

Diese Seite: Warum eine alte Badewanne oder ein ausgedientes Waschbecken wegwerfen? Mit etwas Fantasie lässt sich daraus ein dekorativer Kübelteich gestalten.

DAS MÖGEN TIERE

GUT ZU WISSEN

• Lassen Sie Kübel und Töpfe ruhig etwas verwildern, indem Sie beispielsweise nicht alle Blätter oder abgebrochenen Zweige entfernen. Das lockt Tiere an.

• Stellen Sie die Pflanzgefäße in Gruppen oder Reihen auf. Tiere benutzen die Töpfe gerne als „Korridor".

• Insekten und Vögel suchen dichte Pflanzen auf, weil sie darin Schutz und Nahrung finden. Stellen Sie die Pflanzkübel in dichten Gruppen und möglichst in der Nähe von frei wachsenden Gartenpflanzen auf. Bei einem Balkon oder einer Dachterrasse hilft ein geschützter Standort nahe einer Mauer.

• Bunt gemischte Arten wirken anziehender als eine einseitige Bepflanzung.

• Selbst wenn Ihnen nur eine einzige Fensterbank zur Verfügung steht, lockt eine sorgfältig ausgewählte und zusammengestellte Bepflanzung verschiedene Tag- und Nachtschmetterlinge, sowie andere Insekten an.

• Goldlack, Schafgarbe und Fetthenne bieten Tieren während der langen Wintermonate Nahrung.

• Duftende Blumen sind nicht nur für Gartenliebhaber attraktiv, sondern ziehen auch Schmetterlinge magisch an.

• Entscheiden Sie sich bei der Suche nach nektarreichen Arten und Sorten für einfache Blüten; gefüllte Blüten bilden weniger Nektar.

• Blumen, die regelmäßig ausgeputzt werden, blühen länger. Da Samen ein natürliches Vogelfutter sind, lassen Sie ein paar Exemplare Früchte und Samen bilden.

• Wenn Sie einen Topf mit Brennnesseln aufstellen, locken Sie Schwebfliegen und Schmetterlinge in den Kübelgarten.

• Säen Sie in einen großen Kasten eine Wildblumenwiese aus.

• Entfernen Sie nicht peinlich genau jedes Unkraut zwischen den Topfpflanzen.

RECHTS: **Vielfalt**
Stellen Sie eine bunte Pflanzmischung zu einem Mini-Ökosystem auf der Terrasse zusammen.

PFLANZANLEITUNG: TIER-FREUNDLICHER HÄNGEKORB

Für diesen frühsommerlichen „Vogelkorb" brauchen Sie eine Ampel von etwa 40 cm Durchmesser.

1 Schopflavendel (*Lavandula stoechas*)

2 Walderdbeere (*Fragaria vesca* 'Semperflorens') × 5

3 Duftsteinrich (*Lobularia maritima*) × 5

4 Schleifenblume (*Iberis sempervirens*) × 2

5 silbern panaschierter Efeu (*Hedera helix* 'Glacier')

6 Feldthymian (*Thymus serpyllum*) × 2

7 Wasserschale

8 Säckchen mit Vogelfutter

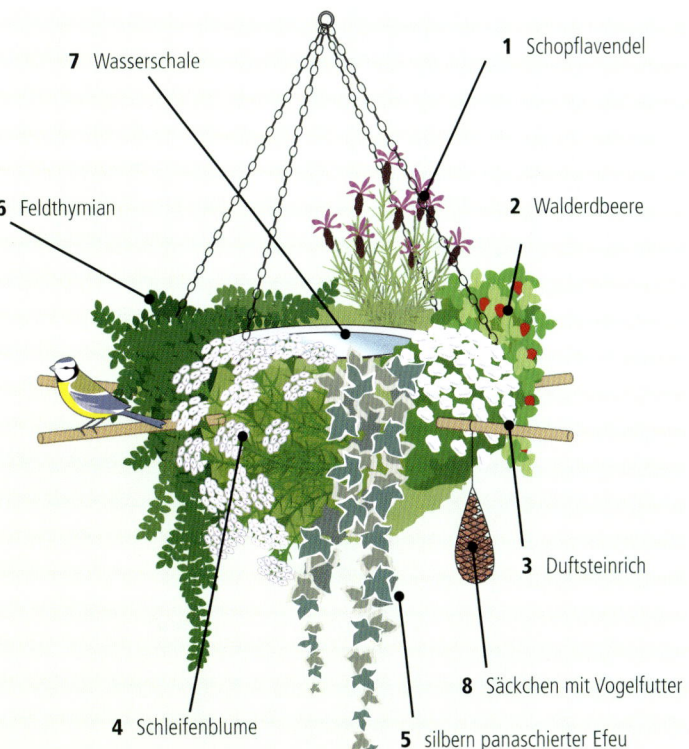

7 Wasserschale
1 Schopflavendel
6 Feldthymian
2 Walderdbeere
3 Duftsteinrich
8 Säckchen mit Vogelfutter
4 Schleifenblume
5 silbern panaschierter Efeu

Auf einen Blick: Pflanzen für naturnahe Kübel

PFLANZENTYP	ARTEN, BEISPIELE	LOCKT AN
Blühende, aromatische Pflanzen	Koriander, Lavendel, Katzenminze, Schnittlauch, Rosmarin, Thymian, Petersilie, Minze	Schmetterlinge und nützliche Insekten
Einjährige	Ringelblume, Phlox, Petunien, Zinnien, Schmuckkörbchen, Lobelien, Salbei, Sonnenblumen	Schmetterlinge, nützliche Insekten, Vögel
Sträucher	Schmetterlingsstrauch, Wacholder, Kanadischer Holunder, Amerikanische Winterbeere, Zwergmispel, Feuerdorn	Vögel und Schmetterlinge
Hohe Pflanzen	Gartenmargerite, Mutterkraut, Schwertlilie, Astern, Indianernessel, Goldrute, Fingerhut, Königskerze, Ziertabak	Tag- und Nachtschmetterlinge, nützliche Insekten
Pflanzen für Schatten und Halbschatten	Geißblatt, Salomonssiegel, Jakobsleiter	Tag- und Nachtschmetterlinge, Bestäuber
Rankende Pflanzen	Fuchsien, Purpurwinde, Männertreu	Bienen, Schmetterlinge und Vögel
Stauden	Schafgarbe, Rittersporn, Fetthenne, wilde Erdbeeren	Vögel, Schmetterlinge

SCHÖNE TÖPFE RUND UMS JAHR

Mobile Gärten haben das ganze Jahr über Saison: Zu jeder Jahreszeit sorgen andere Arten, besondere Farben oder außergewöhnliche Solitärpflanzen für Aufmerksamkeit. In einem passenden Gefäß kommen Pflanzen viel besser zur Geltung als inmitten eines dicht bewachsenen Beetes. Ergänzen Sie die Hauptbepflanzung mit saisonalen Zwiebel- und Knollenpflanzen, damit das Gefäß zu jeder Zeit attraktiv aussieht. Stellen Sie die jeweils schönsten Gefäße ins „Rampenlicht", während weniger attraktive in den „Kulissen" verschwinden.

Frühling

Die im letzten Herbst gesetzten Zwiebeln und Knollen brechen nun hervor. Sollten Sie das Pflanzen der Zwiebeln im Vorjahr vergessen haben, holen Sie sich einfach vorgezogene Exemplare, die von den Gärtnereien nun in allen Farben und Formen angeboten werden.

PFLANZEN-KOMBINATIONEN IM FRÜHLING

Dunkelpurpur, Gelb und Indigo
- dunkelpurpurne Tulpen mit primelgelbem Goldlack und indigoblauem Vergissmeinnicht

Grün und Blau
- panaschierter Efeu mit kriechendem Rosmarin, blauen Hyazinthen, Frühlingsstern *(Ipheion)* und blauen Traubenhyazinthen

Orange und Gelbgrün
- orangefarbene Tulpen mit gelbgrüner Wolfsmilch

Weiß und Grün
- Sal-Weide mit weißen Krokussen und kleinblättrigem, panaschiertem Efeu

Gelb, Blau und Weiß
- gelbe Tulpen, blaue Traubenhyazinthen, weiße Anemonen und weiße Glockenblumen

Gelb und Malve
- gelbe Wiesenprimeln mit hellgelben und malvenfarbenen Veilchen

Damit die Pflanzgefäße im Winter nicht kahl wirken (siehe S. 82), pflanzen Sie ein paar Stauden, wie Christrosen und niedrige Gräser oder Sträucher wie den Hartriegel *(Cornus)* mit roten Zweigen – dazwischen treiben die Knollen und Zwiebeln aus.

Wenn in den Gefäßen ausschließlich Frühlingsblumen wachsen sollen, decken Sie das Substrat mit einer dicken Schicht Moos ab. Moos sieht attraktiv aus, und der Topf wirkt nicht so leer. In kalten Regionen müssen die Töpfe gegen den Frost isoliert werden (z. B. mit Stroh, Vlies, Luftfolie), oder sie werden während der kältesten Zeit in einen Wintergarten, ein kaltes Gewächshaus oder unter Folie gesetzt.

Schneeglöckchen, Krokusse und Narzissen erscheinen als Erstes. Sie vertragen spätwinterliche Kälte oder das wechselnde Wetter im Vorfrühling. Darauf folgen Alpenveilchen, Stiefmütterchen und Schlüsselblumen, die bis in den Frühling hinein blühen.

Wenn der Frühling zu Ende geht, werden die Zwiebeln und Knollen entnommen und in den Garten umgesetzt. In die Lücken pflanzen Sie die Nachfolger für den Sommer: Lilien für den Duft und Dahlien für Farbe.

Pflanzen Sie im zeitigen Frühjahr auch neue Bäume und Sträucher. Die meisten Zwiebeln und Knollen für den Sommer kommen erst in die Erde, wenn keine Fröste mehr zu befürchten sind und sich die Erde erwärmt hat. Ab dem späten Frühling werden auch die Gefäße und Hängekörbe bepflanzt.

OBEN: **Frühlingsstil**
Das Arrangement in einem halben Fass – *Tulipa* 'Black Parrot' und weiße Veilchen – wirkt frisch und frühlingshaft. Setzen Sie die Tulpenzwiebeln sehr dicht, dann stützen sich die Pflanzen gegenseitig.

Vorboten des Frühlings

Beschreibung: Die nur 15 cm hohen, intensiv gelben Osterglocken 'Tête-a-tête' gehören zu den beliebtesten Topfpflanzen.

Blütezeit: Sie blühen bereits sehr früh im Jahr (früher als andere Osterglocken) und passen bestens zu anderen Frühblühern wie dem Krokus.

Pflanzgefäß: Jedes kleine Gefäß mit einem guten Wasserabzug.

Pflanzzeit: Setzen Sie die Osterglocken und Krokusse im Herbst. Die Schlüsselblumen kommen erst im Spätwinter bis Vorfrühling dazu. Statt die Zwiebeln selbst zu pflanzen, können Sie abwarten und sich im Frühling die vorgezogenen Exemplare in einer Gärtnerei besorgen. Sobald sich die ersten Blätter zeigen, wird mit Flüssigdünger gedüngt.

Substrat: Jede Art von Pflanzerde für Kübelpflanzen, dem Sie einen Langzeitdünger beimischen.

Standort: Sonnig; nach der Blüte in den Garten umpflanzen.

Pflanzplan

5 × Narcissus 'Tête-a-tête'

5 × Crocus

6 × Schlüsselblume

Strahlendes Orange

Beschreibung: Tulpen gehören nicht nur zu den schönsten Frühlingsboten, sie lassen sich auch leicht im Topf ziehen. *Tulipa* 'Prinses Irene' ist eine besonders attraktive Sorte: 30–35 cm hoch mit orangefarbenen Blütenblättern, die mit purpurnen, roten und grünen Streifen überhaucht sind. Der hellgelbe Goldlack ist eine klassische Begleitpflanze.

Blütezeit: Die Gruppe blüht im Frühling, die hellgelben, grünen und blauen Farben passen sehr gut zu dem kräftigen Orange.

Pflanzgefäß: Eine große, ausladende Schale eignet sich besonders gut.

Pflanzzeit: Damit sich das Orange kontrastreich abhebt, wird eine Unterpflanzung mit indigoblauen Vergissmeinnicht oder blauen Zwerg-Kornblumen empfohlen. Tulpen und Goldlack werden im Spätherbst gepflanzt, die Vergissmeinnicht kommen erst im Frühling in die Schale, weil sie anfällig für Mehltau sind.

Substrat: Normale Topferde; mischen Sie einen Langzeitdünger unter. Wenn sich die ersten Tulpenblätter zeigen, wird erstmalig mit Flüssigdünger gedüngt und nochmals, wenn die Blüte beginnt.

Standort: Sonnig und geschützt.

Pflanzplan

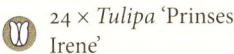 24 × *Tulipa* 'Prinses Irene'

 8 × Zwerg-Kornblumen oder Vergissmeinnicht

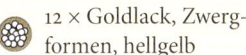 12 × Goldlack, Zwergformen, hellgelb

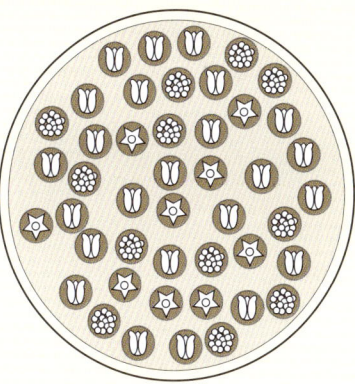

Kecke Gänseblümchen

Beschreibung: Eine gefüllte Sorte von *Bellis perennis*.

Blütezeit: Gänseblümchen blühen im Frühling, die weißen *Bacopa* treiben bis zu den ersten Frösten immer wieder neue Blüten.

Pflanzgefäß: Ein kleines, tief stehendes Gefäß.

Pflanzzeit: Bellis werden im zeitigen Frühjahr eingepflanzt, die weißen *Bacopa* kommen im April dazu.

Substrat: Normale Topferde, der Sie etwas Langzeitdünger beimischen.

Begleitpflanzen: Im Frühling blühende Sorten von Tulpe, Schlüsselblume und Traubenhyazinthe passen perfekt dazu.

Standort: Sonnig.

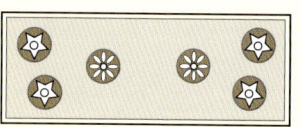

Pflanzplan

 2 × *Bellis perennis*

 4 × weiße *Bacopa*

Engelchen und Teufelchen

Beschreibung: Diese Gruppe aus *Helleborus* 'Deep purple', *Narcissus* 'Tête-à-tête' und *Acorus gramineus* 'Ogon' kann permanent im Topf verbleiben. Allerdings sollten die Tulpen nach der Blüte in den Garten umgepflanzt und im Herbst durch neue ersetzt werden.

Blütezeit: Der Kübel sieht im zeitigen Frühjahr am schönsten aus.

Pflanzgefäß: Solange das Gefäß nur tief genug ist, eignet sich jede Form. Diese Gruppe wächst in einem viktorianischen Kaminaufsatz.

Pflanzzeit: Der Kübel wird in der Herbstmitte bepflanzt. Die Arten kommen mit fast allen Standorten und Böden zurecht.

Substrat: Normale Topferde, die ständig feucht gehalten werden muss, ohne dass sich Staunässe bildet. Düngen im zeitigen Frühjahr.

Begleitpflanzen: Zu den purpurnen Christrosen passen *Pulmonaria* 'Sissinghurst White' und *Heuchera* 'Chocolate Ruffles'.

Standort: Die Gruppe kann sowohl in der Sonne als auch im Schatten stehen.

Pflanzplan

 6 × *Narcissus* 'Tête-a-tête'

1 × *Helleborus*, tief purpurn

2 × *Acorus gramineus* 'Ogon'

Gemeinsam in Blüte

Beschreibung: *Anemone blanda* und austreibende Tulpen.

Blütezeit: Tulpen und Anemonen blühen gemeinsam in der Frühlingsmitte.

Pflanzgefäß: Alle konisch geformten Gefäße; hier ein ganz normaler Blumentopf aus Terrakotta.

Pflanzzeit: Die Zwiebeln werden im Spätherbst gesetzt.

Substrat: Normale Topferde, vermischt mit einem Dünger.

Begleitpflanzen: Tulpen, die ebenfalls in der Frühlingsmitte blühen. Auch eine spät blühende Osterglocke, wie die zierliche *Narcissus* 'Thalia', sieht sehr attraktiv aus.

Standort: Im lichten Schatten.

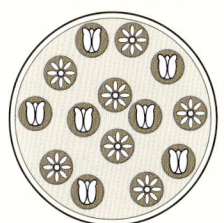

Pflanzplan

7 × *Anemone blanda*

7 × Tulpen

FRÜHLINGSBEPFLANZUNG

GUT ZU WISSEN

- Denken Sie beim Zusammenstellen von Gruppen daran, dass viele Arten als früh und spät blühende Sorten angeboten werden (z. B. Osterglocken und Tulpen). Setzen Sie nur Sorten zusammen, die gleichzeitig blühen.

- Um Katzen und Wildtiere vom Wühlen abzuhalten, können Sie einen *Ilex* oder Rosenzweig in das Gefäß stecken.

WEITERE FRÜHLINGSPFLANZEN

- Azalee
- Frühlings-Alpenveilchen
- Kamelie
- Krokus
- Lerchensporn
- Schlüsselblume
- Schneeglöckchen
- Stiefmütterchen
- Traubenhyazinthe
- Wiesenprimel

NATUR PUR

Suchen Sie nach dem sonnigsten Standort, und stellen Sie im Frühling ein Gefäß mit Goldlack, Veilchen oder Schlüsselblumen dorthin. Sobald die Blüten erscheinen, stellen sich die ersten Insekten auf Nektarsuche ein.

Sommer

Das Geheimnis eines erfolgreichen Sommerarrangements sind Kombinationen, in denen nicht nur Farbe und Form miteinander harmonieren, sondern die auch möglichst lange blühen. Da sich die Sorten der Arten enorm voneinander unterscheiden können, lohnt sich die genaue Vorüberlegung. Eine einzige vorzeitig abgeblühte Sorte verdirbt die Wirkung der gesamten Pflanzung.

PFLANZENKOMBINATIONEN FÜR DEN SOMMER

Pastelltöne
- *Isotoma axillaris*, *Helichrysum petiolare* 'Limelight', *Petunia* 'Prism Sunshine'

Blau, Weiß und Rosa
- *Lilium* 'Arena', *Lobelia*, *Pelargonium*

Leuchtende Farben
- *Nasturtium*, *Cordyline*

Malve
- *Lavandula*, *Verbena bonariensis*

Weiß, Rosa und Magenta
- Weiß: *Argyranthemum foeniculaceum*
- Rosa: *Argyranthemum*, *Helichrysum petiolare*
- Magenta: rankende Petunien

Hellrosa und Purpur
- *Pelargonium* 'Lady Plymouth', *Helichrysum petiolare*, *Heliotropium*

Purpur und Malve
- Zierlauch und Lavendel

Grün und Orange
- Agave und *Eschscholzia californica*

Purpur, Orange und Scharlachrot
- Purpurblättriger Zierkohl, *Tagetes patula*, scharlachrote *Nasturtium*

Beige und Purpur
- *Nassella tenuissima* und dunkelpurpurne Iris

Rot und Limonengrün
- Rote *Canna*, efeublättrige *Pelargonium*, *Nicotiana* 'Lime Green'

Robuste Stauden werden bereits im Frühling gepflanzt, damit sie Zeit haben, sich zu etablieren. Die empfindlichen Sommerblumen gehören dagegen erst Ende Mai in die Erde.

Im Sommer ist die Pflanzenauswahl besonders groß. Natürlich stehen die einjährigen Sommerblumen an erster Stelle, aber auch Sträucher, Kletterpflanzen, Stauden oder im Sommer blühende Knollen- und Zwiebelpflanzen sind eine gute Wahl.

Gladiolen, Inkalilien (*Alstroemeria*), Riesenhyazinthen (*Galtonia candicans*) oder andere Zwiebeln und Knollen fühlen sich auch im Topf wohl. Dazu kommt die große Auswahl an Lilien, wie beispielsweise die duftende Königslilie (*Lilium regale*) und andere großblumige Arten.

Berücksichtigen Sie bei den Pflanzgefäßen für den Sommer nicht nur den sichtbaren (Blätter, Blüten), sondern auch den unsichtbaren (Wurzeln) Teil der Pflanzen. Beide brauchen genügend Raum, um wachsen und sich entfalten zu können. In der sommerlichen Hitze trocknet das Substrat schnell aus. Statt zahlreiche Pflanzgefäße zu verteilen, beschränken Sie sich besser auf die Menge, die Sie problemlos und mindestens einmal am Tag gießen können (siehe auch Pflegeleichtigkeit S. 60–61).

Sommerarrangements eignen sich bestens für Küchenkräuter und Gemüse.

UNTEN: **Königliche Rose**
Die Rose 'Anne Boleyn' trägt ihren Namen nach einer der sechs Frauen Heinrichs VIII. Es ist eine herrliche, mehrfach blühende, kompakte Rose, die in Rosatönen blüht. Für ein Pflanzgefäß gehört sie zur ersten Wahl.

Leuchtender Auftritt

Beschreibung: Die Strauchmargerite *Argyranthemum* 'Summer Melody' und die spektakuläre *Pericallis* 'Senetti Magenta Bicolour' fügen sich zu einer leuchtenden sommerlichen Kombination zusammen. Da die Strauchmargeriten ständig neue Blüten treiben, bilden sie das Rückgrad vieler Arrangements. Der Handel bietet insgesamt über 80 Sorten an.

Blütezeit: Wenn Verblühtes regelmäßig entfernt wird, blühen beide Arten den ganzen Sommer über. Gelbe Triebe zurückschneiden damit die Pflanze neu austreiben kann.

Pflanzgefäß: Wählen Sie für das Wurzelwerk ein tiefes Pflanzgefäß.

Pflanzzeit: *Argyranthemum frutescens* und 'Senetti' werden im Spätfrühling gepflanzt.

Substrat: Normale Topferde; mischen Sie Wasser speicherndes Granulat (Gel) bei. Drei Wochen nach der Bepflanzung erfolgt die erste Düngung mit schwach dosiertem Flüssigdünger; danach wird alle 2–3 Wochen gedüngt.

Begleitpflanzen: Dazu passen *Helichrysum petiolare* mit grauen Blättern, Eisenkraut und *Isotoma axillaris*.

Standort: Sonnig.

Pflanzplan

 1 × *Pericallis* 'Senetti Magenta Bicolour'

 1 × *Pericallis* 'Senetti'

1 × *Argyranthemum* 'Summer Melody'

Zart und zurückhaltend

Beschreibung: Der Star dieses Arrangements ist die wunderschöne, lavendelblaue Skabiose. Die kugeligen Blütenstände blühen auf schlanken Stängeln von Juni bis September und locken Schmetterlinge und Bienen an. Die anderen Arten wurden nach dem Farbenkreis ausgewählt.

Blütezeit: Wenn Verblühtes regelmäßig entfernt wird, blühen sie bis in den Herbst hinein.

Pflanzgefäß: Lassen Sie die Triebe in einem breiten, tiefen Gefäß frei über den Rand kriechen; außerdem brauchen die Pflanzen viel Erde, um über den Sommer zu kommen. Ein Metallkübel passt besonders gut zu den blauen und malvenfarbenen Tönen der Blüten.

Pflanzzeit: Im Spätfrühling oder Frühsommer, wenn keine Fröste mehr zu befürchten sind. Das Gefäß muss regelmäßig gegossen und alle 2–3 Wochen mit einem organischen Dünger versorgt werden.

Substrat: Normale Topferde mit einem Langzeitdünger.

Begleitpflanzen: Rankende Petunien und purpurne Sonnenwende.

Standort: Sonnig.

Pflanzplan

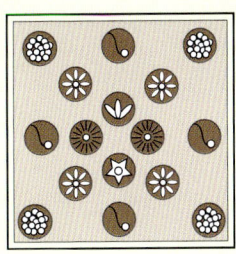

 1 × *Argyranthemum* (primelgelb)

1 × *Pelargonium* 'Lady Plymouth'

 4 × *Brachyscome* (blau)

 2 × Skabiose

4 × *Helichrysum* (silbern)

 4 × *Verbena* (purpurn, rankend)

Ein Feuerwerk

Beschreibung: Das Gras 'Pony Tails' verspricht bei minimalem Aufwand zusammen mit *Erigeron karvinskianus* maximale Wirkung. Die Gruppe sieht nicht nur gut aus, sie lockt auch Wildtiere in den Garten.

Blütezeit: Wenn sich im Frühling die ersten Triebe zeigen, werden Gras und Berufkraut zurückgeschnitten. Die wirkungsvolle und „explosive" Gruppe bleibt den ganzen Sommer bis in den Herbst hinein attraktiv.

Pflanzgefäß: Großer, orientalisch angehauchter Terrakottatopf.

Pflanzzeit: Gras und Staude werden im Herbst oder zeitigen Frühjahr gepflanzt.

Substrat: Normale Topferde, der reichlich Sand und Perlit beigemischt wird, damit auf keinen Fall Staunässe entsteht. Wasser speicherndes Granulat (Gel) sorgt dafür, dass der Topf nicht austrocknet.

Begleitpflanzen: *Phormium tenax* und *Allium sphaerocephalum* passen gut dazu.

Standort: In der vollen Sonne.

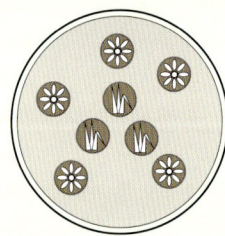

Pflanzplan

 1–3 × *Nassella tenuissima* 'Pony Tails'

 5 × *Erigeron karvinskianus*

NATUR PUR

Lassen Sie das Gras im Winter stehen – es sieht nicht nur prächtig aus, sondern wird auch von Samen fressenden Vögeln besucht. Das Spanische Gänseblümchen *(Erigeron karvinskianus)* zieht im Sommer Bienen und Schmetterlinge an.

SOMMERBEPFLANZUNG

GUT ZU WISSEN

• Wasser speicherndes Granulat oder Gele stellen sicher, dass das Substrat auch in der Hitze nicht austrocknet.

• Wenn Verblühtes sofort entfernt wird, verlängert sich die Blütezeit; Düngen nicht vergessen.

• Statt Stauden und Einjährige zu mischen, werden sie in separate Töpfe gepflanzt und je nach Blüte immer wieder neu zusammengestellt.

Markant und schön

Beschreibung: Gibt es etwas Hübscheres als einen Blumenkasten mit Pelargonien? Hier wachsen 'Decora Red', 'Happy Face Mex', 'L' elegante' und die duftende Sorte 'Attar of Roses'.

Blütezeit: Auf dieser Fensterbank wird es den ganzen Sommer über blühen, wenn Verblühtes regelmäßig entfernt und alle beschädigten oder kranken Blätter herausgeschnitten werden.

Pflanzgefäß: Ein einfacher Balkonkasten; vor der Bepflanzung sicher fixieren.

Pflanzzeit: Im Spätfrühling, nach den letzten Spätfrösten.

Substrat: Topferde; alle 2 Wochen Flüssigdünger beimischen; alternativ können Sie beim Pflanzen einen Langzeitdünger beimischen.

Begleitpflanzen: Zu den Pelargonien sehen hellgrüne Tabakpflanzen sehr hübsch aus.

Standort: In voller Sonne. Denken Sie daran, dass Blumenkästen sehr exponiert stehen und in Sonne und Wind rasch austrocknen. Sehen Sie an heißen Tagen lieber zweimal täglich nach, ob die Blumen Wasser brauchen.

Pflanzplan

 2 × 'Decora Red'

3 × 'Happy Face Mex'

 1 × 'L' elegante'

 1 × 'Attar of Roses'

NATUR PUR

- Verbenen ziehen Schmetterlinge magisch an; Sie können den ganzen Sommer über beobachten, wie sie sich am Nektar bedienen.

- Denken Sie bei der Planung eines mobilen Naturgartens daran, dass Schmetterlinge Nektar, die Larven aber Blätter brauchen.

SOMMERBEPFLANZUNG

GUT ZU WISSEN

- Sie sparen eine Menge Geld, wenn Sie von Sträuchern und Stauden im Spätsommer Stecklinge abnehmen.

- Bei begrenztem Platz pflanzen Sie Ihre Lieblingspflanzen in kleine Töpfe und stellen sie nach Bedarf in größeren Kübeln zusammen.

- Von vielen Arten gibt es kleinwüchsige Sorten, zum Beispiel von Stockrosen und Rittersporn.

WEITERE SOMMERPFLANZEN

- Honigmelonen-Salbei
- Kapuzinerkresse
- Kriechende Verbenen
- Lavendel
- *Lilium* 'Arena'
- Lobelien
- *Rosa* 'Anne Boleyn'
- *Argyranthemum* 'Jamaica Primrose'
- Zweizahn

Herbst

Wenn sich der Sommer neigt, sehen die meisten im Frühjahr bepflanzten Gefäße unschön und verbraucht aus. Der Herbst ist die Zeit der Früchte und Beeren. Jetzt beginnt sich das Laub der Bäume und Sträucher zu verfärben. Wie wäre es mit einigen letzten Farbtupfern, ehe der Winter kommt?

PFLANZENKOMBINATIONEN FÜR DEN HERBST

Grün und Gold
• *Heuchera* 'Obsidian', *Pennisetum orientale*, *Carex* 'Evergold'

Grün, Rot und Orange
• *Skimmia japonica* 'Rubella', *Carex testacea*, *Leucothoe* 'Scarletta'

Rosa, Grün und Purpur
• *Erica gracilis*, *Gaultheria mucronata*, *Heuchera* 'Plum Pudding'

Rosa, Gold und Grün
• *Carex*, *Euphorbia*, *Erica*

Purpur, Silber und Schwarz
• *Heuchera* 'Silver Scrolls', *Heuchera americana*, *Ophiopogon planiscapus* 'Nigrescens'

RECHTS: **Entflammt** Im Herbst zeigt der Hartriegel seine wahre Pracht: leuchtend rote Blätter.

Der Ahorn *Acer palmatum* 'Dissectum Atropurpureum' ist einer der schönsten Bäume für den Kübel: Er wächst klein und kompakt und seine Blätter färben sich im Herbst prächtig bunt. Schöne Sorten sind auch A. 'Garnet' oder A. 'Red Pygmy'.

Bunte Beeren im Herbst sehen nicht nur hübsch aus, sie liefern auch Nahrung für viele Tiere. Zwergmispel und Eberesche (*Sorbus aucuparia*) haben leuchtend rote Beeren, und auch die Zieräpfel tragen gelbe und rote Früchte. Als Kübelpflanze eignet sich ganz besonders die Sorte *Malus* 'Red Sentinel'.

Während sich die Blätter vieler Kletterpflanzen, wie Wilder Wein oder Rostrote Rebe (*Vitis coignetiae*), im Herbst in hübschen Farben zeigen, beginnen eine Reihe von Zwiebel- und Knollenpflanzen jetzt zu blühen, beispielsweise Alpenveilchen (*Cyclamen hederifolium*) oder Herbstzeitlose (*Colchicum*); auch die Dahlien zeigen sich in ganzer Pracht: Niedrige Dahlien sehen hübsch in Blumenkästen aus, hohe Sorten müssen gut gestützt werden (Spitzen rechtzeitig abschneiden, damit sie buschiger wachsen). Die alte Sorte 'Bishop of Llandaff' gehört mit ihrem bronzefarbenen Laub und den scharlachroten Blüten immer noch zu den Favoriten.

Im Herbst zeigt sich die Stärke der pflegeleichten Gräser. Federborstengras und andere Arten bilden im Spätsommer ihre Fruchtstände, die den ganzen Winter über stehen bleiben. Sie werden erst im nächsten Frühling geschnitten, um neuem Grün Platz zu machen.

LINKS: **Herbstleuchten**
Diese Kombination aus zarten Tönen nimmt gefangen: *Nerine* 'Stephanie' (hellrosa), *Nerine undulata* (dunkelrosa), *Hosta plantaginea* 'Grandiflora' (trompetenförmig, weiß). Nerinen brauchen einen geschützten Standort, am besten vor einer Mauer.

Der Herbst naht

Beschreibung: Gräser sind sehr einfach zu pflegen und wachsen problemlos im Topf.

Blütezeit: Purpurglöckchen sehen das ganze Jahr über hübsch aus, ihre winzigen rosa Blüten erscheinen vom Sommer bis in den Herbst hinein. Die Gräser erreichen mit den fedrigen Blüten-/Fruchtständen die beste Wirkung im Spätsommer; der Steinbrech blüht im Spätfrühling.

Pflanzgefäß: Glasierter Keramiktopf.

Pflanzzeit: Frühherbst; die Erde sollte auch im Winter feucht, aber nicht nass gehalten werden. Wenn das Laub unschön aussieht, wird es im Spätwinter vor dem neuen Austrieb abgeschnitten. Zum Schutz vor Verdunstungsverlusten (Urlaub!) können Sie das Substrat mit hübschen Steinen mulchen.

Substrat: Normale Topferde; alle Pflanzen in diesem Arrangement bevorzugen feuchten Boden.

Begleitpflanzen: Zum Gras passen im Frühling blühende, hohe weiße, rosa oder purpurne Tulpen.

Standort: In der Sonne oder im Halbschatten; keine der Pflanzen verträgt direkte Mittagssonne.

Pflanzplan

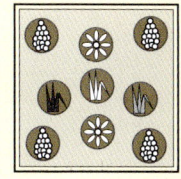

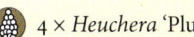 4 × *Heuchera* 'Plum Pudding'

1 × *Carex stricta*

1 × *Carex brunnea* 'Variegata'

1 × *Carex buchananii*

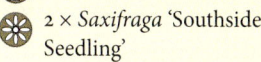 2 × *Saxifraga* 'Southside Seedling'

Fernöstlicher Zauber

Beschreibung: *Acer palmatum* 'Dissectum Atropurpureum' hat fein geschlitzte Blätter und eine offene Wuchsform. Die Blätter sind im Sommer purpurrot, im Herbst orangerot gefärbt.

Blütezeit: Für die unauffällige Blüte entschädigt die großartige Herbstfärbung.

Pflanzgefäß: Große, glasierte Töpfe im asiatischen Stil passen besonders gut.

Pflanzzeit: Am besten sind Herbst oder Frühling geeignet.

Substrat: Normale Topferde, mit einem Langzeitdünger vermischt.

Standort: Fühlt sich im Halbschatten am wohlsten, verträgt aber auch volle Sonne.

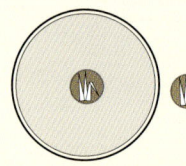

Pflanzplan

1 × *Acer palmatum* 'Dissectum Atropurpureum'

Für trockene Standorte

Beschreibung: In dem Topf wachsen *Sedum* 'Autumn Joy'. *S.* 'Matrona' (purpurne Blätter), *S. telephium ruprechtii* und *S.* 'Ruby Glow' (rankend). *Aloe vera* und *Aeonium arboreum* vervollständigen das Arrangement. Bienen und Schmetterlinge finden Fetthennen einfach unwiderstehlich.

Blütezeit: Herbst.

Pflanzgefäß: Terrakotta ist ideal.

Pflanzzeit: Im Frühling gepflanzte Exemplare sehen im Sommer bereits gut aus und kommen im Herbst zur Blüte.

Substrat: Topferde mit reichlich Sand.

Standort: Die Pflanzen mögen trockene, heiße Standorte.

Pflanzplan

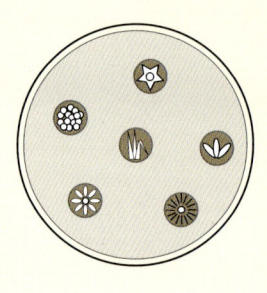

1 × *Sedum* 'Autumn Joy'

1 × *Sedum* 'Matrona'

1 × *Sedum telephium ruprechtii*

1 × *Sedum* 'Ruby Glow'

1 × *Aloe vera*

1 × *Aeonium arboreum*

Zierliche Grazien

Beschreibung: In dieser Gruppe wachsen Federgras (*Stipa arundinacea*), Segge (*Carex* 'Cappuccino', eine neue Sorte aus *C. tenuiculmis*, das immer noch beste Gras mit braunen Blättern) und Blauschwingel (*Festuca glauca* 'Elijah Blue').

Blütezeit: Die Farbe der Gräser sieht vom Sommer über den Herbst bis in den Winter hinein attraktiv aus. Vor allem 'Cappuccino' überzeugt mit wunderbaren Herbstfarben.

Pflanzgefäß: Gräser sehen in Terrakotta gut aus.

Pflanzzeit: Gräser sind unkompliziert; im Herbst oder Frühling pflanzen.

Substrat: Normale Topferde, der Sie Langzeitdünger beimischen. Das Substrat muss feucht aber gut durchlässig sein.

Standort: Sonne oder Halbschatten.

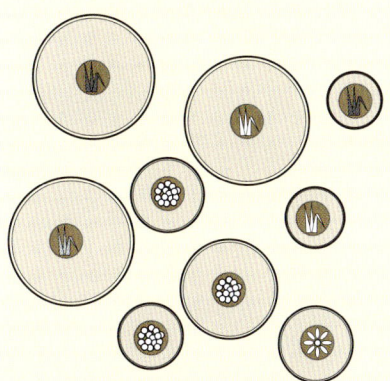

Pflanzplan

 2 × *Stipa arundinacea*

 1 × *Carex* 'Cappucino'

 2 × *Festuca glauca* 'Elijah Blue'

 1 × *Sempervivum*

 3 × *Sedum*

HERBSTBEPFLANZUNG

GUT ZU WISSEN

- Lilien werden im Herbst gepflanzt und an einem kühlen, frostfreien Ort überwintert. Im Frühling gepflanzte Exemplare bilden im Sommer merklich kleinere Blüten.

- Damit Hartriegel mit farbigen Zweigen besonders leuchten, werden im Spätwinter fast alle Triebe zurückgeschnitten.

- Es sind über 2000 Dahliensorten bekannt, die kein Händler vorrätig haben kann; es lohnt sich also, in mehreren Gärtnereien zu stöbern.

WEITERE HERBSTPFLANZEN

- Alpenveilchen
- Dahlien
- Feuerdorn
- Hartriegel
- Herbstastern
- Herbstzeitlose
- Hornnabe
- Nerinen
- *Cotoneaster* 'Cornubia'

Winter

Auch im Winter können uns Pflanzengefäße sehr wohl als interessante, farbige Blickpunkte in der dunklen, kalten Jahreszeit erfreuen. Es gibt einige im Winter blühende Sträucher, dazu Immergrüne und im Winter blühende Einjährige. Und ab dem Spätwinter erscheinen bereits die ersten Zwiebel- und Knollenpflanzen.

PFLANZENKOMBI-NATIONEN FÜR DEN WINTER

Grün, Gold und Cremeweiß
• *Skimmia × confusa* 'Kew Garden', *Acorus gramineus* 'Ogon', *Leucothoe* 'Rainbow'

Bronze, Rot und Grün
• *Carex comans, Skimmia japonica* und kriechender Efeu

Schwarz, Dunkelpurpur mit Silber überhaucht
• *Ophiopogon planiscapus* 'Nigrescens', *Heuchera* 'Plum Pudding'

Grün und Rosa
• Buchsbaum, kriechender Efeu und Alpenveilchen

Während sich der Garten im Winter in eine eintönige, langweilige Fläche verwandelt, sorgen Pflanzgefäße für Farbe und spannende Blickpunkte. Stellen Sie für eine unmittelbare Wirkung interessante Gefäße an die gewünschte Stelle. Da die Pflanzen im Winter nur noch halb so schnell wachsen wie im Sommer, verändert eine einmal zusammengestellte Gruppe ihr Aussehen kaum noch.

Beginnen Sie im September mit der Bepflanzung der Wintergefäße. In den letzten Monaten der Wachstumsperiode werden die Pflanzen noch kräftig genug, um den Winter zu überstehen. Das geringe Wachstum hat einen weiteren Vorteil: Sie können die Pflanzen dichter zusammenrücken als im Sommer. Planen Sie bei jedem Winterarrangement bereits einige Knollen und Zwiebeln mit ein, die im Vorfrühling „übernehmen".

Zwiebeln geschickt setzen

Ein einfacher Trick verlängert die Blütezeit von Zwiebelpflanzen. Werden sie tiefer als gewöhnlich und in zwei bis drei Ebenen (vgl. Abb. auf S. 114) eingesetzt, brauchen sie unterschiedlich lange bis an die Oberfläche. Legen Sie beispielsweise die Tulpen in 15–20 cm Tiefe aus, darüber kommen kleinere Krokuszwiebeln in 5–10 cm Tiefe. Zierlauch kann sogar noch unter die Tulpenzwiebeln gepflanzt werden – er öffnet seine Blüten erst im Sommer.

Nach einer alten Faustregel werden die Zwiebeln dreimal so tief eingepflanzt, wie sie hoch sind. Obwohl sie mehrere Jahre lang blühen, nimmt die Pracht der Blüten mit der Zeit ab. Kaufen Sie für eine verlässliche „Vorstellung" die Zwiebeln für einen Kübel jedes Jahr neu, und setzen Sie die alten in den Garten um.

RECHTS: **Leichtmetall**
Die Metalltöpfe mit den Alpenveilchen wirken wie verwittert.

WINTERBEPFLANZUNG

GUT ZU WISSEN

• Lassen Sie nur absolut frostfeste Pflanzgefäße draußen stehen.

• Umwickeln Sie gefährdete Töpfe mit einer schützenden Hülle.

• Prüfen Sie mindestens einmal pro Woche, ob die Erde noch feucht ist.

• Gießen Sie niemals bei frostigem Wetter.

• Düngen Sie erst wieder im Frühling.

• Wenn Sie ein dauerhaftes Arrangement zusammenstellen, entscheiden Sie sich für lehmige Topferde. Gefäße, die nur für eine Saison halten sollen, brauchen normale Topferde.

Winterglut

Beschreibung: Die roten Zweige des Hartriegels (*Cornus sanguinea* 'Midwinter Fire') und die schwarzroten Blätter des Schlangenbartes (*Ophiopogon planiscapus* 'Nigrescens') werden durch das Weiß der Schneeglöckchen gedämpft.

Blütezeit: Der Hartriegel bildet im Frühsommer kleine, weiße Blüten, doch seine eigentliche Zeit schlägt im Herbst, wenn die leuchtend roten Zweige gut sichtbar sind.

Pflanzgefäß: Jedes tiefe und frostfeste Gefäß ist geeignet.

Pflanzzeit: Diese Gruppe wird im Herbst bepflanzt. Die Triebe des Hartriegels werden im Frühling auf 7–8 cm über dem Boden abgeschnitten.

Substrat: Normale Topferde mit Langzeitdünger.

Standort: Verträgt Sonne und Halbschatten und kann durchaus als Dauerbepflanzung stehen bleiben.

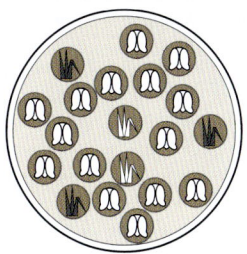

Pflanzplan

 2 × Hartriegel *Cornus sanguinea* 'Midwinter Fire'

 3 × *Ophiopogon planiscapus* 'Nigrescens'

15 × *Galanthus* ,Sam Arnott'

Grün und Gold

Beschreibung: Diese Gruppe besteht aus *Helleborus argutifolius*, *Euonymus japonicus* 'Ovatus Aureus', Primeln, Sorten von *Erica carnea* und *Ophiopogon planiscapus* 'Nigrescens'.

Blütezeit: Die markante Korsische Nieswurz blüht von Januar bis März mit hellgrünen, schalenförmigen Blüten. Die Primeln werden nach der Blüte in den Garten gesetzt und die übrigen Pflanzen für neue Arrangements verwendet.

Pflanzgefäß: Ideal wäre ein Gefäß aus Stein, solange es tief und frostfest ist.

Pflanzzeit: In der Herbstmitte werden die Primeln einpflanzt, falls die Gärtnereien sie anbieten. Die Nieswurz wird ebenfalls im Herbst gepflanzt, damit sie sich noch gut etablieren kann.

Substrat: Normale Topferde, der Sie einen Langzeitdünger beimischen.

Begleitpflanzen: Nieswurzblätter bleiben im Winter grün und sehen auch nach der Blüte attraktiv aus.

Standort: In der Sonne oder im Schatten.

Pflanzplan

 2 × *Helleborus argutifolius*

1 × *Euonymus japonicus*

 3 × Primeln

 2 × *Erica carnea*

 1 × *Ophiopogon planiscapus* 'Nigrescens'

Winterbeeren

Beschreibung: In diesem Kübel wachsen Skimmien neben *Euonymus* 'Emerald'n' Gold', Schaumblüte (*Tiarella*) und kleinblättrigem, panaschiertem Efeu. Skimmien sind einfache, immergrüne Sträucher mit kompakter Wuchsform, die im Frühling kleine, schwach duftende Blüten zeigen. Die weiblichen Pflanzen bilden glänzende Beeren, die bis in den Winter stehen bleiben. Der Kontrast von Rot und Grün macht sie zu wirkungsvollen Winterpflanzen.

Blütezeit: Mitte des Winters bis zum Frühjahr.

Pflanzgefäß: Jedes tiefe, frostfeste Gefäß ist geeignet.

Pflanzzeit: Die Kombination wird in der Herbstmitte gepflanzt; die Pflanzen sind bis Zone 7 winterhart.

Substrat: Topferde für Säure liebende Pflanzen (Heideerde); mischen Sie einen Langzeitdünger unter.

Begleitpflanzen: Die weiblichen Sträucher bilden nur leuchtende Beeren, wenn eine männliche Pflanze als Bestäubungspartner in der Nähe steht.

Standort: Im Winter und Frühling gehört dieser Kübel in die Sonne, im Sommer in den Schatten.

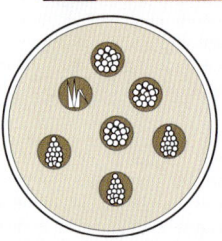

Pflanzplan

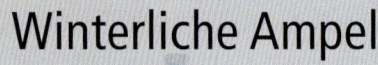

○ 3 × *Skimmia* (zwei weibliche, ein männlicher Strauch)

🖐 1 × *Euonymus* 'Emerald 'n' Gold'

◉ 3 × *Tiarella*

Winterliche Ampel

Beschreibung: In dem hängenden Weidenkorb wachsen Efeu, Skimmie und Stiefmütterchen.

Blütezeit: Stiefmütterchen sorgen in milden Wintern für bunte Blütenfarben, während die anderen Pflanzen das Grün ihrer Blätter beisteuern.

Pflanzgefäß: Ampel aus Weidengeflecht.

Pflanzzeit: Diese Kombination wird im Herbst bepflanzt, damit sie sich vor dem Winter etablieren kann (die Stiefmütterchen vertragen allerdings keinen Frost).

Substrat: Normale Topferde; mischen Sie einen Landzeitdünger unter.

Standort: Halbschatten in geschützter Lage.

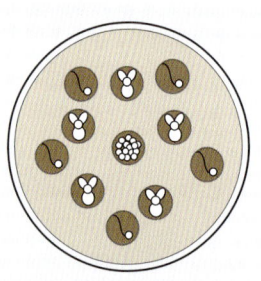

Pflanzplan

 5 × Efeu

 5 × Stiefmütterchen

 1 × Skimmie

Schöne Blätter

Beschreibung: In Regionen mit sehr milden Wintern kann ein Lorbeerbäumchen zu einem interessanten Blickfang werden. Sind die Winter in Ihrer Region kälter, können Sie den Lorbeer durch hochstämmigen *Ilex* oder einen Immergrünen Schneeball (*Viburnum tinus*) ersetzen. Um ganz sicher zu gehen, gehört dieses Arrangement in einen Wintergarten.

Blütezeit: Spätwinter bis Frühling.

Pflanzgefäß: Frostfester Terrakottatopf.

Pflanzzeit: Herbst.

Substrat: Die Erde muss feucht gehalten werden. Im Frühling wird erstmalig gedüngt und dann während der Hauptwachstumsphase im Sommer alle zwei Wochen. Schneiden Sie den Lorbeer im Spätfrühling oder Sommer in Form.

Begleitpflanzen: Pflanzen Sie im Frühling einige Stauden ein (Küchenkräuter sehen sehr gut aus); die Wolfsmilch kommt in den Garten, der Steinbrech bleibt im Topf, denn er treibt bis in den Sommer hinein sehr hübsche weiße Blüten an hohen Stängeln.

Standort: Geschützt.

Pflanzplan

1 × Hochstammlorbeer

2 × *Skimmia japonica* ssp. *reevesiana*

3 × Steinbrech

3 × *Euphorbia × martini*

WINTERBEPFLANZUNG

GUT ZU WISSEN

• Das im Herbst blühende Alpenveilchen *Cyclamen hederifolium* bringt Farbe in ein Pflanzgefäß. Ab dem Winter bis in den Frühling blüht *Cyclamen coum*.

• Wenn Sie Knollen und Zwiebeln an einen exponierten Standort stellen, entscheiden Sie sich für Zwergsorten. Sie leiden weniger unter dem Wind als hohe Sorten.

• Schneeglöckchen werden gewöhnlich als getrocknete Zwiebeln im Herbst gepflanzt.

Für Töpfe eignen sich die abgeblühten, aber noch beblätterten Exemplare besser (im Vorfrühling umsetzen).

• Wenn die Pflanzen mehrere Jahre lang im Gefäß verbleiben sollen, verwenden Sie normale Topferde und füllen Sie jedes Jahr frische Erde auf.

• Hängende Ampeln sollten nicht überdüngt werden. In kalten Wintern müssen sie abgehängt werden und kommen an einen geschützten Platz.

WEITERE WINTERPFLANZEN

• Alpenveilchen
• Nadelbäume
• Nieswurz/Christrose
• Schneeglöckchen
• Schneeheide
• Seidelbast
• Stiefmütterchen
• Winterling
• Zwergiris

DER KÜCHENGARTEN

Ein mobiler Küchengarten braucht nur wenig Platz. Obst und Gemüse wachsen gut im Topf oder sogar in einem Hängekorb. Natürlich reicht die Ernte aus dem „Topfgarten" nicht aus, um eine Familie zu versorgen, aber es macht viel Spaß, eigene Produkte zu ernten und auf den Tisch zu bringen – garantiert ohne Chemie. Wählen Sie die Pflanzen nicht nur nach der Nützlichkeit, sondern auch nach ästhetischen Kriterien aus. Vor allem für Kinder sind Töpfe und Kübel mit Obst in greifbarer Nähe sehr verlockend: Sie essen gesunde und lecker schmeckende Produkte und lernen vielleicht sogar, einen Garten zu schätzen.

Mobiler Kräutergarten

Küchenkräuter im Topf sind einfach ideal. Ganz gleich, wo Sie wohnen oder wie viel Platz zur Verfügung steht, Sie haben ihre Lieblingskräuter immer frisch zur Hand. Küchenkräuter sehen nicht nur bestens im Topf aus, sie lassen sich auch ohne großen Aufwand kultivieren.

GEEIGNETE PFLANZEN

Französisch
Basilikum
Estragon
Lavendel
Rosmarin
Thymian

Indisch
Basilikum
Chili
Fenchel
Koriander
Lorbeer
Orangenraute

Italienisch
Basilikum
Oregano
Petersilie
Rosmarin
Salbei

Mexikanisch
Basilikum
Chili
Estragon
Koriander
Lorbeer

NATUR PUR

Insekten verstecken sich gerne unter einem dichten Thymianrasen; die Blüten versorgen Bienen mit Nektar.

In der Geschichte der Menschheit spielten Kräuter stets eine wichtige Rolle als Gewürz, Heilmittel oder wegen ihrer Schönheit und des Duftes. Da viele Kräuter reichlich Nektar bilden, wirken sie wie ein Magnet auf Bienen und Schmetterlinge. Schon in den Kloster- und Küchengärten des Mittelalters wuchsen Kräuter in Töpfen oder in Hochbeeten – damals wie heute unter echten „Biogarten-Bedingungen". Töpfe machen es zudem einfacher, die Kräuter anzufassen, zu zerdrücken und sich an ihrem aromatischen Duft zu erfreuen.

Kräuter fühlen sich in jedem Pflanzgefäß wohl – Eimer, Sieb und alte Gießkannen – und eignen sich daher bestens für ungewöhnlich präsentierte Arrangements. Die meisten Kräuter brauchen einen sonnigen Standort, doch Minze, Schnittlauch oder Petersilie gedeihen auch im Halbschatten. Einige Kräuter, wie Koriander oder Basilikum werden als Einjährige jedes Jahr neu gesät. Estragon, Fenchel, Minzen und andere sind mehrjährige Stauden, während Rosmarin und Thymian zu den Sträuchern zählen.

Obwohl man Kräuter durchaus mit Zierpflanzen mischen könnte, sehen sie zusammen mit anderen Kräutern am schönsten aus. Die meisten Kräuter werden regelmäßig beschnitten, damit sie ihre

UNTEN: **Thymian zur Hand** Die Töpfe mit Thymian geben der langweiligen Treppe mehr Pfiff und der Küche Aroma.

Top 12 Kräuter

FÜR TÖPFE

1 Basilikum
2 Lorbeer
3 Koriander
4 Dill
5 Thymian
6 Rosmarin
7 Schnittlauch
8 Petersilie
9 Minze
10 Salbei
11 Oregano
12 Majoran

buschige Wuchsform behalten. Verteilen Sie nach dem Einpflanzen Kieselsteine auf dem Substrat, damit es nicht austrocknet. Die sehr wüchsige Minze gehört immer in einen eigenen Topf.

Einige Kräuter sind vor allem wegen ihrer Blüten beliebt. Die fröhlich orangefarbenen Blütenblätter der Ringelblume geben einem Gericht oder Salat mehr Würze und ein interessantes Aussehen. Die pfeffrig schmeckenden Blätter der Kapuzinerkresse sind ein Gewürz, ihre leuchtend roten, orangen oder gelben Blüten peppen einen Salat optisch auf.

Mischen Sie dem Substrat für Kräuter immer eine ordentliche Menge Sand oder Kies bei, damit es gut durchlässig bleibt; dazu kommt ein Langzeitdünger. Lassen Sie die Töpfe auf keinen Fall austrocknen. Verblühtes wird sofort entfernt, damit die Blätter ihren Geschmack behalten. Die Stauden werden im Herbst zurückgeschnitten, die empfindlichen Arten überwintern im Keller oder in einem Kalthaus.

KRÄUTER PFLANZEN

GUT ZU WISSEN

• Minze, Basilikum und Koriander bevorzugen im Unterschied zu den meisten anderen Arten feuchten Boden.

• Verordnen Sie sich keine „Eigentherapie" mit Heilkräutern; fragen Sie erst einen Arzt.

• Nehmen Sie zur Sicherheit von empfindlichen Arten, wie Rosmarin, Lavendel oder Salbei Stecklinge ab, falls die Pflanzen im Winter erfrieren sollten.

• Kräuter wachsen auch auf Fensterbänken oder in Hängekörben, allerdings nur, wenn die Größe angemessen ist.

• Setzen Sie die Kräuter für eine bestimmte Kochschule – indisch, italienisch – zusammen in einen Topf.

• Sollten die Wurzeln im Frühling aus dem Topf herauswachsen, muss die Pflanze umgetopft werden. In großen Töpfen reicht es zunächst, oben neues Substrat aufzufüllen. Geben Sie Dünger dazu, und gießen Sie gründlich.

• Petersilie, Knoblauch, Minze und Schnittlauch wachsen gut im Schatten.

Mobiler Gemüsegarten

Eigenes Gemüse zu ziehen, bietet einige Vorteile: es ist umweltschonend, tut der Seele gut und beschert uns das wunderbare Gefühl, von Chemie unbelastete Produkte aus eigener Produktion zu ernten und zu verarbeiten. Und es spart (etwas) Geld.

Gemüse für den Schatten

(halber Tag beschattet)
• Kohl
• Rettich
• Rote Bete
• Salat 'Little Gem'
• Spinat

Kombinationen
• kleinblättrige Salate, Rettich und Schalotten
• Tomaten, Zucchini und Auberginen
• Kapuzinerkresse und Zucchini oder Partytomaten in einem Hängekorb
• Tomaten, Zwiebeln, Knoblauch und Basilikum

Gemüse vor einer Wand
• Paprika
• Stangenbohnen
• Tomaten im Pflanzsack oder im Holzkübel

Wer sich dazu bekennt, eigenes Gemüse anzubauen, erntet oft mitleidige Blicke: umgraben, Unkraut jäten, gießen und jeden Tag viel und harte Arbeit – lohnt sich das denn? Andererseits glauben manche Hausbesitzer, dass sie zu wenig Platz haben, um ein ordentliches Gemüsebeet anzulegen. Tatsächlich lässt sich Gemüse aber in jedem größeren Blumenkasten anbauen. Da Standort und Substrat in einem Pflanzgefäß frei gewählt werden können, ist ein mobiler Gemüsegarten völlig unabhängig vom Boden oder der Lage des Gartens und damit praktischer und viel leichter zu bearbeiten.

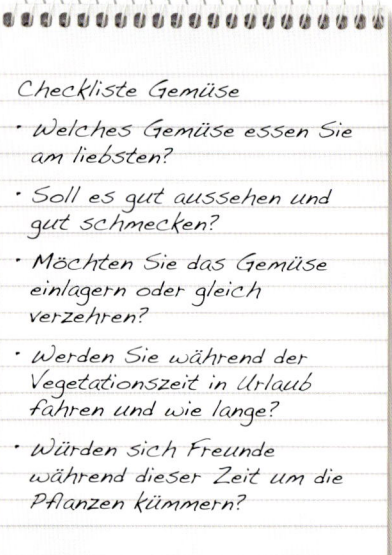

Checkliste Gemüse
• Welches Gemüse essen Sie am liebsten?
• Soll es gut aussehen und gut schmecken?
• Möchten Sie das Gemüse einlagern oder gleich verzehren?
• Werden Sie während der Vegetationszeit in Urlaub fahren und wie lange?
• Würden sich Freunde während dieser Zeit um die Pflanzen kümmern?

LINKS: **Tomaten aufgereiht** Die Tomaten wachsen in Plastikkästen mit Metalloptik an Bambusstäben gegen einen Flechtschirm – gut geschützt und bestens mit Dünger versorgt. Die Kombination belebt den Innenhof, macht aber ziemlich viel Arbeit.

Top 12 Gemüse

FÜR PFLANZGEFÄSSE

1 Grüner Salat

2 Tomaten

3 Auberginen

4 Paprika

5 Mangold

6 Zucchini

7 Bohnen

8 Gurken

9 Knoblauch

10 Rettich und Radieschen

11 Kartoffeln

12 Rukola

(siehe auch Pflanzenporträts ab S. 136)

RECHTS: **Salatkorb**
Wo steht, dass Salate nur im Beet wachsen? Dieser geflochtene Hängekorb mit Salat ist ein Blickfang und leicht zugänglich.

UNTEN: **Wer redet von Sperrmüll?**
In diesem alten Wasserbecken (mit Kunststoffeinlage) wachsen Möhren. Da Möhren tiefen Boden brauchen, um gut zu gedeihen, ist dieses Becken genau das Richtige.

NATUR PUR

- Fenchel oder Dill locken Schwebfliegen an, deren Larven sich über Blattläuse hermachen.

- Pflanzen Sie Ringelblumen, Zwiebeln und Knoblauch zwischen das Gemüse; sie sehen hübsch aus und vertreiben Schädlinge.

- Wenn Sie sich für resistente Sorten entscheiden, können Sie auf Spritzmittel verzichten.

- Wie wäre es mit Zuckerschoten? Sie sind lecker und im Laden ziemlich teuer. Außerdem sind die Transportwege lang und damit ökologisch bedenklich.

SÄEN UND PFLANZEN

GUT ZU WISSEN

• Die meisten Gemüsesorten werden als Samen angeboten, einige auch als Jungpflanzen.

• In wärmeren Landstrichen wird das Frühgemüse wie Spitzkohl, Spinat, Salat und Dicke Bohnen im Frühherbst ausgesät, dann hat es bis zum nächsten Frühling Zeit, sich zu etablieren.

• Manche Sorten, wie Salat, Brokkoli oder Tomaten werden im Zimmer ausgesät und kommen erst in die Töpfe, wenn die Jungpflanzen kräftig genug sind.

• Möhren und Salate werden etappenweise immer wieder ausgesät; so können Sie über einen längeren Zeitraum immer wieder ernten.

• Entscheiden Sie sich für Sorten, die rasch reifen und sofort verzehrt werden.

• Nicht immer ist die größere auch die bessere Sorte; entscheiden Sie nach dem Geschmack des Produktes.

• Säen Sie Salate mit unterschiedlichen Blattformen und -farben aus.

• Setzen Sie die Pflänzchen nicht zu dicht, sonst überwuchern sie das Gefäß.

• Kombinieren Sie kletternde Sorten (z. B. Stangenbohnen) mit niedrigen Sorten (z. B. Zuckerschoten).

• Wählen Sie Sorten aus, die jung und zart geerntet und gegessen werden, wie Radieschen, Minimöhren oder Schalotten.

• Je weniger Platz zur Verfügung steht, desto wichtiger wird die Auswahl. Entscheiden Sie sich für Sorten, die Sie gerne essen, aber nicht regelmäßig im Supermarkt finden.

• Ziehen Sie Basilikum im Pflanzsack (s. Seite 106) unter den Tomaten.

• Neben einer viel befahrenen Straße oder in Städten mit hoher Luftverschmutzung wäre Gemüse keine gute Idee, denn die Blätter nehmen die Schadstoffe auf.

OBEN: **Juwel im Topf**
Der rotstielige Mangold im glasierten Topf ist auch eine „Zierpflanze".

Standort

Die meisten Gemüsesorten wachsen nicht gut im Schatten. Ideal ist ein sonniger, geschützter Standort, etwa vor einer nach Süden gerichteten Mauer. Gemüse braucht mindestens sechs Stunden Sonne täglich. Schnell wachsendes Gemüse wie Spinat verträgt im Hochsommer etwas mehr Schatten. Achten Sie aber darauf, dass die Gefäße Regen bekommen – unter einem Dachvorsprung oder einem Baum trocknet das Substrat rasch aus.

Gefäße für Gemüse

Gemüse wächst in jedem Gefäß, von sauberen Abfalleimern bis zu alten Autoreifen. Für bestimmte Obst- und Gemüsesorten (Erdbeere, Kartoffeln) gibt es Gefäße, die speziell auf die Bedürfnisse der Pflanzen abgestimmt sind. In einem tiefen Eimer mit Bodenlöchern fühlen sich Porree, Möhren und sogar Spargel wohl. Gewöhnlich ist das Ergebnis besser, wenn mehrere Exemplare in einem Gefäß stehen als jedes in einem eigenen.

Viele Gemüsesorten lassen sich direkt im Substratsack ziehen. Diese Säcke sind aber schwer zu gießen, und das Wurzelwerk kann sich nicht richtig entwickeln. Dieses Problem lässt sich aber lösen: Legen Sie den Sack zur besseren Wärmeregulierung nicht direkt auf Beton oder Steinplatten, sondern auf eine Styroporplatte, installieren Sie ein Bewässerungssystem und entscheiden Sie sich für kleinwüchsige Sorten.

Ein Plastikgefäß hält Wasser länger als ein Terrakottatopf. Wenn Sie nicht auf das natürliche Aussehen von Terrakotta verzichten möchten, stellen Sie einen Plastiktopf hinein (die Dränagelöcher im Boden nicht vergessen).

Denken Sie daran: Je größer und tiefer das Pflanzgefäß, desto größer die Chancen auf eine üppige Ernte. Die minimale Tiefe sollte bei etwa 25 cm liegen.

Ein einmal bepflanztes Gefäß kann auf die Terrasse, in ein Gewächshaus oder ins Frühbeet gestellt werden, damit das Gemüse einen guten Start hat. Stellen Sie mehrere Töpfe eng zusammen – das erleichtert das Gießen und sieht, je nach Zusammenstellung, attraktiv aus.

PFLANZTIPPS

Dränage
Obwohl Gemüse am besten wächst, wenn das Substrat feucht bleibt, darf sich im Topf keine Staunässe bilden. Verwenden Sie ausschließlich Töpfe, aus denen unten überschüssiges Wasser abfließen kann.

Substrat
Verwenden Sie niemals Erde direkt aus dem Garten; sie könnte Pilze oder Krankheitskeime enthalten. Verwenden Sie ausschließlich gute Topferde (mit hohem Tongehalt) und mischen Sie einen organischen Langzeitdünger unter. Gemüse braucht viel Wasser und Dünger. Eine Nachdüngung mit Algenextrakt fördert das Wachstum.

Wurzelgemüse im Topf
Wurzelgemüse, wie Kartoffeln oder Pastinaken, brauchen natürlich mehr Erde als andere Gemüse. Für Kartoffeln und Süßkartoffeln sollte der Topf mindestens 35 cm Tiefe und Durchmesser haben. Wenn Wurzelgemüse im Plastiktopf oder direkt in einem Sack mit Erde wächst, müssen auf jeden Fall Dränagelöcher angebracht werden. Steht nur wenig Platz zur Verfügung, sollten Sie sich für Zwergformen oder Sorten mit kleinen Wurzeln entscheiden (Möhren, Rote Bete, Weiße Rübe). Auch die buschig wachsenden Formen von Zucchini und Kürbis brauchen weniger Platz als die kletternden normalgroßen Sorten. Gemüsesorten mit langem Wachstum (Rosenkohl, Blumenkohl) eignen sich nicht für den Topfgarten.

Mischkultur
Eine Mischkultur aus schnell wachsenden Salaten oder Radieschen neben langsam wachsenden Möhren oder Brokkoli eignet sich bestens für Topfgärten mit eingeschränktem Platz.
Wenn die kleinen Sorten geerntet sind, übernehmen die großen den Platz.

Jungpflanzen
Aus der Gärtnerei gekaufte Jungpflanzen wachsen sicherer an und sehen sofort gut aus. Töpfe mit Saatgut sind dagegen bis zu den ersten grünen Spitzen leer.

Letzter Tipp für faule Gärtner
Für Kürbisse sollte sich nur entscheiden, wer bereit ist, viel zu gießen. Sie haben einen ungeheuren Durst.

UNTEN: **In schönster Ordnung**
In den Metallkästen auf diesem Dachgarten wachsen Gemüse und Zierpflanzen in schöner Einigkeit: Bohnen, Rote Bete, Kohl und Lorbeer.

Mobiler Obstgarten

Obstbäume in Kübeln und Töpfen haben eine lange Tradition in der Gartengestaltung. Sie waren zugleich Zier- und Nutzpflanzen. Was spricht also dagegen, diese alte Tradition auf einer Terrasse, einem gepflasterten Innenhof oder sogar auf dem Balkon wieder aufleben zu lassen?

Das passt zusammen:
- Pfirsiche, mit Erdbeeren unterpflanzt
- Rote oder Schwarze Johannisbeeren (Hochstamm), mit Kapuzinerkresse unterpflanzt
- Zitronen, Feigen und Granatäpfel, wie die Römer der Antike
- Erdbeeren in einem Erdbeerkrug, pflückgerecht für Kinder

Obwohl Obstbäume in Töpfen mehr Aufmerksamkeit erfordern als im Garten, ist das Erntevergnügen bei beiden gleich groß. Die Früchte zu essen, um die man sich seit der Blüte gekümmert hat, ist unvergleichlich. Die üblichen Zwergformen werden auf eine Unterlage mit beschränktem Wachstum aufgepfropft; auch die Größe des Gefäßes limitiert das Wachstum über die Größe des Ballens.

Größe der Ostbäume

Die Größe eines Obstbaumes wird durch die Größe der Unterlage bestimmt – Halbstämme oder Zwergstämme. Wüchsige Sorten lassen sich auch zu Spalieren, Fächern oder Cordons erziehen. Auch wenn Zwergstämme als optimal für den Kübel gelten, sind sie keine Vorbedingung. Auch höhere Formen werden durch den eingeengten Wurzelraum in ihrem Gesamtwachstum eingeschränkt.

Ein Obstbaum in einem Kübel kann in Klimazonen wachsen, die eigentlich zu kalt für die Art sind. Bei Kälteeinbrüchen müssen sie dann allerdings rechtzeitig mit Vlies frostsicher umwickelt oder an einen wärmeren Ort umgestellt werden.

Standort

Apfel, Birne, Nektarine und Pfirsich brauchen einen sonnigen Standort, möglichst im Schutz einer nach Westen oder Süden gerichteten Mauer. Vor allem die früh blühenden Arten sind durch Fröste gefährdet. Um das Risiko zu senken, sollten sie während der Blüte in den Schatten gestellt werden, bis die Fröste vorbei sind. Pflaumen- und Kirschbäume mögen sonnige Standorte, kommen aber auch mit etwas Schatten zurecht – insbesondere Schattenmorellen gedeihen auch im lichten Schatten. Auch Johannisbeeren und Stachelbeeren vertragen etwas Schatten.

Winterharte Obstbäume können den Winter über draußen stehen bleiben, alle anderen werden geschützt überwintert.

Bestäubung

Manche Arten/Sorten, wie Äpfel oder Birnen, brauchen einen Bestäubungspartner, da sich die Blüten nicht selbst bestäuben können. Fragen Sie beim Kauf des Obstgehölzes nach, ob sich die gewünschte Sorte selbst bestäubt – ansonsten müssen Sie den Partner gleich mitkaufen.

Welche Pflanzgefäße?

Wenn der Obstbaum regelmäßig umgestellt werden muss – zur Winterruhe oder aus ästhetischen Gründen – wäre ein leichteres Gefäß aus Kunststoff zu empfehlen. Bleibt das Gehölz an Ort und Stelle stehen, sind frostfeste Kübel aus Terrakotta die schönere und standfestere Wahl. Ideal sind Gefäße, die etwa 10 cm breiter sind als der Wurzelballen. Wächst der Baum stärker, wird er umgetopft.

NATUR PUR

Blattläuse lieben Kapuzinerkresse. Ein Topf mit diesen Pflanzen lenkt Schädlinge vom Obst und Ihren dekorativen Pflanzen ab.

NATUR PUR

- Obst aus biologischem Anbau ist teurer, auch das selbst gezogene, aber der Aufwand lohnt sich, denn Sie bekommen auf jeden Fall chemiefreie Ware.

- Pflaumen gedeihen besser in stickstoffhaltigem Boden. Säen Sie Klee in das Gefäß, in dem die Pflaumen stehen.

Top 10 Früchte

FÜR PFLANZGEFÄSSE

1 Apfel: braucht Bestäuber; als Pyramide oder buschig trimmen

2 Birne: braucht Bestäuber; als Pyramide oder buschig trimmen

3 Kirsche: teilweise Selbstbestäuber; als Pyramide trimmen

4 Pflaume: meistens Selbstbestäuber; als Pyramide trimmen

5 Pfirsich und Nektarinen: Selbstbestäuber

6 Feige: als Busch auf einen Kurzstamm pfropfen

7 Blaubeeren: brauchen durchlässigen, sauren Boden

8 Rote und Weiße Johannisbeere, Stachelbeere: sehen am besten als Hochstamm aus, leicht zu pflücken

9 Wein: Hochstamm besonders attraktiv

10 Erdbeeren: im Spätsommer pflanzen; tragen nur ein Jahr; hübsch in Hängekörben oder Fensterkästen

(siehe auch Pflanzenporträts ab S. 136)

OBEN: **Birnbaum**
Die Sorte *Pyrus* 'Vereinsdechant' wächst in einem weißen Keramiktopf, daneben eine Schale mit frisch geernteten Früchten. Wegen des eingeschränkten Platzes bieten sich Zwergformen an. Sie müssen regelmäßig gegossen und gedüngt werden.

RECHTS: **Rhabarber, Rhabarber**
Rhabarber gedeiht sehr gut in einem Gefäß, solange es nur groß genug für das Wurzelwerk ist und den kräftigen Wuchs aushält – hier in einem robusten Terrakottatopf. Der Topf macht sich gut auf einem Holzdeck, im Hof oder auf dem Balkon. Die Blätter sind ungenießbar, Marmelade oder Kompott wird nur aus den Blattstielen gekocht.

OBSTBÄUME

GUT ZU WISSEN

• Gehen Sie bei empfindlichen Obstbäumen, wie Aprikosen oder Zitrusfrüchten, auf Nummer Sicher: Sie kommen bei Kälte ins Gewächshaus oder in den Wintergarten.

• Wenn Sie keine Möglichkeit haben, die Bäume im Winter unterzustellen, suchen Sie nach spät blühenden Sorten, und wickeln Sie Kübel und Pflanzen bei frostigem Wetter mit Vlies ein.

• In Gärten mit wenig Platz sind zu Formen erzogene Obstbäume ertragreicher: Fächer, Spaliere oder Kordons sehen vor einer Mauer oder am Zaun sehr attraktiv aus. Die Zweige lassen sich auch waagerecht am Balkongeländer erziehen.

• Wenn Sie unterschiedliche Obstsorten ernten möchten, sollten Sie Arten/Sorten wählen, die zu unterschiedlichen Zeiten reif werden. Bei geschickter Planung können Sie den ganzen Sommer über Obst ernten. Berücksichtigen Sie auch, dass frühe Apfel- und Birnensorten nicht so lagerfähig sind wie späte Sorten.

• Wenn der Obstbaum vor einer Mauer steht, drehen Sie den Pflanzkübel etwa alle zwei Wochen um.

NATUR PUR

Blaubeeren sind äußerst gesund, weil sie einen hohen Anteil an Antioxidantien enthalten. Sie gedeihen am besten in saurem Boden. Mischen Sie gelegentlich Kaffeesatz zum Substrat, um ihnen ein gutes Wachstum zu ermöglichen.

Substrat

Obstgehölze wachsen am besten in normaler Topferde. Sobald die Früchte erscheinen, brauchen die Pflanzen stickstoffreichen Dünger; Sie sollten auch gegen Ende des Sommers düngen. Im Frühling wird der Topf mit einer 5 cm dicken Lage frischer Topferde abgedeckt.

Pflege

1 Jeden zweiten Winter wird die Pflanze aus dem Topf genommen.

2 Schütteln Sie die alte Erde vorsichtig aus den Wurzeln, und kürzen Sie die dickeren Wurzeln (nicht die Faserwurzeln) ein.

3 Pflanzen Sie das Gehölz in einen neuen Topf um.

4 Regelmäßig gießen; im Sommer braucht ein Obstgehölz bis zu dreimal täglich Wasser.

5 Achten Sie auf gute Durchlässigkeit; wenn das Pflanzgefäß auf glattem Boden steht, müssen Füßchen untergelegt werden.

LINKS: **Gut erzogen**
Das Apfelbäumchen 'Regali Delkistar' wurde zu einem Fächer erzogen, die beiden Seitentriebe zweigen schräg vom Haupttrieb ab. Der Metallrahmen macht Spalierobst auch in frei stehenden Kübeln möglich.

BEEREN

GUT ZU WISSEN

- Erdbeeren fühlen sich in vielen Gefäßen wohl – in Einzeltöpfen, Hängekörben oder speziellen Erdbeertöpfen.

- Wilde Himbeeren, Schwarze Johannisbeeren, Stachelbeeren und Rhabarber wachsen am Waldrand, vertragen also etwas Schatten. An sonnigen Standorten entwickeln sich allerdings die Früchte besser.

- Blaubeeren werden immer beliebter. Sie schmecken nicht nur gut, sondern sind auch sehr gesund.

- Je sonniger ein Beerenstrauch steht, desto süßer und saftiger werden seine Beeren.

- Eine reife Frucht löst sich leicht ab, wenn sie am Stiel gedreht wird.

OBEN: **Erdbeerparade**
Diese 'Gorella'-Erdbeeren wachsen in alten Blumentöpfen. Erdbeeren lassen sich leicht kultivieren, nur Schnecken könnten zum Problem werden.

RECHTS: **Stachelbeere & Co.**
Die Stachelbeere 'Invicta' in einem großen Terrakottatopf steht zusammen mit Thymian und Majoran unter einer überdachten Pergola.

Mobiler Duftgarten

Schon die Pharaonen erfreuten sich am Duft von Kräutern. Seither nehmen besonders aromatische Pflanzen einen Stammplatz in den Gärten der Welt ein. Ihr durchdringender Duft wirkt erfrischend und bringt uns der Natur näher. Wenn wir das Blatt einer Duft- oder Gewürzpflanze zwischen den Fingern zerreiben, fühlen wir vermutlich dasselbe wie ein Mönch des Mittelalters oder ein Apotheker der Renaissance.

Duftpflanzen für Töpfe und Kübel
Basilikum
Dill
Heiligenkraut
Minze
Ringelblume
Rosmarin
Salbei

Duftpflanzen zum Aromatisieren von Tee
Kamille (zur Beruhigung des Nervensystems, fördert den Schlaf)
Melisse (entspannt, fördert den Schlaf)
Pfefferminze (fördert die Verdauung)
Thymian (stärkt)

Alle genannten Kräuter bevorzugen sonnige Standorte.

Gestaltungsideen

Meist denkt man bei „aromatisch duftenden Pflanzen" an einjährige Kräuter, doch auch Stauden, Sträucher, sogar Bäume gehören in diese Kategorie. Manche Arten sehen nicht besonders spektakulär aus, andere haben sehr schöne Blätter oder Blüten, die gerne von Schmetterlingen und Bienen umschwärmt werden. Duftpflanzen schaffen selbst auf kleinstem Raum eine kontemplative Aura – fast wie in einem Zen-Garten. Beispiele für Duftbäume sind Eukalyptus (nur in stark beschnittener Form), Wacholder und Lorbeer. Der Lavendel ist vermutlich die schönste und vielseitigste Duftpflanze. Er stammt aus dem Mittelmeerraum, und schon die Römer legten Lavendelzweige zwischen ihre Wäsche und ins Badewasser. Duftgeranien gedeihen prächtig im Topf, vertragen starke Hitze und sind in vielen Duftnoten erhältlich, die an Pfefferminze, Sandelholz, Zimt oder Muskat erinnern. Angeblich sollen nach Zitronen duftende Duftgeranien im Sommer die Mücken vertreiben.

Optimaler Standort

Gefäße mit Duftpflanzen passen gut neben Wege, paarweise neben eine Tür und in Innenhöfe – überall dorthin, wo man rasch mit der Hand über die Blätter streichen kann.

NATUR PUR

Töpfe mit aromatisch duftenden Kräutern halten Schädlinge von anderen Pflanzen fern.

RECHTS: **Pflegeleichte Pflanzkübel**
Lavendel *(Lavandula)* kommt in hohen Kübeln bestens zur Wirkung und regt den Geruchssinn an.

EINE TEEPYRAMIDE

Trinken Sie gerne Kräutertee auf der Terrasse? Mit dieser dreidimensionalen Aromapyramide wird auch ein überzeugter Kaffeetrinker zum Teegenießer. Sie brauchen drei Terrakottatöpfe in unterschiedlicher Größe: Der größte (35 cm Durchmesser) steht unten, auf dem Substrat steht ein mittelgroßer (25 cm) und darauf ein kleiner (10 cm) Topf. Kurz nachdem der Morgentau getrocknet ist, ist die beste Erntezeit für die aromatischen Blätter. Dann enthalten sie besonders viele ätherische Öle.

1 Füllen Sie 5–8 cm hoch Kies in die Töpfe.
2 Stecken Sie einen Bambusstab durch das Bodenloch des größten Topfes, und füllen Sie ihn bis 2,5 cm unter den obersten Rand mit Topferde auf.
3 Schieben Sie den mittleren Topf über den Bambusstab, bis er auf dem Substrat steht, und füllen Sie ihn mit Erde.
4 Bepflanzen Sie den obersten Topf – Lavendel passt sehr gut (noch nicht über den Bambusstab schieben).
5 Schneiden Sie den Bambusstab bis auf ein kurzes Stück ab und fixieren Sie den obersten Topf darauf. Der Stab sollte den obersten Topf festhalten, ohne die Wurzeln zu beschädigen.
6 Bepflanzen Sie den mittleren Topf mit Kamille, Zitronengras und Thymian.
7 Setzen Sie Rosmarin, Melisse, Grüne und Pfefferminze in den Rand des unteren Topfes.
8 Setzen Sie die Pflanzen möglichst eng; gut wässern.
9 Im Sommer wird die Pyramide alle zwei Wochen mit Algenextrakt gedüngt.

KRÄUTERFREUDEN

GUT ZU WISSEN

• Haben Sie einen offenen Kamin? Werfen Sie einen trockenen Lavendelzweig ins Feuer, um das Zimmer zu aromatisieren.
• Lorbeer und Rosmarin sorgen auf dem offenen Gartengrill für aromatische Geschmacksnuancen.

5 GESTALTUNGSIDEEN FÜR DUFTKRÄUTER

1 Nützliche Insekten anlocken
Fenchel und Kapuzinerkresse

In einen Topf von mindestens 30 cm Tiefe und 40 cm Breite – leichte, gut durchlässige Topferde – werden drei Fenchelpflanzen gesetzt. Säen Sie die Kapuzinerkresse dazwischen. Nach etwa einem Monat wird gedüngt; Gießen nicht vergessen. Im Winter wird der Fenchel zurückgeschnitten, damit er im nächsten Frühling wieder austreibt.

2 Bienen und Schmetterlinge anlocken
Lavendel, Baldrian, Katzenminze und Schafgarbe 'Moonshine'

Die vier Duftpflanzen passen farblich sehr gut zusammen. Ihre Wurzeln kommen zwar grundsätzlich auch mit wenig Platz aus; in einem großen Kübel entwickeln sich die großen Pflanzen allerdings besser.

3 Aromagarten ganz in Silber
Currystrauch (Helichrysum italicum), Artemisia 'Silver mount' und Heiligenkraut

Diese Gruppe zeichnet sich durch hübsche gelbe Blüten und silbriges Laub aus, das im Licht eines Sommerabends geheimnisvoll schimmert. Die beiden Arten fühlen sich in durchlässiger Topferde an einem sonnigen Standort wohl.

4 Die richtigen Gewürze für ein Curry
Koriander (Coriandrum sativum), Zitronengras, Chili, Thai-Basilikum und Kümmelthymian

Diese südostasiatischen Gewürzpflanzen passen wunderbar in ein Curry – und in Ihren Topfgarten. Ordnen Sie die Pflanzen um den Chilistrauch an. Die Arten wachsen problemlos an einem sonnigen Standort, möglichst in Küchennähe.

OBEN: **Doppelnutzen**
Die Blätter des Zitronenstrauches *(Aloysia triphylla)* sorgen für angenehmes Aroma im Tee und eignen sich auch für Potpourris.

5 Düfte für ein Potpourri
Duftgeranien (Pelargonium)

Duftgeranien sind erste Wahl für einen Blumenkasten und gedeihen problemlos. Ihre Blätter sehen attraktiv aus, sie duften gut und haben hübsche Blüten. Suchen Sie Sorten aus, die Ihnen nach Farbe, Duft und Gestalt gut gefallen, und pflanzen Sie sie alle ins selbe Gefäß. Fragen Sie nach, ob die ausgesuchten Sorten gleichwüchsig sind, damit nicht eine Sorte die schwächeren überwuchert. Duftgeranien brauchen leichte, durchlässige Topferde und einen Standort in der Sonne oder im Halbschatten.

VORBEREITUNG UND BEPFLANZUNG

Ein mobiler Garten ist nur so gut wie die Gefäße, die Pflanzen und die Standorte – das Beste ist gerade gut genug. Erst wenn alles stimmt, lohnt sich der Aufwand, die Gefäße vorzubereiten und zu bepflanzen.

Leider vergessen viele Gärtner oft, dass eine gute Planung genauso wichtig ist wie später das Gießen und Düngen. In optimal vorbereiteten Pflanzgefäßen entwickeln sich die Pflanzen zu gesunden, kräftigen Exemplaren, und wenn im Winter das meiste Grün verschwunden ist, sorgen attraktive Gefäße immer noch für Farbe und Abwechslung. Füllen Sie Erde nur ein, wenn der Topf sauber, frei von Schädlingen, Krankheitskeimen und in gutem Zustand ist. Achten Sie auf einen guten Wasserabfluss. Bei guter Vorbereitung bleiben die Pflanzgefäße für sehr lange Zeit schön. Sie locken Wildtiere an, bereichern den Garten mit Düften und Farben und versorgen die Küche mit köstlichen Aromen.

Pflanzgefäße

In jedem Gefäß, das genügend Erde aufnehmen kann und einen guten Wasserabzug besitzt, können Pflanzen wachsen – die Auswahl ist tatsächlich grenzenlos. Ob Sie es rustikal mögen – vom Blecheimer bis zur alten Schubkarre – oder einen topmodernen Designerstil bevorzugen – Kübel aus Metall oder Graphit – der Fantasie sind keine Grenzen gesetzt.

8 GOLDENE REGELN...

LINKS: **Topf-Parade**
Gartencenter haben eine große Vielfalt an Pflanzgefäßen auf Lager. Das Angebot und die teilweise recht hohen Preise schrecken zunächst ab. Sobald man sich jedoch auf Thema oder Stil der Gestaltung festgelegt hat, wird die Zahl der in Frage kommenden Modelle deutlich geringer und die Entscheidung leichter. Hier warten glasierte und unglasierte Töpfe und Kästen auf Käufer.

RECHTS: **Stein-Eiche**
Dieser moderne Kübel kombiniert Natursteinplatten mit kräftigen Eichenstützen. Da solche Pflanzgefäße – hier mit einer Keulenlilie – sehr schwer sind, will der Standort gut überlegt sein.

1 Standort

Kaum eine Pflanze würde sich, hätte sie die Wahl, in einer künstlichen Umgebung wie einem Topf ansiedeln. Es kommt also darauf an, der jeweiligen Art möglichst naturnahe Bedingungen zu schaffen, damit sie sich wohlfühlt und gedeiht.

Pflanzen reagieren empfindlich auf Extremtemperaturen – das gilt sowohl für Hitze als auch für Kälte. Dunkle Töpfe, insbesondere schwarze Gefäße oder Gefäße aus Metall, heizen sich im Sonnenlicht so stark auf, dass die Wurzeln regelrecht „gekocht" werden.

In der Sonne schirmen ein dicker Kübel aus Stein oder Holz sowie Hängepflanzen über den Flanken die Erde vor zu starker Erwärmung ab. Auch Weiß oder helle Farben reflektieren das eingestrahlte Licht und wirken kühlend.

LINKS: **„Eierbecher"**
Solche großen Terrakottatöpfe eignen sich perfekt für hohe Tulpen.

RECHTS: **Leicht wie Blei**
Dieser Kübel sieht nur aus wie Blei. Er ist aus leichtem Kunststoff und eignet sich für Fensterbänke oder als Balkonkasten.

...BEI DER AUSWAHL VON PFLANZGEFÄSSEN

2 Größe

Generell gilt: Je größer das Pflanzgefäß desto besser, denn
• die Wurzeln wachsen besser an und haben genügend Platz
• die Stabilität ist höher
• die Pflege wird erleichtert
• die Auswahl ist größer

3 Stil

Der Stil des Pflanzgefäßes sollte mit der Umgebung harmonieren. Sind Haus und Terrasse eher formal, locker, modern oder rustikal gestaltet?

UNTEN: **Einfach nett**
Solche hübschen Begonien sehen in einfachen Blumentöpfen aus Terrakotta bestens aus.

4 Harmonie

Nutzen Sie bei den Gefäßen dasselbe Material, das in Haus und Garten vorherrscht. Haben Sie vorwiegend mit Naturstein, Holz, Ziegelstein oder Metall gestaltet?

5 Platz

Wie viel Platz steht zur Verfügung? Ist der Garten ebenerdig, auf dem Dach oder nur eine Fensterbank? Wollen Sie Blumen, Bäume oder Küchenkräuter pflanzen? Machen Sie Größe und Form der Gefäße von diesen Voraussetzungen abhängig.

6 Stabilität und Gewicht

Gefäße, die ebenerdig und dauerhaft an einem bestimmten Platz stehen, sollten stabil und schwer sein. Immerhin müssen sich Gefäß und Pflanzen auch bei Regen oder einem eventuellen Sturm bewähren und Frost aushalten. Obwohl solche Kübel ihren Preis haben, zahlt sich die Mehrausgabe durch eine lange Haltbarkeit aus.

Haben Sie jedoch vor, ihre Pflanzgefäße je nach Attraktivität immer wieder neu zu arrangieren, dann wäre ein schwerer, unbeweglicher Kübel sicher nicht ideal. Entscheiden Sie sich in diesem Fall für große, aber leichte Kübel bzw. kleine, aber schwere Töpfe – sie eignen sich auch besser für Balkon oder Dachgarten.

7 Haltbarkeit

Wie lange ein Pflanzgefäß wirklich hält, hängt von vielen Faktoren ab:
• Regen
• Wurzelwachstum
• Ausdehnung und Schrumpfen bei starken Temperaturschwankungen
• allgemeine Abnutzung

Prüfen Sie, ob die Gefäße für ein dauerhaftes Arrangement Verwitterung und Temperaturschwankungen vertragen; das gilt besonders für Terrakotta. Andernfalls müssen sie während der Wintermonate geschützt platziert werden. Terrakottakübel mit geraden oder konischen Seiten sind robuster. Kübel, die sich oben verjüngen, können unter gefrierender Erde (Ausdehnung, Schrumpfen) platzen.

8 Sicherheit

In einem mobilen Gemüsegarten sollten alle Gefäße aus neutralem Material bestehen, das nicht chemisch behandelt wurde. Es darf weder mit der Erde, noch mit Dünger oder Wasser reagieren. Wenn Sie unsicher sind, treffen Sie mit unbehandeltem Holz (allenfalls ein biologischer Schutzanstrich ist denkbar) die richtige Wahl.

Einige Metallkübel haben scharfe Kanten oder neigen zu Rost. Sie gehören nicht in kleine Gärten (Stoßgefahr) oder in die Nähe von Kindern und älteren Menschen.

Holz

NATÜRLICH UND HARMONISCH

Holz ist ein natürliches Material, das sich harmonisch in fast jede Umgebung einfügt – und es passt gut zu Pflanzen. Wie vielseitig Holz sein kann, zeigen die Beispiele: vom barocken Versailles-Kübel bis zum rustikalen Halbfass. Holz isoliert vor Kälte und Wärme und ist frostsicher. Im Unterschied zu Terrakotta hält Holz das Wasser zurück; die Erde trocknet nicht so schnell aus. Die neuen Kübelmodelle aus gepressten Holzspänen für Salat und Gemüse sind noch nicht lange genug im Handel, um sie loben oder ablehnen zu können.

OBEN RECHTS: **Klassisch bis rustikal**
Vom formalen Versailles-Kübel bis zum rustikalen Fass reicht das Formenspektrum der Holzgefäße. Allerdings müssen Sie mit Öl, Anstrich oder Innentöpfen vor dem Verrotten geschützt werden.

Schmaler, hoher Kübel

Halbfass mit gewellter Zierkante

Lasiertes Eichen-Halbf.

Versailles-Kübel

Kleiner Holzkübel

Großes Viertelfass

Halbfass

Kübel für den Innenhof

Holztrog aus zwei Balkenlagen

Obstkiste

ATTRAKTIVES HOLZ

GUT ZU WISSEN

• Stellen Sie einen Holzkübel niemals direkt auf die Erde, vor allem nicht in die Nässe.

• Legen Sie kleine Füßchen (Steine, Ziegelsteine) unter den Holzkübel, damit das überschüssige Wasser leichter abfließen kann.

• Kübel aus Weichholz ohne Schutzanstrich verrotten schnell. Besser sind Kübel aus der haltbareren Rotzeder.

• Verwenden Sie ausschließlich biologische Schutzanstriche, oder ölen Sie das Holz innen und außen ein.

• Mit einem Innentopf auf Plastik oder Metall hält das Holz länger.

• Kaufen Sie keine Holzkübel aus Tropenholz, allenfalls aus nachhaltigem Anbau.

• Mit einem hübschen Schutzanstrich sieht auch ein älterer Kübel wieder wie neu aus.

Stein

LANGLEBIG UND WERTVOLL

Naturstein zeigt sich in den Farben des Steinbruchs, aus dem er gebrochen wurde. Es gibt Steingefäße in vielen Formen mit natürlich rauer oder glatt polierter Oberfläche. Stein ist ein schweres Material – sowohl physikalisch als auch in unserer Wahrnehmung – und sollte daher nur ebenerdig eingesetzt werden. Die Haltbarkeit macht Steinkübel zum perfekten Material für eine dauerhafte Bepflanzung. Naturstein kommt völlig ohne Pflege aus, und seine Schönheit nimmt mit Alter und Verwitterung zu. Deutlich preiswerter und leichter sind nachgemachte Steingefäße in vielen klassischen Formen oder in modernem Design.

NATÜRLICH HALTBAR

GUT ZU WISSEN

• Steinkübel und andere Bauelemente aus Stein sollten vom Material her zueinander passen. So wäre eine polierte Marmorschale vor einer rustikalen Mauer völlig fehl am Platze.

• Naturstein bekommt eine Alterspatina, wenn seine Oberfläche mit Joghurt oder Flüssigdünger eingestrichen wird und sich Algen und Flechten ansiedeln. Da Stein nicht nur haltbar, sondern auch undurchlässig für Wasser ist, trocknet die Erde nicht so rasch aus.

Hohe, konische Vase

Steinamphore mit Sockel

Moderne Vase

Trog

Niedrige Schale mit Ziermuster

Terrakotta

BELIEBT UND VIELSEITIG

Terrakotta („gebrannte Erde") ist bis heute das vermutlich beliebteste Material für Blumentöpfe. Terrakotta fügt sich an vielen Standorten ein und passt zu den meisten Gestaltungsthemen und Pflanzen.

Handgefertigte Terrakottagefäße fallen sehr unterschiedlich aus, weil die Tone in jeder Region anders sind. Das Spektrum reicht von hellem Ocker bis hin zu einem vollen roten Erdton. Tatsächlich werden die Tonfarben mit dem Alter der Gefäße immer schöner, weil sich Algen ansiedeln und Mineralien durch

die poröse Oberfläche ausschwemmen. In Massenproduktion hergestellter Ware fehlen die typischen dekorativen Applikationen und schönen Farben der handgefertigten Ware.

Nur ausdrücklich frostfestes Terrakotta darf im Freien überwintern.

OBEN: **Glasur**
Dieser glasierte Terrakottatopf mit blauer Schleier-Glasur eignet sich wunderbar, um einen Hinterhof aufzuhellen.

Handgearbeiteter Topf, orientalischer Stil

Kübel mit Gittermuster und Füßchen

Säulenförmiger Topf mit Zitronenranke

„Eierbecher" auf Untersetzer

Handgearbeiteter Krug

Baumtopf, florentiner Stil

Erdbeer-topf

Fensterkasten

Handgearbeiteter Topf, kretischer Stil

Blumentöpfe (nicht frostfest)

Verschiedene Formen

OBEN: **Vielseitiges Terrakotta** Die Abbildung zeigt nur einen Ausschnitt von dem, was mit Terrakotta möglich ist. Die Nuancen in der Farbgebung hängen vom Ton und den unterschiedlichen Brenntemperaturen ab.

Großer, frostfester Sandstein

Sandsteinwürfel

LINKS: **Natürlicher Stein** Naturstein ist haltbar, extrem schwer und wird mit dem Alter immer schöner.

Kasten aus poliertem Marmor

Schwere Schale

TERRAKOTTA PFLEGEN

GUT ZU WISSEN

• Wässern Sie einen Terrakottatopf vor dem Bepflanzen gründlich. Terrakotta ist offenporig, sodass die Erde rascher austrocknet. Dieser Nachteil hat allerdings auch etwas Gutes: In einem Terrakottatopf bildet sich nur selten Staunässe.

• Glasierte Terrakottatöpfe verlieren zwar nicht so viel Wasser, die Glasur kann aber bei Frost springen. Wenn Sie den Topf innen mit einer Plastikfolie auskleiden (Dränagelöcher aussparen!), dringt im Winter nicht so viel Wasser in die Poren des Tons.

• Das gefrierende Wasser in den Poren kann Terrakotta zerstören. Setzen Sie nur wirklich frostfeste Ware der Kälte aus.

• Pflanzen mit kräftigen, fleischigen Wurzeln wie Agapanthus eignen sich nicht für eine Dauerbepflanzung. Sie könnten einen Terrakottatopf sprengen.

• Im Winter werden Terrakottatöpfe mit der Öffnung nach unten oder zur Seite in einem frostsicheren Raum gelagert.

Metall und Metallimitate

STABIL UND STYLISCH

Lange Zeit galten Metallkübel als völlig out, doch inzwischen hat ihre Renaissance begonnen. Metall hat als modernes, zeitgenössisches Material seine Stellung zurückerobert.

Metallgefäße sind frostfest und stabil, leicht zu pflegen und müssen vor dem Bepflanzen nur gesäubert werden. Allerdings kann ihre innere Oberfläche mit der Erde reagieren und die äußere Oberfläche durch die Elemente leiden.

Metallkübel sind teuer – nicht nur die wirklich alten, sondern auch die nachgemachten. Zum Glück gibt es Ersatz. Diese „Metallkübel" werden aus Polymeren, Plastik, Kunstharz und Fiberglas hergestellt und sehen völlig authentisch aus. Sie sind wesentlich leichter, rosten nicht und sind vor allem viel preiswerter.

Metallgefäße mit galvanischem Überzug wirken in städtischer Umgebung am besten. Neue Gefäße glänzen noch, werden aber mit der Zeit immer matter.

Zink ist leicht, wird nicht matt, und es setzen sich keine Wasserflecken darauf fest. Zink kann allerdings rosten, wenn die Gefäße längere Zeit dem Wetter ausgesetzt sind.

Rostfreier Stahl lässt sich innen und außen verwenden. Er kann nicht rosten, reagiert aber mit Korrosion auf die Inhaltsstoffe von Düngern in der Topferde. Mit einem Innentopf aus Plastik lässt sich dieser Nachteil ausgleichen.

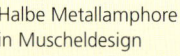

Falscher Kübel mit Rahmenornament

Halbe Metallamphore in Muscheldesign

Falscher Bleitrog

Metallamphore mit Sockel

Verwitterter Zinkkübel

Verwitterte Metallurnen

OBEN: **Metall – schwer und „light"**
Eine kleine Auswahl von echten und nachgemachten Metallgefäßen. Echte Metallgefäße bestehen aus Stahl, Zink, Kupfer oder Aluminium.

STAHL, ZINK UND ALUMINIUM

GUT ZU WISSEN

• Ein rostendes Pflanzgefäß hinterlässt unschöne Rostspuren auf dem Boden. Stellen Sie es deshalb auf einen Untersetzer, in dem sich das austretende Wasser sammelt.

• Stellen Sie Gefäße aus Metall nicht in die direkte Sonne. Sie heizen sich stark auf und beschädigen das Wurzelwerk.

Plastik & Co.

STABIL UND LEICHT

Man macht es sich zu einfach, wenn man Gefäße aus Plastik als „billige Kopien" abtut. Tatsächlich lassen sich mit Plastik, Kunstharz und Fiberglas neue, interessante Gestaltungsideen verwirklichen. Viele dekorative Entwürfe ließen sich in anderem Material kaum umsetzen oder wären zu teuer.

Kunststoff-Gefäße sind leicht und damit das Mittel der Wahl für Balkone und Dachterrassen. Gleichzeitig sind sie stabil, frostfest und halten die Feuchtigkeit zurück – und jeder kann sie sich leisten. Vor allem historische Gefäße aus Stein oder Blei sehen als synthetisches Imitat sehr überzeugend aus.

Gemüse wächst besonders gut in einem mit Erde gefüllten Sack aus Polyethylen. Nach der Ernte wird die Erde entsorgt, der Sack zusammengefaltet und für das nächste Jahr bereitgelegt.

OBEN: **Wachstum im Sack**
Solche Säcke sind eine praktische, clevere und wieder verwendbare Lösung für Gemüsepflanzen.

ANDERE MATERIALIEN

GUT ZU WISSEN

• Nutzen Sie preiswerte Kunststofftöpfe als Innentöpfe für teure, dekorative Kübel; so werden sie vor der üblichen Abnutzung geschützt.

• Kübel aus Beton und Kalkstein geben Kalk ins Substrat ab und machen es langfristig basischer.

Konische Vase

Improvisiert

UNGEWÖHNLICH KREATIV

Pflanzen wachsen in jedem Behälter, der Erde und Wasser zurückhält, haltbar ist, keine giftigen Chemikalien abgibt, Drainagelöcher besitzt und den Wurzeln ausreichend Platz bietet. Wenn Sie diese Kriterien beachten, können Sie auf Flohmärkten, in Trödelläden und Baumärkten auf die Suche gehen. Improvisieren Sie mit Kreativität und Humor. Der Kübel darf ruhig kuriose Bezüge zur Pflanze haben: Olivenbäumchen in alten Olivenöleimern, Gewürzkräuter in alten Töpfen und Sieben, Ingwer auf einem alten Teewagen.

Falsches Blei, marokkanischer Stil

PFLANZGEFÄSSE SELBST GEMACHT

GUT ZU WISSEN

• Wagen Sie Experimente: Backformen mit hübschem Aufdruck, alte Schubkarren, Zinkeimer, alte Scheuereimer, Holzkörbe, glasierte Drainagerohre, ausgehöhlte Baumstümpfe, Gummistiefel, große Muscheln oder Ruderboote – alles, was Sie nicht wegwerfen wollen, lässt sich verwerten.

• Alte Autoreifen sollten nicht als Pflanzgefäß verwertet werden, vor allem nicht für Gemüse. Aus der Gummimischung können Chemikalien in den Boden und in die Pflanzen übergehen.

• Dekorative Öleimer oder Olivenölkanister bekommen Sie in italienischen Restaurants oder an Imbissbuden. Fragen Sie einfach nach.

OBEN: **Recycelte Trommeln**
Diese zweistöckige Funkiensäule besteht aus zwei Waschmaschinentrommeln an kräftigen Bambusstäben. Die bodenfernen Trommeln halten Schnecken fern.

Auf einen Blick: Material-Eigenschaften

Material	Haltbarkeit	Frost-festigkeit	Wasser-haltend	Stabilität	Pflege-leichtigkeit
Holz	■■■	■■■■■	■■■■■	■■■■	■■■
Naturstein	■■■■■	■■■■■	■■	■■■■■	■■■■■
Terrakotta	■■■	■■■■	■■■■	■■■	■■■■
Metall	■■■■		■	■■■■	■■■■
Kunststoff	■■■■■	■■■■■	■	■■	■■■■■

Werkzeug

Die meisten Gartencenter führen ein großes Sortiment an Werkzeugen. Für den mobilen Garten reicht eine kleine Auswahl. Vieles hängt davon ab, wie groß Ihre Pflanzen sind, wie viele Sie kultivieren und wo die Gefäße stehen. Auch der verfügbare Lagerraum zu Hause spielt eine große Rolle. Wenn Sie nur ein paar Fenster- oder Balkonkästen haben, kommen Sie mit Gießkanne, Gartenschere, Handschuhen und Handschaufel aus.

WERKZEUGE UND WERKZEUGPFLEGE

GUT ZU WISSEN

- Lagern Sie alle benötigten Werkzeuge an einem Ort, beispielsweise in einem großen Stoffbeutel. Dann haben Sie alles beisammen und die Werkzeuge lassen sich leicht transportieren. Wer mag, kann auch Hut oder Schirmmütze darin aufheben.

- Kaufen Sie stets Werkzeug der besten Qualität. Es hält länger und funktioniert besser.

- Reinigen Sie alle Geräte nach Gebrauch. Ölen Sie die Schneiden mit einem Tuch ein, und schmieren Sie die gleitenden Teile.

- Schon mancher hat sein Werkzeug zwischen den Pflanzen im Garten vergessen. Malen Sie einen Streifen mit Leuchtfarben darauf oder umwickeln Sie den Griff mit einem bunten Band.

- Legen Sie das Zubehör zum Aufbinden von Pflanzen bereit (siehe unten).

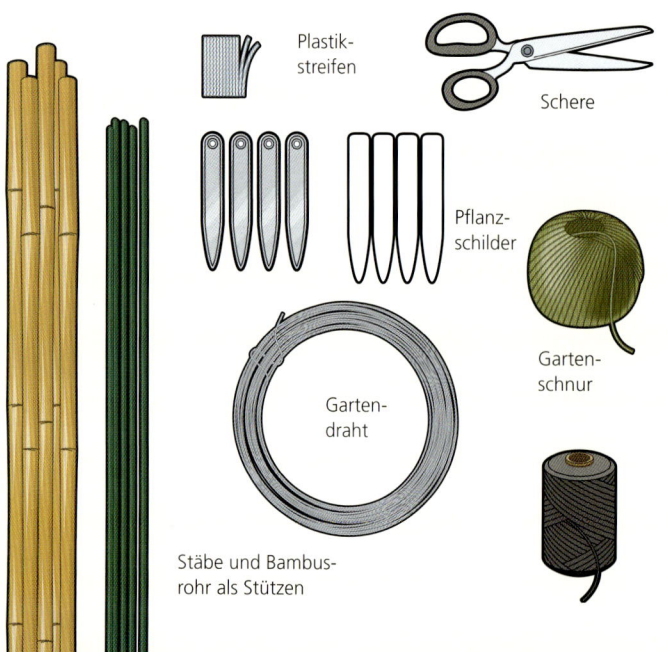

Plastik-streifen

Schere

Pflanz-schilder

Garten-schnur

Garten-draht

Stäbe und Bambus-rohr als Stützen

Gartenschere, um Verblühtes und dünne Zweige abzuschneiden

Setzholz, um kleine Löcher für Zwiebeln und Setzlinge in den Boden zu bohren

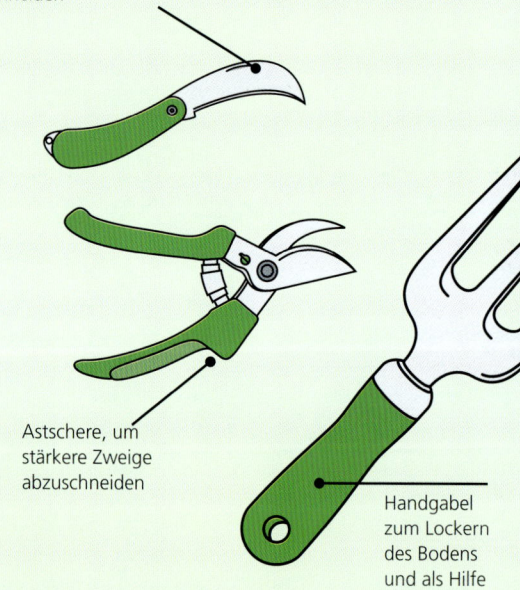

Gartenmesser, um Ableger und Schösslinge zu schneiden

Astschere, um stärkere Zweige abzuschneiden

Handgabel zum Lockern des Bodens und als Hilfe beim Jäten

Wichtige Werkzeuge

Zum Glück kommt man im mobilen Garten mit wenigen Geräten aus. Suchen Sie Ihr Werkzeug nach Größe, Gewicht, Haltbarkeit und nach der Beschaffenheit der Griffe aus. Billiges Plastikwerkzeug ist leicht, aber nicht sehr robust. Klassische Gartenwerkzeuge aus Metall mit Holzgriffen sind stabil, müssen aber gründlich gereinigt und eingeölt werden. Lassen Sie sich nicht vom Angebot verführen; kaufen Sie nur das, was nötig ist. Halten Sie scharfe Werkzeuge von Kindern fern (Sperrvorrichtungen bei Scheren schließen).

Ideal sind zwei Paar Handschuhe: ein festeres Paar für die grobe Arbeit und ein leichteres Paar für die feineren Arbeiten an kleinen Pflanzen

Sprühflasche, um Flüssigdünger über die Blätter zu sprühen

Heckenschere für den Formschnitt und zum Zurückschneiden

Gießkanne (5 Liter) mit langem Ausguss; sie sollte eine feine Brause für Jungpflanzen und eine grobe Brause für etablierte Pflanzen haben

Kleiner Spaten zum Befüllen von großen Pflanzgefäßen

Handschaufel für die Arbeit im Topf (Substrat einfüllen, Löcher graben)

Schmale Handschaufel, um kleine Pflanzen oder Zwiebeln einzusetzen

Außerdem kann es nie schaden, ein stabiles Stück Plastikfolie oder Leinwand bereitzuhalten, um Abfall, Substrat oder Schnitt aufzufangen und abzutransportieren.

Substrate

Damit eine Pflanze optimal gedeiht, braucht sie die richtige Erde (Substrat). Besorgen Sie sich im Fachhandel die jeweils beste Substratmischung, damit ihre Pflanzen einen guten Start in Töpfen und Kübeln haben und sich gut entwickeln.

Einheitserden

Die gärtnerischen „Einheitserden" sind speziell auf das Bedürfnis von Topfpflanzen abgestimmt. Sie enthalten lehmige Erde, Torf und etwas Dünger. Je nach Zusammensetzung unterscheidet man verschiedene Formen.

Die **Vermehrungserde** wird für die Aussaaten und zur Anzucht kleiner Stecklinge oder Setzlinge verwendet, da

MISCHUNGSTIPPS

- Die meisten Pflanzen wachsen besser mit organischem Langzeitdünger im Substrat.
- Zusatzstoffe wie Blähtonkügelchen oder Perlit verbessern die Dränage und halten das Wasser fest.
- Waldpflanzen gedeihen besser, wenn Laubhumus als Torfersatz beigemischt wird.

sie sehr wenig Dünger enthält. Für alpine Pflanzen stehen auch Sonderformen dieser Erde zur Verfügung (bei den Anbietern nachfragen).

Die sogenannte Topferde (manchmal auch „Blumenerde") besteht zu etwa einem Drittel aus Ton und enthält zusätzlichen Dünger. In ihr fühlen sich die meisten Pflanzen wohl.

Vorteile

- gut durchlässig
- gute Struktur
- gut durchlüftet
- trocknet langsam aus
- geringe Gefahr für Staunässe
- schwer, gibt großen Kübeln mit hohen Pflanzen mehr Stabilität

Nachteil

- nach dem Gießen sehr schwer, daher nicht gut für Hängekörbe, Fensterkästen, Balkone oder Dachgärten geeignet, vor allem nicht in großen Gefäßen

Andere Erden

Komposterden werden ohne Torf – also ohne Raubbau an der Natur – hergestellt und in den unterschiedlichsten Zusammensetzungen angeboten. Da auch sie manchmal unter dem nichtssagenden Namen „Blumenerde" verkauft werden, sollte man beim Kauf nachfragen. Neben den „echten" Komposterden (Lauberde, Misterde, Rindenerde usw.) sind auch die sogenannten torffreien Substrate – Mischungen mit Kokosfasern und anderen Zuschlagstoffen – im Handel erhältlich.

Vorteile

- einfach und sauber
- wirtschaftlich
- leicht
- sehr gut für Balkone, Dachgärten und Hängekörbe

Nachteile

- ausgetrocknete Substrate lassen sich nur schwer wieder durchfeuchten, hier

Lehm
Tonige Erde für den Gebrauch in Töpfen. Sie wird sterilisiert und den jeweiligen Substraten zugemischt.

Kies
Zugemischter Kies macht das Substrat in einem Topf merklich durchlässiger und verbessert die Durchlüftung.

Sand
Mit grobem oder feinem Sand kann eine Substratmischung durchlässiger gemacht werden.

Pflanzmischung
Je nach Bedarf können Sie aus Sand, Lehm, Kiesel, Perlit und Düngergranulat Ihre eigene Substratmischung zusammenstellen.

helfen Wasser speichernde Granulate und Gele

- Neigung zu Staunässe
- in lehmfreier Komposterde gewachsene Topfpflanzen vertragen manchmal das Umsetzen in normale Gartenerde nicht
- Kokosfasern haben nur geringen Nährstoffgehalt; mischen Sie einen Langzeitdünger dazu

Fertigmischungen

Da die Bezeichnung der Produkte nicht einheitlich geregelt ist, sollten Sie im Fachhandel nach der für Sie besten Mischung fragen. Die meisten großen Firmen bieten spezielle Erden für den Gebrauch in Töpfen an.

Eine Sonderform sind die **Heideerden** für Skimmien, Magnolien, Heiden, Azaleen und andere Pflanzen, die ein Substrat mit saurem pH-Wert benötigen.

Kokosfaser
Ein ökologisch empfehlenswerter Ersatz für Torf; verbessert die Feuchte, enthält aber kaum Nährstoffe, deshalb Pflanzen regelmäßig düngen.

NATUR PUR

GANZ UND GAR BIO

Der Fachhandel bietet inzwischen eine ganze Reihe biologischer Pflanzerde-Mischungen aus nachhaltiger Herstellung an. Achten Sie auf das Etikett, oder fragen Sie im Gartencenter gezielt danach. Fertigmischungen erleichtern zweifellos die Arbeit, wer aber Lust und Zeit hat, kann seine eigene Mischung zusammenstellen.

DAS „PERSÖNLICHE" SUBSTRAT

Statt sich mit Einheitsmischungen aus dem Fachhandel zufrieden zu geben, können Sie eine optimale Mischung für Ihre Pflanzen selbst zusammenstellen. Verwenden Sie ausschließlich sterilisierte Komponenten (siehe unten), die weder Krankheitskeime noch Pilze enthalten. Kontaminiertes Substrat ist selbstverständlich völlig ausgeschlossen, insbesondere, wenn Sie Gemüse und Obst ziehen wollen.

Substrat auf Erdbasis

Mit dieser Mischung können Sie die Bedürfnisse der meisten Pflanzen zufriedenstellen. Wenn Sie höhere Durchlässigkeit brauchen, mischen Sie Kies oder Sand unter. Holzasche macht den Boden alkalischer und Kaffeesatz, gemahlene Rinde oder Kompost aus Nadeln machten ihn saurer.

- 1 Teil steriler Lehm
- 1 Teil steriler Kompost oder Torfersatz
- 1 Teil Kies oder grober Sand
- 1 Esslöffel gemahlener Kalk auf 4,5 l Erde
- 1 Esslöffel Knochenmehl

Sterilisieren

Breiten Sie Erde/Kompost etwa 8 cm hoch in einem alten Backblech aus, und stellen Sie es bei 80–90 °C in den Backofen, bis die Bodentemperatur etwa 80 °C beträgt (nicht höher) – 30 Min. im Ofen lassen. Sie können die Erde alternativ auch mit einem Bratschlauch in der Mikrowelle sterilisieren: jeweils 500 g bei höchster Einstellung für 1 Minute.

Gefäße vorbereiten

Es gibt kaum etwas Schlimmeres, als mit viel Aufwand, Mühen und Kosten ein wunderschönes Gefäß zu bepflanzen – vor allem ein Arrangement, das für eine dauerhafte Wirkung geplant ist – und dann kippt das Gefäß um oder geht kaputt. Mit sorgfältiger Vorbereitung verlängern Sie das Leben der Pflanzgefäße und der darin wachsenden Pflanzen.

PFLEGE DER PFLANZGEFÄSSE

- Wenn Holzgefäße nicht auf Füßchen stehen, unter denen die Luft zirkulieren kann, beginnen sie zu faulen. Streichen Sie unbehandeltes Holz mit einem umweltverträglichen Schutzanstrich.

- Bis auf Aluminium beginnen die meisten Metallgefäße früher oder später zu rosten. Ein Plastikeinsatz verlängert ihre Lebensdauer.

- Wenn möglich, werden die leeren Gefäße im Winter an einem geschützten Ort gelagert. Vor allem Terrakotta kann bei Frost springen.

- Reparieren Sie Risse und Sprünge mit einem Kleber (materialabhängig, im Fachgeschäft nachfragen), damit sich der Schaden nicht ausbreitet. Da sich in unbehandelten Rissen Wasser ansammelt, zerspringen sie leicht bei Frost.

Dränage

Im Boden jedes Gefäßes müssen genügend Löcher vorhanden sein, damit überschüssiges Wasser ablaufen kann. Bei den meisten Gefäßen fertigt der Hersteller diese Löcher bereits vor. Bei selbst gemachten Objekten oder Keramiktöpfen ohne Loch müssen Sie diese Löcher bohren. Stellen Sie die Bohrmaschine bei Keramik auf langsame Geschwindigkeit ein, damit das Material nicht reißt. Mit einem aufgeklebten Paketband verhindern Sie Splitterbildung. Bei Metallgefäßen muss der Bereich unter dem Bohrloch zuvor mit einem Holzklotz gesichert werden. Setzen Sie eine Schutzbrille auf!

Untersetzer

Untersetzer sind in vielerlei Hinsicht nützlich. Sie fangen das Wasser auf, das den Untergrund verfärben oder feucht machen würde (Algen). Damit der Topf nicht im Wasser steht, füllen Sie den Untersetzer mit Kies. Bei größeren Gefäßen, die auf Füßchen stehen, wird der Untersetzer zwischen die Füßchen unter die Dränagelöcher geschoben. Außerdem verhindert ein Untersetzer, dass Rost aus Metallgefäßen auf ein Holzdeck oder das Steinpflaster tropft.

Pflanzkübel umsetzen

In den meisten Fällen ist es günstiger, große Gefäße an ihrem endgültigen Standort zu bepflanzen. Wenn sich ein Umzug nicht vermeiden lässt, lassen Sie zunächst das Substrat austrocknen – das senkt das Gewicht. Transportieren Sie kleine Töpfe oder Pflanzsäcke zu mehreren in der Schubkarre, statt für jeden Topf einzeln zu gehen. Rollen Sie große, runde Kübel in gekippter Stellung. Eckige Kübel werden mit der Sackkarre verschoben oder auf Planken gestellt und auf mehreren Rohren an den neuen Platz gerollt (das jeweils hintere Rohr kommt wieder nach vorn). Für Dachgärten oder Terrassen lohnt es sich, Kübel mit eingebauten Rollen zu erwerben.

Mit den modernen, aus leichtem Aluminium gebauten Sackkarren können Sie praktisch alle Gefäße transportieren. Viele Modelle lassen sich einklappen oder zusammenschieben und nehmen nicht viel Platz ein. Wenn der Kübel auf Füßchen steht, wird die Karre einfach untergeschoben.

REINIGUNG

GUT ZU WISSEN

Bevor ein gebrauchtes Gefäß neu bepflanzt wird, muss es gründlich gesäubert werden, damit sich weder Krankheiten noch Schädlinge ausbreiten. Wer die reizvolle Alterspatina auf Terrakotta schätzt, reinigt nur die Innenseite.

1 Sehr schmutzige Gefäße werden über Nacht in Wasser gestellt, damit sich Schmutz und Salze aus porösen Töpfen lösen.

2 Am nächsten Tag wird das Gefäß mit einem milden Spülmittel ausgebürstet – mit einer Wurzelbürste oder bei empfindlichen Oberflächen mit einem weichen Schwamm oder Tuch.

3 Mit klarem Wasser spülen.

4 Wenn der Aufwand in keinem Verhältnis zum Ergebnis steht, verzichten Sie auf die Innenreinigung und verwenden Sie stattdessen einen Plastiktopf als Innentopf (Dränagelöcher nicht vergessen).

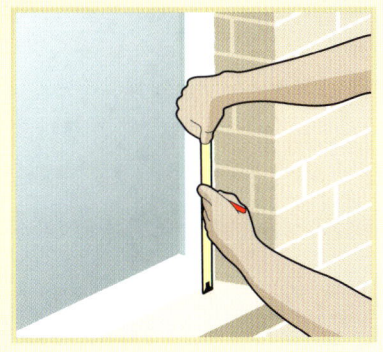
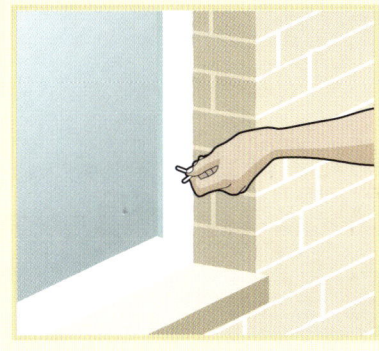

Sicherheit

Auf ebener Erde

- Alle Pflanzgefäße müssen sicher stehen. Wenn sie umkippen, nehmen unter Umständen nicht nur Topf und Pflanze Schaden, sondern sie könnten auch jemanden verletzen.
- Große Gefäße müssen auf ebenem Untergrund stehen, wenn möglich auf einer Kiesunterlage.
- Wenn Gefäße direkt auf dem Boden stehen, könnten Krankheitskeime oder Schädlinge eindringen.
- Kleine Töpfe, die eng beieinander stehen, stützen sich gegenseitig.

Dachgärten und Balkone

- Gefäße auf Dächern und Balkonen sollten so leicht wie möglich sein. Das bedeutet aber auch, dass sie gut gegen Windböen gesichert werden müssen – bei hohen Arten ein gravierendes Problem.

- Ideal sind Gefäße mit großer, rechteckiger Standfläche. In der Nähe der Hauswand stehen sie etwas windgeschützter.

Fensterkästen

- Fensterkästen müssen selbst dann mit Stahlwinkeln verschraubt werden, wenn sie auf dem Fensterbrett stehen. Schrauben Sie die Haltevorrichtung in die Fensterbank oder in den Fensterrahmen.
- Eine Kette, die am Boden des Kastens befestigt und in einem Schraubhaken verankert wird, gibt zusätzliche Sicherheit.
- Bei schräg nach außen geneigten Fensterbänken, wird der Kasten mit Keilen waagerecht gestellt und erst dann befestigt.

Lassen Sie rund um den Kasten etwas Platz, damit die Luft frei zirkulieren kann.

OBEN: Fensterkästen
Obwohl ein bepflanzter Blumenkasten sehr schwer ist, kann er vom Wind herabgeweht werden. Befestigen Sie ihn mit Metallwinkeln, Keilen, Platten oder Haken. Schwere Kästen werden erst fixiert und dann bepflanzt.

Hängekörbe

Der Träger für einen Hängekorb muss stabil genug für den Korb sein und sicher in der Wand verankert werden – bedenken Sie das nicht unerhebliche Gewicht eines bepflanzten Korbes voll feuchter Erde.

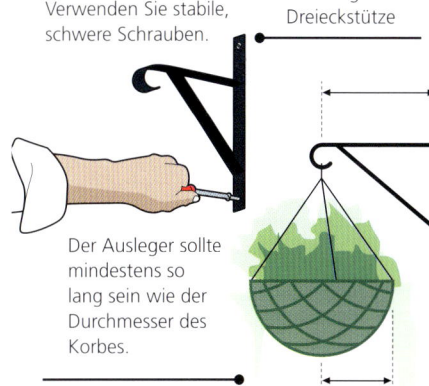

Verwenden Sie stabile, schwere Schrauben.

Stahlträger mit Dreieckstütze

Der Ausleger sollte mindestens so lang sein wie der Durchmesser des Korbes.

OBEN: Hängekorb
Die meisten Hängekörbe sind an einem solchen Metallausleger befestigt. Er sollte merklich länger sein als der halbe Durchmesser des Korbes. Dann kann sich die Pflanze frei entfalten, ohne gegen die Mauer zu stoßen.

LINKS: Wurzelbürste
Die Gefäße werden innen und außen mit einer harten Bürste und einem milden Spülmittel gereinigt.

Gefäße bepflanzen

Nachdem Größe und Stil des Gefäßes festgelegt, die gewünschten Pflanzen besorgt wurden und das richtige Substrat bereitsteht, kann nun endlich bepflanzt werden.

PFLANZTIPPS

- Der neue Topf sollte der Wurzel genügend Platz bieten. Setzen Sie die Pflanze in derselben Tiefe ein wie im Container des Gartencenters (bzw. wie im alten Topf). Von dieser Regel gibt es einige Ausnahmen. Waldreben (Clematis) werden 5 cm tiefer gesetzt, damit die untersten Knospen unter der Erde liegen.

- Wenn beim Einpflanzen ein Teil des Wurzelsystems entfernt wird, muss der oberirdische Teil der Pflanze um etwa denselben Anteil eingekürzt werden.

- Die meisten Blumenzwiebeln bevorzugen gut durchlässigen Boden. Mischen Sie eine Handvoll Sand oder Kies ins Substrat.

- Die im Frühling blühenden Zwiebelblumen werden Anfang bis Mitte Herbst gepflanzt. Tulpen wachsen besser an, wenn sie erst im Spätherbst gesetzt werden.

Letzte Kontrollen

Sehen Sie sich den Topf nochmals genau an. Hat er ein Dränageloch? Ist er sauber? Denken Sie daran, ein Gefäß aus Terrakotta in Wasser einzulegen, damit die Erde nicht gleich wieder austrocknet. Natürlich müssen auch bewurzelte Stauden und Gehölze vor dem Pflanzen gründlich gewässert werden.

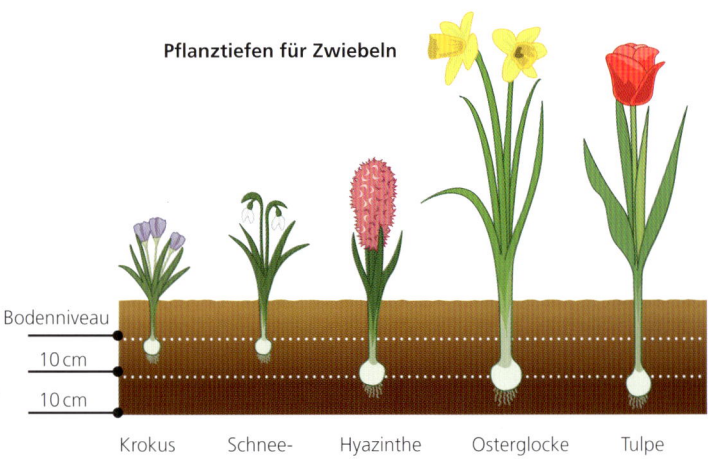

Pflanztiefen für Zwiebeln

Bodenniveau

10 cm

10 cm

Krokus · Schneeglöckchen · Hyazinthe · Osterglocke · Tulpe

10 EINFACHE SCHRITTE:

1 Füllen Sie den Boden mit Tonscherben oder Kies auf, damit die Erde nicht durch die Dränagelöcher ausgespült wird.

2 Füllen Sie das Gefäß zu drei Vierteln mit Substrat.

4 Stellen Sie die Pflanzen in dieser Gruppierung auf den Boden.

3 Stellen Sie die Pflanzen in ihren Plastikcontainern so lange um, bis Sie mit der Anordnung zufrieden sind.

Zwiebeln und Knollen pflanzen

Wählen Sie die jeweils größten Exemplare aus; sie entwickeln sich am besten. Nach einer Faustregel werden die Zwiebeln und Knollen zwei bis drei Mal so tief eingesetzt wie sie hoch sind; der seitliche Abstand beträgt 2,5 cm. Manche Knollen, beispielsweise von *Lilium regale*, werden aber mindestens 15–20 cm tief eingesetzt. Zwiebeln und Knollen blühen zwar mehrere Jahre lang, die Blüte fällt allerdings immer schwächer aus. Daher sollten die Exemplare für ein Gefäß jedes Jahr neu gepflanzt werden.

Wenn Sie die Zwiebeln tiefer pflanzen, als es die Faustregel verlangt, entfalten sich die Blüten im Frühling in zeitlicher Staffelung: Die Tulpenzwiebeln kommen in eine Tiefe von 30 cm und werden mit Substrat abgedeckt. Darüber legen Sie eine Schicht Narzissen (Osterglocken) aus. Die oberste Schicht in 5–8 cm Tiefe bilden kleine Zwiebeln und Knollen, wie Krokusse und *Anemone blanda*.

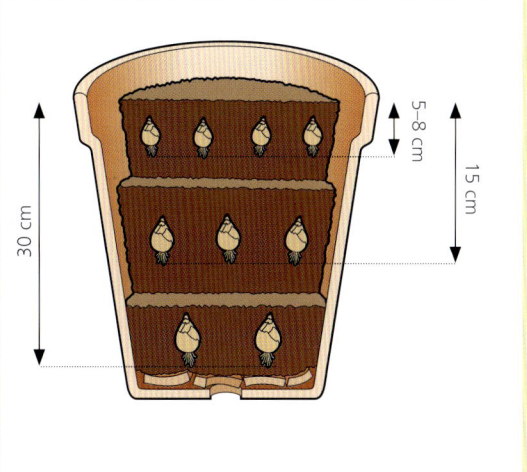

Die Bepflanzung

5 Klopfen Sie die mittlere Pflanze aus ihrem Container und setzen Sie sie in die Mitte des Gefäßes.

6 Nun nehmen Sie die übrigen Pflanzen in der Reihenfolge ihrer Größe aus den Plastikcontainern und pflanzen sie ein.

7 Füllen Sie das Substrat bis 2,5 cm unter den oberen Rand auf.

8 Drücken Sie die Pflanzen mit beiden Händen vorsichtig im Substrat fest.

9 Begutachten Sie Ihr Werk. Noch lässt sich alles verändern. Unter Umständen sieht die Gruppe eindrucksvoller aus, wenn Sie die äußeren Pflanzen schräg einsetzen, damit Blätter und Blüten nach außen weisen.

10 Wässern Sie gründlich mit einer feinen Brause.

Bäume im Kübel

Bäume verleihen jedem mobilen Garten einen Hauch von Alter und Reife. Außerdem sorgen sie das ganze Jahr über für interessante Blickpunkte.

OBEN: Ein Lob dem Lorbeer
Da Lorbeer ausgezeichnet im Topf wächst, ist er die ideale Pflanze für Terrassen und Innenhöfe. Leider ist er nicht überall winterhart.

DIE 10 BESTEN BÄUME FÜR DEN KÜBEL

Japanischer Fächerahorn
Wacholder
Baumfarn
Stechpalme
Eibe
Zitronenbäumchen
Olive
Salix caprea 'Kilmarnock'
Lorbeer
Weiden-Birne

PFLANZZEIT

Gehölze für den Kübel werden in drei Formen angeboten: im Container, mit Ballen (Wurzeln umwickelt mit Sackleinen) oder mit nackten Wurzeln. Die beste Pflanzzeit ist die Winterruhe, also im Spätherbst oder im Vorfrühling. Nur Container-Gehölze dürfen auch während des übrigen Jahres gepflanzt werden.

Gehölze sind auf einen Kübel mit großer Standfläche aus stabilem Material angewiesen – beispielsweise frostfestes Terrakotta. Ihre Wurzeln brauchen reichlich Platz, sich zu entfalten und die oberirdischen Teile versorgen zu können: Wählen Sie ein Gefäß, das doppelt so breit und tief ist wie der Wurzelballen. Selbst in einem großen Gefäß bleibt der Wurzelraum relativ klein, daher müssen Gehölze regelmäßig gegossen und gedüngt werden. Vor allem im Sommer sollte das Substrat von oben bis unten gründlich durchfeuchtet sein. Gehölze, die an einer Stütze erzogen wurden, können in der Regel auch später nicht mehr frei stehen (Ausnahme Obstbäume in Zwergformen). Auch große, schnell wachsende Bäume stehen selten stabil genug. Ausnahmen sind Arten wie Weiden (*Salix*) oder Eukalyptus, die radikal zurückgeschnitten werden können (Kopf-Formen). Gehölze wachsen am besten in Substraten mit relativ hohem Tonanteil, dem Sie einen Langzeitdünger beimischen. Bäume, die saures Bodenmilieu bevorzugen, brauchen kalkfreies Substrat.

Pflege

Mitte des Frühlings bekommen die Gehölze eine erste Düngergabe, dann alle zwei Wochen während des Sommers. Heben Sie im Frühling etwa 2,5 cm der obersten Bodenschicht ab, und füllen Sie frisches Substrat auf. Alle drei bis fünf Jahre wird das Gehölz in ein neues, etwa 5 cm breiteres Gefäß umgetopft.

NATUR PUR

- Viele nützliche Insekten lieben Weißdorn, Weide und Birke.
- Von den Früchten eines Apfelbaumes ernähren sich Vögel im Herbst und Winter.
- Planen Sie Beerensträucher für die Vögel ein.
- Im Winter können sich Vögel in immergrüne Gehölze zurückziehen.
- Folgende Bäume locken Wildtiere an:
  - Apfel
  - Stechpalme
  - Schwarzbirke
  - Eibe
  - Eberesche

6 EINFACHE SCHRITTE: Einen Baum pflanzen

1 Wässern Sie die den Baum gründlich in seinem ursprünglichen Pflanztopf. Reinigen Sie das neue Pflanzgefäß und spülen Sie es mit klarem Wasser aus. Der Boden wird mit Tonscherben abgedeckt. Stellen Sie den Topf vor dem Bepflanzen an seinen endgültigen Standort; später könnte er zu schwer sein.

2 Füllen Sie den Topf zu einem Drittel mit Topferde auf, der Sie einen Langzeitdünger untergemischt haben.

3 Kippen Sie den alten Topf zur Seite, und ziehen Sie den Wurzelballen vorsichtig heraus. Wenn die äußeren Wurzeln verfilzt sind, lockern Sie den Ballen mit der Hand auf.

4 Stellen Sie den Baum in den neuen Topf, und füllen Sie Erde bis zur alten Füllhöhe (erkennbar an der Verfärbung des Stammes) auf. Drücken Sie die Wurzeln immer wieder fest, und füllen Sie Substrat nach.

5 Richten Sie den Stamm senkrecht aus, und drücken Sie die Erde fest; wenn nötig noch etwas nachfüllen. Die Oberkante des Substrates sollte 2,5 cm unter dem oberen Topfrand liegen.

6 Gießen Sie gründlich, und decken Sie das Substrat mit Rindenmulch oder einem anderen Material ab, damit die Erde nicht austrocknet. Jetzt darf der Topf erst wieder bewegt werden, wenn das überschüssige Wasser abgelaufen ist (oder Sie werden Ihren Rücken spüren).

Hängekörbe

Der klassische Hängekorb, in dem ausschließlich rankende Sommerblumen wachsen durften, gehört der Vergangenheit an. Heute gibt es Ampeln in allen möglichen Größen, Formen und Materialien, und sie werden mit Gemüse, Salat, Tomaten, Kräutern, Waldreben oder Farnen bepflanzt. Suchen Sie nach dem größtmöglichen Korb, den Sie noch sicher an der Wand befestigen können. Er lässt sich einfacher pflegen und trocknet nicht so schnell aus wie ein kleiner Korb.

TIPPS FÜR HÄNGE-KÖRBE

- Kleiden Sie die Innenseite des Korbes mit Plastikfolie aus, das hält das Wasser zurück.
- Wenn Sie regelmäßig Verblühtes entfernen, verlängert sich die Blühperiode über den ganzen Sommer.
- Pflanzen Sie Exemplare ein, die bereits ein eigenes Wurzelwerk ausgebildet haben; sie wachsen besser an.
- Blumen und Tomaten brauchen einmal wöchentlich einen organischen Dünger mit hohem Kaliumanteil.
- Kräuter bekommen alle zwei Wochen einen organischen Universaldünger.
- Graben Sie in einem sehr großen Hängekorb eine kleine, durchlöcherte Plastikflasche ein. Gießen Sie das Wasser in die Flasche; das erleichtert die Arbeit, denn die Löcher verteilen das Wasser gleichmäßiger.

Substrat für den Korb

Auch für einen Hängekorb ist normale Topferde bestens geeignet. Sie hält das Wasser zurück, ohne Staunässe zu bilden und ist nährstoffreich – beides ist wichtig, da im Korb viele Pflanzen um die knappen Ressourcen konkurrieren.

Die lehmige Topferde ist schwerer und „schmutziger" als Komposterde. Sollten Sie sich für die leichte Komposterde entscheiden, muss der Korb häufiger gedüngt und sehr regelmäßig gegossen werden: an heißen Tagen mindestens zweimal, selbst bei Regen zumindest einmal pro Tag.

Bequemer ist es, eine automatisches Bewässerungssystem mit kleinen Tropfschläuchen zu installieren, das an die Hauswasserversorgung oder einen Wassertank angeschlossen ist. Mittels eines Bewässerungscomputers oder Feuchtesensoren wird immer rechtzeitig gewässert.

OBEN: **Silbermond**
Die Waldrebe 'Silver Moon' wächst kompakt und buschig zu einem ungewöhnlichen und sehr wirkungsvollen Korb heran. Ein Platz im Halbschatten ist optimal.

OBEN: **Aus zwei mach' eins**
Wie wäre es mit einem Trick: Bepflanzen Sie zwei halbkugelförmige Körbe mit Sempervivum und fügen Sie die beiden zu einer Kugel zusammen.

10 EINFACHE SCHRITTE: Hängekörbe bepflanzen

1 Setzen Sie den Korb auf einen Eimer, und kleiden Sie ihn innen mit einem Vlies oder einem anderem umweltfreundlichen Material aus.

2 Füllen Sie den Korb zur Hälfte mit Topferde (Langzeitdünger beimischen); nicht andrücken. Wenn Sie rankende Pflanzen einsetzen möchten, schneiden Sie mit der Schere oder einem Messer Schlitze ins Vlies.

3 Schieben Sie die Wurzeln vorsichtig von außen nach innen durch das Vlies.

4 Sobald die Pflanzen eingesetzt sind, werden ihre Wurzeln mit Erde bedeckt.

5 Füllen Sie Erde ein, bis der Korb zu drei Vierteln gefüllt ist.

6 Die größte und höchste Pflanze kommt oben in die Mitte; vorsichtig fest drücken.

7 Setzen Sie nun alle übrigen Pflanzen ein. Achten Sie auf das Gleichgewicht (physikalisch und ästhetisch!). In einem Hängekorb dürfen die Pflanzen ruhig sehr dicht stehen, solange die Wurzeln nicht gequetscht werden.

8 Wenn alle Pflanzen eingesetzt sind, wird die Erde nochmals angedrückt und der Korb bis unter den Rand mit Substrat aufgefüllt.

9 Gießen Sie den Korb gründlich mit einer feinen Brause.

10 Lassen Sie den Korb mindestens 10 Minuten stehen, damit überschüssiges Wasser ausläuft. Erst danach wird er aufgehängt.

NATUR PUR

- Moos und anderes Material zum Auskleiden des Korbes sollte aus nachhaltigem Anbau stammen.

- Sammeln Sie kein Moos im Wald. Damit stören Sie das natürliche Gleichgewicht.

- Kunstmoos aus Holz oder Kokosfasern hält das Wasser nicht so wirkungsvoll wie echtes Torfmoos.

- Sie können zur Auskleidung des Korbes auch *Phormium*-Blätter, Farnwedel oder nicht mehr gebrauchte Wollstoffe verwenden.

Blumenkästen

Mit einem Blumenkasten auf der Fensterbank wird ein ansonsten leerer Platz bestens genutzt, vor allem wenn Sie keinen oder nur einen kleinen Garten haben. Im Kasten können Blumen, Kräuter und Gemüse wachsen.

TIPPS FÜR BLUMEN-KÄSTEN

- Ein zu bunter Kasten wirkt verwirrend. Bauen Sie daher stets eine Pflanze mit hübschem Laub in ihr Arrangement ein, beispielsweise eine Duftgeranie oder *Helichrysum petiolare*.

- Kästen aus Plastik sind billig, beulen aber gelegentlich unter dem Gewicht von Erde und Pflanzen aus. Kästen aus Fiberglas oder Holz sind stabiler und haltbarer (Holz muss regelmäßig gestrichen werden).

- Als Alternative zum Schutzanstrich kleiden Sie Holzkästen innen mit einer Plastikfolie aus.

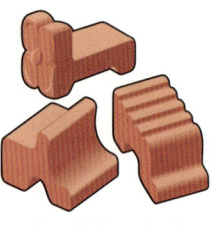

- Der Handel bietet fertige Füßchen für Blumenkästen an. Durch die Füßchen kann Luft auch unter dem Kasten zirkulieren. Damit sinkt die Gefahr von Staunässe oder Schäden an der Fensterbank.

Der klassische Blumenkasten ist schmal und rechteckig und besteht aus Plastik, Holz, Metall oder Terrakotta. Suchen Sie nach Kästen, die sich harmonisch in den Stil des Hauses einfügen. Ideal sind Kästen, die genau zur Länge des Fensterbrettes passen. Je größer der Blumenkasten, desto leichter lässt er sich pflegen, da er durch das größere Erdvolumen mehr Wasser speichern kann.

10 EINFACHE SCHRITTE:

1 Reinigen Sie den Kasten mit warmem Wasser und einem milden Spülmittel.

2 Decken Sie die Dränagelöcher mit Tonscherben oder Kies ab.

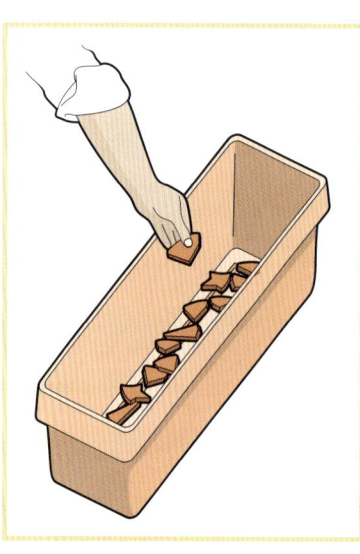

3 Füllen Sie den Kasten zur Hälfte mit Topferde (für dauerhafte Bepflanzung) oder mit Komposterde (für Sommerblumen).

RECHTS: **Wie am Meer**
Sogar das „Treibholz"
der Kastenverkleidung
erinnert an das Meeres-
ufer. Die ausgesuchten
Arten vertragen Wind
besonders gut: Grasnel-
ke *(Armeria)*, Hauswurz
(Sempervivum), Steinbrech
(Saxifraga) und Ehrenpreis
(Veronica teucrium).

LINKS: **Symmetrisch**
Die üppig wachsenden
weißen Margeriten *(Ar-
gyranthemum frutescens)*
machen sich prächtig in
diesem Kasten aus Terra-
kotta.

Blumenkasten bepflanzen

4 Arrangieren Sie die ausgesuchten Pflanzen in ihren Containern zu einer Gruppe, die ihnen gefällt. Die größeren Pflanzen kommen nach hinten, die kleineren und rankenden nach vorn. Ein Blumenkasten wirkt fast immer geschlossener, wenn er symmetrisch aufgebaut ist.

5 Stellen Sie die Pflanzen zur Probe in der gewünschten Anordnung ab.

6 Klopfen Sie zuerst die größte Pflanze aus dem Container, lockern Sie die Wurzeln auf und setzen Sie die Pflanze ein. Geben Sie etwas Substrat dazu; andrücken.

7 Setzen Sie nun die übrigen Pflanzen der Größe nach ein; Erde jeweils leicht andrücken.

8 Wenn alle Pflanzen eingesetzt sind, füllen Sie Substrat bis etwa 2,5 cm unter den Rand des Kastens ein.

9 Gründlich gießen und den Kasten austropfen lassen; dann wird er an den vorgesehenen Platz gestellt.

10 Damit der Fensterkasten optimal wirkt, muss er regelmäßig gegossen und Verblühtes entfernt werden. Mindestens einmal pro Woche werden die Pflanzen mit einem Flüssigdünger versorgt.

Gießen

*Die wichtigste Frage beim Wässern ist nicht so sehr das „Wie", son-
dern das „Wann". Nicht jeder welken Pflanze fehlt Wasser. Auch
Staunässe durch verstopfte Dränagelöcher oder eine wuchernde
Pfahlwurzel können das Welken verursachen.*

Wann gießen?

Während der Vegetationszeit und vor allem im Hochsommer braucht ein Pflanzgefäß ein- bis zweimal am Tag frisches
Wasser. Im Herbst und Winter wird das
Gießen zwar stark reduziert, doch selbst
dann sollte das Substrat niemals völlig
austrocknen. Stecken Sie den Finger in die
Erde, um die Feuchtigkeit zu prüfen.

• Feuchtes, klebriges Substrat könnte stau-
  nass sein.
• Trockenes Substrat (2–3 cm unter der
  Oberfläche) muss gegossen werden.

Richten Sie sich ruhig nach dem Wetter.
Bei heißem, trockenem oder windigem
Wetter brauchen die Pflanzgefäße mehr
Wasser als an kühlen, feuchten Tagen.
Doch selbst bei Regenwetter kann ein
Substrat austrocknen.

Wie gießen?

Gießen Sie stets, bis das Substrat durchdringend feucht ist; dann tritt das Wasser
unten aus dem Dränageloch aus. Wird
das Substrat nur oberflächlich befeuchtet,
nehmen die Pflanzen Schaden: Auf der
Suche nach Wasser wachsen die Wurzeln
nach oben statt in die Tiefe des Gefäßes.

Tröpfelbewässerung

Mit einer Tröpfelbewässerung bekommen
die Pflanzen ständig eine gewisse Menge
an Wasser. Die Systeme werden einzeln in
einen Topf gesteckt oder als System über
eine gemeinsame Zuleitung an den Wasserhahn oder ein Regenfass angeschlossen
(siehe Abb. unten). Die Erde kann die
kleine, ständig zutropfende Wassermenge besser aufnehmen, und da nichts aus
dem Bodenloch ausläuft, geht die Tröpfelbewässerung sehr sparsam mit Wasser
um. Die Systeme werden in den meisten
Gartencentern als Set verkauft und lassen
sich einfach installieren. Manche werden
mit einem Timer gekoppelt, um Zeit und
Wassermenge zu regulieren.

Der Nachteil des Systems – so praktisch
es ansonsten auch sein mag – ist seine
Sichtbarkeit. Vor allem der Zuleitungs-
schlauch lässt sich nur schlecht verbergen,
und alle Gefäße müssen in der Nähe der
Wasserversorgung stehen.

UNTEN: **Dreimal tröpfeln bitte**
Tröpfelbewässerung ist eine einfache und
sehr zeitsparende Methode, um mehrere
Töpfe gleichzeitig mit Wasser zu versorgen.

Ein Teich im Topf

Mit diesem System schaffen Sie tatsächlich ein Paradies für Wildtiere im Garten.
Alles, was Sie dazu brauchen, ist eine
Wanne oder einen ähnlichen Behälter,
der keine Schadstoffe an die Umgebung
abgibt. Terrakotta muss innen mit einer
wasserdichten Folie ausgekleidet oder
einem Lack gestrichen werden, damit kein
Wasser durchdringt. Gefäße aus Holz werden gründlich gewässert. Ausnahmsweise
werden alle vorhandenen Dränagelöcher
dicht verschlossen.

Mit etwas Teichschlamm wachsen die
Pflanzen besser an. Er enthält die Mik-
roorganismen und Nährstoffe, die eine
Teichpflanze braucht. Stellen Sie den
Mini-Teich zwischen andere Pflanzen, in
denen sich die Tiere verstecken können.
Lesen Sie auf der nächsten Seite, wie ein
solcher Teich angelegt wird.

Mulch

In einem gemulchten Topf ist das Substrat
besser geschützt. Entscheiden Sie sich je
nach Gestaltung für organischen Mulch
(Rindenmulch) oder Kies. Der Mulch
senkt nicht nur den Wasserverlust durch
Verdunstung, sondern hält in gewissem
Rahmen auch Unkräuter fern. Außerdem
verhindert er, dass beim Gießen Substrat
ausgeschwemmt wird.

5 EINFACHE SCHRITTE: Teich im Topf

1 Prüfen Sie, ob das Gefäß wirklich wasserdicht ist. Stellen Sie es an den vorgesehenen Standort – möglichst in die volle Sonne.

2 Bedecken Sie den Boden mit Kies und füllen Sie zwei Drittel des Wassers ein.

3 Setzen Sie die ausgesuchten Pflanzen in Teichpflanzkörbe; verwenden Sie Teicherde als Substrat. Die Oberfläche der Erde mit Kies abdecken.

4 Stellen Sie die Pflanzkörbe ins Wasser, und beachten Sie die optimale Wassertiefe (ist auf den Schildchen im Gartencenter angegeben).

5 Gleichen Sie die Höhe durch Steine aus. Schwimmpflanzen oder Sauerstoff bildende Arten vervollständigen die Pflanzung. Schützen Sie den Teich vor Winterfrösten und setzen Sie keine Fische ein.

PROBLEME RUND UMS WASSER

GUT ZU WISSEN

- Bauchige Krüge trocknen nicht so schnell aus wie Gefäße mit ausladender Öffnung.

- Regenwasser zu sammeln, ist nicht nur ökologisch sinnvoll – es schont eine kostbare Ressource – sondern auch billiger als Wasser aus dem Wasserhahn. Stellen Sie ein geräumiges Regenfass unter einen Regenrinnenablauf.

- Einige Säure liebende Pflanzen, wie Orchideen und Azaleen, gedeihen mit weichem, kalkfreiem Regenwasser viel besser als mit Wasser aus der Leitung. Das gilt vor allem für Regionen mit hartem Leitungswasser.

- Um ganz sicherzugehen, lassen Sie Leitungswasser ein paar Tage in der Sonne stehen, ehe Sie damit gießen.

- Ein Blumentopf, der beim Gießen vergessen wurde, wird im Schatten für etwa eine halbe Stunde in einen Eimer mit Wasser gestellt, bis sich das Substrat wieder voll gesogen hat. Sollte die Pflanze am nächsten Tag immer noch welk sein, ist sie nicht mehr zu retten.

- Wenn der Topf austrocknet, zieht sich das Substrat von den Wänden des Gefäßes zurück. Das Gießwasser dringt nicht mehr in das Substrat ein, sondern fließt seitlich ab. In diesem Fall bohren Sie Löcher in die Erde, und gießen Sie das Wasser direkt in diese Löcher. Nimmt die Erde immer noch kein Wasser auf, füllen Sie einen winzigen Tropfen Spülmittel in eine Gießkanne mit Wasser und gießen Sie mit dieser Mischung; Spülmittel macht das Wasser „weicher" und erleichtert die Verbindung zur ausgetrockneten Erde.

- Der Fachhandel bietet Wasser speicherndes Granulat oder Gele an. Achten Sie beim Kauf auf biologische Verträglichkeit, vor allem wenn Sie Gemüse pflanzen möchten. Mit diesen Zusätzen trocknet das Substrat nicht so rasch aus (gut z. B. für Hängekörbe). Halten Sie sich an die Mengenangaben des Herstellers, denn Gele können stark aufquellen. Eine Alternative sind spezielle Blumenkästen mit eingebautem Wasserspeicher.

Düngen

An ihren natürlichen Standorten sind die Pflanzen nicht nur auf die Photosynthese, also die Aufnahme von Nährstoffen über die Blätter, sondern auch auf die Versorgung mit Wasser und mineralischen Nährstoffen aus dem Boden angewiesen. Da sich in einem Topf aus Platzgründen nur verhältnismäßig wenige Wurzeln ausbilden können, ist regelmäßiges Düngen überlebenswichtig.

TIPPS FÜR DAS SUBSTRAT

- Zwiebelblumen brauchen nach der Blüte eine ordentliche Düngergabe, um die verbrauchten Reserven für das nächste Jahr zu ergänzen.
- Rosen sind stärker auf Dünger angewiesen, als andere Pflanzen. Sie reagieren gut auf regelmäßige Blattdüngung.
- Stickstoffreiche Dünger im Frühling fördern das Wachstum von Stauden. Im Frühsommer sorgt ein kaliumreicher Dünger für schönere Blüten.
- Alpenpflanzen brauchen fast keinen Dünger, sie wachsen von Natur aus auf nährstoffarmen Böden.
- Lösen Sie Tomatendünger in lauwarmem Wasser auf, um das Wurzelwachstum zu fördern. Auch große Kürbisse reagieren gut auf warme Düngergüsse.
- Blattgemüse braucht stickstoffreichen Dünger.
- Halten Sie sich bei den Düngermengen strikt an die Vorgaben der Hersteller. Zu viel Dünger schadet mehr, als er nutzt.

Während sich in der Natur ein Gleichgewicht zwischen Wachstum und Zerfall, zwischen Verbrauch und Recycling von Nährstoffen einstellt, ist das im Topf nicht möglich. Der Mensch übernimmt mit dem Düngen die Aufgabe der Mikroorganismen und liefert mineralische Nährstoffe nach.

Dünger

Im begrenzten Raum eines Pflanzgefäßes braucht eine Pflanze die vorhandenen Nährstoffe rasch auf. Der Dünger ergänzt diese fehlenden Nährstoffe. Prinzipiell gibt es zwei Formen von Dünger:

Organische Dünger

Sie werden aus Blut, Fischen und Knochen hergestellt und enthalten die drei wichtigsten mineralischen Nährstoffe:
- Stickstoff ist für Wachstum zuständig .

- Phosphat fördert die Wurzelentwicklung.
- Kalium ist wichtig für die Blüten- und Fruchtentwicklung.

Organische Düngemittel sind natürlichen Ursprungs und sehr wirksam. Manche lehnen sie dennoch ab, weil sie aus tierischen Quellen stammen.

Mineralische Dünger

Auch ein „chemischer" Dünger enthält die drei wichtigsten mineralischen Nährstoffe, sie werden aber aus Vorstufen in der Fabrik hergestellt. Da sie in reiner Form zugefügt werden, kann eine Pflanze sie rasch aufnehmen und verwerten. Andererseits werden sie leichter vom Gießwasser ausgeschwemmt und enthalten keine Spurenelemente wie die organischen Dünger (natürlich kann man auch Dünger mit Spurenelementen kaufen).

Trocken oder flüssig?

Trockene Dünger werden dem Substrat beigemischt. Sie lösen sich langsam auf und geben die Nährstoffe nach und nach an die Wurzeln ab. Flüssigdünger sind bereits gelöst, sie werden sofort von den Wurzeln aufgenommen („Düngerschub"). Ein biologisch intakter Boden mobilisiert die Nährstoffe aus organischem Material, und die Pflanze nimmt sie über ihre Wurzeln auf. Ein nachhaltig angelegter, mobiler Garten braucht also gut strukturierte

LINKS: **Erstklassige Tomaten**
Tomatendünger enthält sehr viel Kalium. Solche Dünger sind nicht nur gut für Tomaten, sondern auch für alle anderen Fruchtgemüse und Blumen.

Substrate, die ihre Nährstoffe bei Bedarf an die Pflanze abgeben. Andererseits kann es gerade bei Töpfen und Kübeln wichtig sein, den Pflanzen einen Düngerschub mit Sofortwirkung zu geben.

So wird löslicher oder flüssiger Dünger verwendet

Füllen Sie den Dünger in die leere Gießkanne ein, dann schütten Sie nach Herstellerangabe Wasser dazu. Rühren Sie gründlich mit einem sauberen Stock um. Düngen Sie in der Vegetationsperiode alle zwei Wochen.

Oben: **Flowerpower**
Das Substrat in einem Hängekorb wird mit Langzeitdünger angereichert.

Blattdünger

Blattdünger werden direkt auf die Blätter gesprüht, möglichst an einem bedeckten Tag. Sie helfen bei Mangelkrankheiten, beispielsweise Eisenmangel bei Azaleen. Standarddünger wirken eher wie ein Stärkungsmittel ohne Langzeitfolgen.

• Mischen Sie den Dünger nach Vorschrift an und besprühen Sie die Blätter gleichmäßig.
• Sprühen Sie nicht in der prallen Sonne, denn die Tröpfchen wirken wie Brenngläser.

Langzeitdünger (Granulat)

Langzeitdünger (Pellets)

Organischer Dünger

Mineralischer Dünger

Organische Flüssigdünger

Flüssige organische Dünger können Sie fertig kaufen oder selbst herstellen. Kommerzielle Produkte bestehen aus Dung, gemahlenem Fisch, Gesteinsmehl (Phosphate) und Pflanzenextrakten. Das unten vorgestellte Rezept gilt für einen Dünger, der reichliche Blütenbildung und gute Fruchtreife fördert. Auch organische Dünger sollten mit Maßen angewandt werden, sonst fördern sie starkes Blattwachstum, und die Triebe werden anfällig gegen Schädlinge und Frost.

Selbst hergestellter Dünger

Weichen Sie 900 g junge Brennnesselblätter in 10 l Wasser ein. Lassen Sie die Brühe abgedeckt zwei Wochen lang stehen. Mischen Sie vor dem Düngen 1 Teil Nesselbrühe mit 10 Teilen Wasser.

Trockene Dünger

Es gibt unterschiedliche Formen trockener organischer und chemischer Dünger. Ihre Hauptaufgabe ist die langfristige Versorgung großer Kübel. Düngerkörnchen (Granulate, Langzeitdünger) geben ihre Nährstoffe über 2–3 Wochen ab. Pellets oder Düngerstäbchen werden nach der Bepflanzung in das Substrat geschoben. Organischer Trockendünger wird vor der Bepflanzung unter das Substrat gemischt.

Auf einen Blick: Düngertabelle

Pflanzentyp	Dünger-Anforderungen	Welcher Dünger? Wann?
Stauden	schnell wachsend	im Frühling stickstoffreicher Dünger für das Wachstum; kaliumreicher Dünger während der Blüte; alle 14–21 Tage
Alpenpflanzen	langsam wachsend, geringe Ansprüche	keine Düngung, höchstens schwach einmal pro Jahr
Einjährige Sommerblumen	hoher Düngerbedarf, „hungrig"	beim Bepflanzen düngen; Flüssigdünger einmal wöchentlich
Gemüse und Obst	hoher Düngerbedarf, „gierig"	zunächst stickstoffreicher Dünger; vor der Fruchtzeit kaliumreicher Dünger

NATUR PUR

ALGENEXTRAKT

Algenextrakte sind organische, aus Algen hergestellte Flüssigdünger. Man kann sie ins Substrat mischen oder später als Blattdünger aufsprühen – sie schrecken saugende Insekten ab. Algen fördern die Blatt- und Wurzelgesundheit. Der Handel bietet fertige Flüssigmischungen, getrocknetes Pulver oder Mischpräparate an. Halten Sie sich an die Anweisungen des Herstellers.

Schneiden, erziehen und stützen

Da das Wachstum von Bäumen und Sträuchern in Pflanzgefäßen wegen des kleineren Wurzelstocks eingeschränkt ist, werden sie seltener beschnitten als frei im Garten wachsende Gehölze. Dennoch ist regelmäßiges Ausputzen und Nachschneiden notwendig, damit sie ihre Form behalten.

GRUNDLAGEN DES SCHNITTS

1 Verwenden Sie ausschließlich saubere, scharfe Scheren.

2 Schneiden Sie Stämme bis ins gesunde Holz zurück.

3 Führen Sie den Schnitt schräg über einer nach außen weisenden Einzelknospe; der Zweig über einem Knospen-

Stehen die Blätter gegenüber wird gerade beschnitten

Bei einzeln stehenden Knospen wird schräg geschnitten.

paar wird waagerecht durchtrennt.

4 Wird die Endknospe abgeschnitten, treiben die Seitenknospen darunter aus. Bei blühenden Arten entstehen statt einer großen zwei kleinere Blüten.

5 Schneiden Sie tote, kranke, zu dichte oder schüttere Zweige heraus.

Warum schneiden?

- um unerwünschte Triebe zu kappen
- um die Größe zu steuern
- um das Gehölz zu lockerem oder dichtem Wachstum anzuregen
- um Blüten- und Fruchtansatz zu fördern
- um Formen zu schneiden
- um eine bessere Belüftung und Belichtung zu erzielen
- um abgestorbene oder kranke Triebe zu entfernen

Wann beschneiden?

Halten Sie sich an folgende Regeln:

- Laub abwerfende Gehölze werden im Sommer oder Winter, nie im Frühling oder Herbst beschnitten.
- Nadelgehölze werden im Frühling oder Sommer beschnitten.
- Blühende Sträucher werden im Frühling kurz nach der Blüte beschnitten.
- Im Sommer blühende oder fruchtende Sträucher werden nach Blüte/Frucht oder von Spätwinter bis Vorfrühling beschnitten.

Kletterpflanzen

In Gefäßen wachsende Kletterpflanzen müssen kräftiger beschnitten werden als im Garten. Ihr deutlich kleineres Wurzelsystem könnte stark wachsende obere Triebe nicht mit genügend Nährstoffen versorgen.

Es gibt Kletterpflanzen, die sich selbst verankern und sich am wohlsten fühlen, wenn sie sich gegen eine Mauer oder Hauswand lehnen dürfen. Andere müssen je nach Wuchsform und Standort mit einer Kletterunterlage unterstützt werden, etwa durch Rankgitter oder waagerecht gespannte Drähte auf einer Mauer. Zwischen Kletterhilfe und Mauer sollten mindestens 5 cm zur besseren Belüftung der Blätter frei bleiben.

Pflanzenstützen

Stecken Sie als Unterlage für Kletterpflanzen drei oder mehr Bambusstäbe fest ins Substrat, und binden Sie sie oben zu einem Stangenzelt zusammen.

Stecken Sie windenden Kletterpflanzen ein kleines Rankgitter in den Topf.

Sichern Sie buschig wachsende Stauden wie Rittersporn mit solchen Drahtrahmen oder alternativ mit verzweigten und ineinander verhakten Ästen.

LINKS: **In Form bringen**
Aus zwei zusammengedrahteten Hängekorb-Gestellen wird eine Rankhilfe für Kletterpflanzen.

RECHTS: **Scharfe Schere**
Für den sauberen Buchsbaum-Formschnitt wie hier zur Kugel gibt es spezielle Scheren.

Andere Kletterhilfen, wie z. B. ein Stangenzelt aus Bambusrohren, werden am Pflanzgefäß befestigt, damit die Pflanze auch ohne stützende Mauer klettern kann. Solche Konstruktionen verlangen einen stabilen, schweren Kübel, der Stützen und Pflanze trägt. Damit die jungen Triebe guten Halt finden, werden sie vorsichtig angebunden; ältere Triebe verankern sich windend oder mit Ranken selbst.

Überprüfen Sie, ob die Bindeschnur sicher, aber nicht zu fest sitzt. Diese Prüfung sollten Sie regelmäßig wiederholen, solange die Pflanze wächst.

Kletterpflanzen werden auf dieselbe Weise zurückgeschnitten wie andere Sträucher, allerdings müssen alle neuen Triebe vorsichtig angebunden werden. Laub abwerfende Kletterpflanzen werden vom Spätherbst bis in den Vorfrühling, immergrüne möglichst im Frühling zurückgeschnitten.

Achten Sie beim Schneiden auf verletzte oder kranke Triebe; sie werden am Ansatz abgeschnitten. Schneiden Sie die Stämme und schwache oder dünne Trieb um ein Drittel zurück. Kletterpflanzen, die an den diesjährigen Zweigen blühen, werden im Winter bis zum Vorfrühling beschnitten. Blühen sie dagegen an den Zweigen des Vorjahres, erfolgt der Schnitt gleich nach der Blüte.

Stützen

Manche hohen Pflanzen gedeihen besser mit einer Stütze. Stecken Sie eine einzelne, kräftige Stütze direkt neben dem Hauptstamm/-stängel in das Substrat und binden Sie die Pflanze fest. Drei mit Bindedraht verbundene Stützen am Rand des Gefäßes sichern die Pflanze gegen das Umkippen ab.

- Bambusrohre sind in vielen Größen erhältlich und preiswert. Verwenden Sie Bambus als Einzelstützen oder in Stangenzelten.
- Eine Stütze sollte etwa zwei Drittel so hoch sein wie die Pflanze.
- Suchen Sie im Handel nach Stützen, die sich zusammensetzen lassen; sie werden den Pflanzenbreiten angepasst.
- Mit einem trockenen, verzweigten Ast schaffen Sie eine natürliche Stütze. Stecken Sie mehrere in einen Topf, und verhaken Sie die Seitenzweige ineinander.
- Kletterpflanzen kommen am besten mit einem Gitter zurecht.

Auf einen Blick: Sträucher beschneiden

Strauchtyp	Gerät	Was tun?	Wann?	Warum?
Immergrüne mit großen Blättern (*Choisya, Camellia*)	Schere	altes Holz entfernen, glatt schneiden	Spätwinter, Vorfrühling	Formgebung, regt neue Triebe und Blüten für das nächste Jahr an
Immergrüne mit kleinen Blättern (Buchs, Eibe)	Schere	glatt schneiden, sparrigen Wuchs entfernen	Spätfrühling und Spätsommer oder nach der Blüte	ideal für den Formschnitt und als glatte Oberflächen
im Frühling oder Frühsommer blühende Arten (Forsythien, Flieder)	Schere	alte Blütensprosse bis auf nicht blühende Seitentriebe zurückschneiden; kranke oder dünne Triebe entfernen	unmittelbar nach der Blüte	regt Blütenknospen für das nächste Jahr an
im Sommer blühende Sträucher (*Abelia, Clethra*, Rosen)	Schere	alte Triebe nach der Blüte bis auf altes Holz zurückschneiden	bis in die Frühlingsmitte, bevor neue Triebe gebildet werden	regt die Bildung von Blütentrieben an; entfernt tote oder kranke Triebe

Nachhaltige Pflege

Eine gut arrangierte Gruppe wirkt als Blickfang und zieht viel Aufmerksamkeit auf sich. Bei guter Pflege bleibt diese Wirkung lange erhalten.

OBEN: **Verblühtes entfernen**
Die Blütenköpfchen der Strauchmargerite *(Argyranthemum foeniculaceum)* werden mit einer Schere abgeschnitten.

TIPPS ZUM UMTOPFEN

- Pflanzen, die in einem bauchigen Krug wachsen, lassen sich oft beim besten Willen nicht mehr herausziehen. Setzen Sie den Krug unter Wasser, bis das Substrat gut durchgeweicht ist. Dann spritzen Sie mit dem Gartenschlauch unter starkem Druck die Erde von den Wurzeln, bis sich die Pflanze leicht herausnehmen lässt.

- Manche Arten, wie die Schmucklilien (Agapanthus) bilden mehr Blüten, wenn ihre Wurzeln beengt wachsen müssen. Topfen Sie erst um, wenn es gar nicht mehr anders geht – beispielsweise, wenn der Topf zu platzen droht.

- Entfernen Sie bei Rosen nicht alle Blüten, damit sich einige Hagebutten als Winterfutter für die Tiere bilden können. Auch die Fruchtstände von Gräsern und Stauden sind eine wertvolle Nahrung für Vögel. Außerdem sehen viele im Raureif des Winters sehr attraktiv aus.

Ausputzen

Nach dem Winter sieht jede Pflanze ein wenig struppig aus. Entfernen Sie kranke oder erfrorene Blätter und Triebe. Sie bieten den Krankheitskeimen, Pilzen und Schädlingen einen viel zu guten Ansatzpunkt: Was jetzt nicht entfernt wird, verdirbt Ihnen das ganze Jahr über die Freude an der Pflanze.

Ein kräftiger Rückschnitt regt die Pflanze dazu an, neue Triebe und Blätter zu bilden und dichter und attraktiver zu wachsen. Auch während der Vegetationsperiode sollten Sie sorgfältig darauf achten, erste Anzeichen von Krankheiten oder Schäden auszuschneiden.

Wenn eine Pflanze abstirbt, wird sie herausgenommen, möglichst ohne die Wurzeln der übrigen Pflanzen zu beschädigen. Entfernen Sie so viel wie möglich vom alten Substrat und geben Sie beim Einpflanzen neues Substrat dazu.

Verblühtes entfernen

Alte, verbrauchte Blüten zu entfernen, ist nicht nur eine Frage der Ästhetik. Viele Sorten lassen sich dadurch anregen, eine neue Blütengeneration zu bilden, weil keine Energie in die Fruchtbildung fließt.

Knipsen Sie bei zarten Pflanzen die Blüten zwischen Daumen und Zeigefinger ab; bei kräftigen Stielen greifen Sie besser zur Schere. Strauchmargeriten *(Argyranthemum)* und Lobelien reagieren mit einer üppigen zweiten Blüte später im Jahr, wenn sie Verblühtes komplett abschneiden. Zwiebeln, die für das nächste Jahr stehen bleiben sollen, lagern mehr Nährstoffe in ihren Zwiebeln ab, wenn der Blütenstängel komplett entfernt wird.

Winterschutz

Nicht winterharte Stauden lassen sich nur mit großem Aufwand über frostige Winter bringen, etwa in einem wärmeren Winterquartier. Nehmen Sie stattdessen Stecklinge ab (beispielsweise im Frühling und Frühsommer von Fuchsien und Pelargonien), die leichter durch den Winter kommen. Teilstecklinge von verholzten Pflanzen, wie Lavendel oder Buchs, werden im Herbst geschnitten. Steckhölzer von Bäumen und Sträuchern, beispielsweise von Stachelbeeren oder Hartriegel, werden während der Ruhe im Spätwinter geschnitten. Am wenigsten Arbeit macht der Neukauf im nächsten Frühling.

Große Kübel überwintern

Große Töpfe oder Kübel, die dauerhaft mit Bäumen oder Sträuchern bepflanzt sind, müssen sicher über den Winter gebracht werden. Der Wechsel von Frost und milden Perioden schadet den empfindlichen Wurzeln und könnte die Pflanze zum Absterben bringen. Im Idealfall bleiben die Pflanzen mit fast trockenem Substrat in einem frostfreien, nicht beheizten Raum (Garage, Kalthaus, Gartenhaus) den Winter über stehen.

Sind die Kübel zu schwer für den Transport, müssen sie an Ort und Stelle gesichert werden. Wickeln Sie den Kübel dick mit einer isolierenden Folie (Vlies, Sackleinen, Luftfolie) ein; auch mit Stroh ausgepolsterte Säcke oder Zweige von Immergrünen eignen sich als Schutz. Es kommt vor allem darauf an, den Frost vom Wurzelwerk fernzuhalten. Decken Sie die oberirdischen Teile mit Vlies ab, und mulchen Sie die Oberfläche des Substrates. Auf keinen Fall darf sich Schnee auf immergrünen Blättern sammeln; die Zweige könnten abbrechen.

Gruppen bilden

Für Pflanzen, die auf Balkonen oder Dachterrassen wachsen, steht nur selten ein Winterquartier zur Verfügung. Hier „wärmen" sich die Pflanzen in der Gruppe. Stellen Sie alle Pflanzgefäße dicht zusammen an den am besten geschützten Platz – innen stehen die kleineren, empfindlichen, außen die robusteren Arten. Eine Alternative ist ein Pflanzenzelt: Stellen Sie die kleineren Töpfe dicht um eine große Art in der Mitte und decken Sie alles mit einem Vlies ab. Schützen Sie die Töpfe vor Bodenkälte, Wind und Schnee.

Frühlingsstrategien

Wenn die Tage im Frühling wärmer werden, sollten Sie die Pflanzen wieder ans Freie gewöhnen. Stellen Sie die Töpfe an frostfreien Tagen nach draußen, und nehmen Sie den Schutz ab. Vorsicht! Gerade im Frühling kann auf einen schönen, sonnigen Tag eine eisige Nacht folgen. Machen Sie sich darauf gefasst, nach dem Wetterbericht nach draußen zu laufen und die Pflanzen wieder an einen sicheren Platz zu bringen oder zumindest wieder mit Vlies abzudecken.

Nehmen Sie jede Frostwarnung ernst! Lieber einmal „vergeblich" gearbeitet, als durch Nachlässigkeit alle Topfpflanzen im Frost einer einzigen Nacht zu verlieren.

OBEN: **Töpfe in der Kiste**
Diese Option eignet sich besonders gut für kleinere Töpfe: Sie sind mit Luftfolie und Blättern in einer alten Obstkiste bestens geschützt. Die Blätter wirken nicht nur isolierend, sie sind auch Winterquartier für Insekten und Kleintiere.

RECHTS: **Gut verpackt**
Alles, was die Töpfe vor Frost schützt, ist geeignet: Vlies, Luftfolie oder mit Stroh gefüllte Säcke.

Umtopfen

Je nach Wachstum müssen Bäume und Sträucher nach drei bis vier Jahren in ein größeres Gefäß umgetopft werden. Das neue Gefäß sollte nur ein paar Zentimeter größer im Durchmesser sein, bei genormten Töpfen genügt die nächste Größe. In zu großen Gefäßen würde die Pflanze zu viel Energie in die Wurzelbildung stecken. Der Frühling ist die beste Zeit zum Umtopfen. Dann beginnt für die Pflanze nach der Winterruhe die Wachstumsperiode.

RECHTS: **Auffüllen**
Gehölze, die lange Zeit in einem Topf stehen bleiben, wie dieser Hochstammlorbeer, werden durch neues Substrat aufgefrischt.

6 EINFACHE SCHRITTE: Umtopfen

1 Um die Pflanze aus dem Topf zu lösen, wässern Sie Wurzeln und Gefäß durchdringend.

2 Klopfen Sie die Pflanze vorsichtig aus dem Topf und ziehen Sie einzelne Wurzeln aus dem Ballen.

3 Schneiden Sie die kräftigen Wurzeln auf etwa die Hälfte zurück (nicht die Faserwurzeln). Dann kann die Pflanze sogar in denselben Topf zurückgepflanzt werden. Der Trick funktioniert bei Arten, die gut mit reduziertem Wurzelsystem wachsen.

4 Setzen Sie die Pflanze in den neuen Topf, der zu etwa einem Drittel mit frischem Substrat gefüllt ist.

5 Die Pflanze muss im neuen Topf genauso tief stehen wie im alten. Füllen Sie gegebenenfalls mit Substrat auf.

6 Drücken Sie die Pflanze fest und wässern Sie gründlich mit feiner Brause.

Auffüllen

Pflanzen, die im alten Topf stehen bleiben sollen, werden durch neues Substrat „aufgefrischt". Entfernen Sie vorsichtig so viel altes Substrat wie möglich, dann füllen Sie mit neuer Topferde auf. Mischen Sie der Erde Langzeitdünger bei und gießen Sie gründlich. Das Auffüllen sollte in jedem Frühling wiederholt werden.

Im Urlaub

Die beste Lösung für Topf- und Kübelpflanzen wäre natürlich ein netter Nachbar, der sich um alles kümmert. Er müsste verlässlich sein und jeden Tag zum Gießen kommen. Haben Sie keinen solchen Nachbarn? Zum Glück gibt es außer der Alternative „Urlaub oder Pflanzen" noch einige Möglichkeiten:

- Die zweitbeste Lösung wäre ein automatisches Bewässerungssystem. Ansonsten können Sie einen Gartenbetrieb beauftragen, die Pflanzen regelmäßig zu versorgen (im Sommer ist die Auftragslage häufig nicht so gut).
- Kommt beides nicht in Frage, stellen Sie die Pflanzen in einer Gruppe an eine schattige Stelle des Gartens, gießen Sie gründlich und senken Sie die Verdunstung nochmals, indem Sie ein Schattennetz spannen.
- Poröse Töpfe werden in den Boden eingegraben. Gartenböden speichern Regenwasser, das über die Wände in den Topf eindringt und trockenes Substrat wieder befeuchtet.

OBEN: **Schattenplatz**
Diese Pflanzen warten in einer schattigen Ecke des Gartens, bis der Urlaub zu Ende geht.

RECHTS: **Vergraben**
In die Erde eingegrabene Töpfe trocknen nicht so schnell aus wie frei stehende Töpfe. Diese Kirschtomaten in ihrem porösen Terrakottatopf haben eine gute Chance, den Urlaub zu überstehen.

Jahresplaner (Wintermitte bis Frühsommer)

Wintermitte

Überprüfen
- Sind die Schutzhüllen (Folien, Vliese) um die Pflanzen noch intakt?
- Müssen die untergestellten Gefäße gegossen werden, insbesondere jene an geschützten Standorten?

Halten Sie Handschaufel und -gabel sauber und gut eingeölt.

- Sind die Töpfe und Kübel noch gegen den Frost isoliert?

Wichtig
- das Substrat eher trocken als feucht zu halten, damit die Pflanzen nicht treiben und doch noch erfrieren.
- auch jetzt noch Verblühtes zu entfernen (z. B. bei Stiefmütterchen, die im Winter blühen).
- die Bäume zu beschneiden und auszuputzen.

Auf keinen Fall
- gießen, wenn der Wetterbericht Frost meldet.

Spätwinter

Überprüfen
- Brauchen die Pflanzen noch Wasser?

Anfallende Arbeiten
- Teilen Sie die Schneeglöckchen nach der Blüte. Sie werden in den Garten gepflanzt.
- Säen Sie im Zimmer Zwiebeln und Petersilie für draußen aus.

Schnitt
- Schneiden Sie erfrorene Zweige aus den Immergrünen und im Winter blühenden Sträuchern aus.
- Schneiden Sie im Sommer blühende Kletterpflanzen und Sträucher zurück.
- Schneiden Sie Laub abwerfende Arten und Obstbäume.

Denken Sie daran,
- dauerhaft im Topf stehende Gehölze mit frischem Substrat aufzufüllen.
- Jungpflanzen einzukaufen und unter Glas vorzuziehen, wenn Sie ein Gewächshaus haben.

Wenn Sie ein Gewächshaus haben, ist nun die beste Zeit, Jungpflanzen einzukaufen, damit sie im Sommer gut starten.

Zeitiges Frühjahr

Überprüfen
- Leiden die Pflanzen unter Krankheiten oder Schädlingen?

Anfallende Arbeiten
- Säubern Sie die Gefäße, die für den Sommer neu bepflanzt werden sollen.
- Füllen Sie dauerhaft im Topf wachsende Pflanzen mit frischem Substrat auf.

Schnitt
- Entfernen Sie Verblühtes bei früh blühenden Knollen- und Zwiebelpflanzen.
- Schneiden Sie die Rosen, allerdings nicht bei Frost.

Jetzt werden die Rosen beschnitten.

Pflanzarbeiten
- Setzen Sie die im Sommer blühenden Zwiebel- und Knollenpflanzen in die Töpfe.
- Pflanzen Sie neue Rosen ein.
- Bepflanzen Sie die Gefäße mit Bäumen, Kletterpflanzen, Sträuchern und Stauden.
- Setzen Sie die Frühkartoffeln.
- Säen Sie Salate und Frühgemüse, wie Spinat und Erbsen.

Wässern
- Gießen Sie alle Gefäßpflanzen, geben Sie Dünger mit hohem Kaliumanteil.

Frühlingsmitte

Überprüfen
- Haben Sie die Liste für den Kauf der Sommerblumen beisammen? Wann bekommt Ihr Gartencenter seine Lieferungen? Nur wer rechtzeitig kauft, hat die volle Auswahl.
- Sind die Jungpflanzen umgetopft und abgehärtet?
- Haben Sie Stecklinge von den empfindlichen Stauden genommen?

Pflanzen
- Bepflanzen Sie einen Alpengarten. Verwenden Sie durchlässiges Substrat ohne Dünger.
- Pflanzen und säen Sie Küchenkräuter.
- Säen Sie weiterhin Salat und Gemüse.
- Wenn Zwiebeln entfernt werden sollen, bevor die Blätter abgestorben sind, werden sie in einem flachen Graben im Garten zwischengelagert. Sobald das Laub gelb wird, nehmen Sie die Zwiebeln heraus; lassen sie trocknen und lagern sie an einem kühlen, trockenen Ort.
- Beschriften Sie die Zwiebeln, sonst wissen Sie beim Einsetzen im Herbst nicht mehr, um welche Sorte und Farbe es sich handelt.

Schneiden
- Entfernen Sie weiterhin Verblühtes bei den früh blühenden Zwiebel- und Knollenpflanzen; entfernen Sie Blätter oder Triebe, die vom Frost geschädigt wurden.
- Schneiden Sie den Lavendel zurück.

Denken Sie daran,
- die jungen Triebe der Kletterpflanzen anzubinden.
- die Frühlingsgefäße zu leeren und die Pflanzen ggf. in den Garten umzusetzen.

Achten Sie auf Schnecken

Spätfrühling

Düngen
- Düngen und gießen Sie regelmäßig.

Aufräumen
- Entfernen Sie alle Frühlingsblüher.

Schnitt
- Trimmen Sie die Immergrünen.
- Beschneiden Sie die früh blühenden Sträucher nach der Blüte.
- Nehmen Sie Stecklinge vom neuen Wuchs empfindlicher Sträucher (Lavendel, Fuchsien) und Stauden (Pelargonien, Strauchmargerite) ab.
- Entfernen Sie regelmäßig das Verblühte, auch von den Zwiebelpflanzen.

Stützen
- Binden Sie alle Pflanzen mit hohen Stängeln an Stützen fest
- Binden Sie neue Triebe von Kletterpflanzen an der Unterlage fest.

Pflanzen
- Gegen Ende Mai werden die Töpfe mit Sommerblumen bepflanzt. Achten Sie auf den Wetterbericht, damit empfindliche Pflanzen nicht erfrieren.
- Bepflanzen Sie die Gefäße und Hängekörbe; auch sie müssen bei drohenden Spätfrösten in einem frostfreien Raum geschützt werden.
- Säen Sie Gemüse in den Kübeln aus.
- Ernten Sie den ersten Pflücksalat.

Denken Sie daran,
- die Pflanzen abzuhärten. Stellen Sie die Töpfe tagsüber für längere Perioden ins Freie, solange der Wetterbericht keinen Kälteeinbruch meldet.
- die neuen und frisch gesetzten Pflanzen und das Substrat auf Krankheiten und Schädlinge zu überprüfen.
- die Bepflanzung der Töpfe mit den spät blühenden Arten (Dahlien, Schmucklilien) für den Herbst einzuleiten.

Frühsommer

Überprüfen
- Haben Sie genügend Vlies zur Hand? Auch im Frühsommer drohen noch sehr kalte Nächte. Achten Sie auf den Wetterbericht!
- Achten Sie regelmäßig auf Schädlinge oder Anzeichen von Krankheiten.
- Überprüfen Sie die Triebe der Kletterpflanzen und binden Sie sie ggf. an.
- Sind alle hohen Stauden gestützt?

Wässern
- Organisieren Sie die Bewässerung während des Urlaubs.
- Gießen Sie jedes Gefäß regelmäßig, an den ersten heißen Tagen auch zweimal täglich.

Ernte
- Beginnen Sie mit der Ernte des Gemüses.

Pflanzen
- Wenn Sie noch nicht daran gedacht haben, wird es nun höchste Zeit die Sommerblumen und empfindlichen Stauden in Töpfe und Hängekörbe zu pflanzen.
- Pflanzen Sie die vorgezogenen Gemüsepflanzen, wie Paprika, Kohl und Gurken, in ihre Töpfe.
- Säen Sie Zuckermais, Kürbisse und Zucchini.
- Setzen Sie die Gefäße mit den ausgepflanzten Tomaten in die Sonne.
- Säen Sie alle zwei bis drei Wochen neuen Salat, damit Sie immer genügend Nachschub haben.

Die letzte Gelegenheit, Hängekörbe zu bepflanzen.

Schnitt
- Während der gesamten Blühperiode wird das Verblühte abgeschnitten.

Jahresplaner (Fortsetzung)

Hochsommer

Gießen nicht vergessen!

Schnitt
- Während der gesamten Blühperiode wird das Verblühte abgeschnitten.
- Putzen Sie die Pflanzen aus, und knipsen Sie sparrig wachsende Triebe ab.

Denken Sie daran,
- dass sich im Juli besonders viele Krankheiten und Schädlinge ausbreiten.

Planung
- Die Pflanzgefäße stehen nun in schönster Blüte. Lehnen Sie sich gelegentlich zurück und genießen Sie. Lernen Sie aus Fehlern: Kombinationen, die Ihnen in diesem Jahr nicht gefallen, werden Sie auch nächstes Jahr nicht mögen.

Gießen
- Gießen Sie regelmäßig, mindestens einmal pro Tag.
- Düngen Sie mit kaliumreichem Dünger, damit sich die Blüten gut entwickeln.

Stecklinge
- Nehmen Sie Stecklinge von Sträuchern ab, beispielsweise von Hortensien.

Ernte
- Ernten Sie das Gemüse; es sollte nicht zu reif werden, denn die meisten Sorten sind jung besonders knackig.
- Trocknen Sie die Gewürzkräuter.
- Trocknen Sie die Zwiebeln der Frühblüher, und lagern Sie sie ein.

Pflanzen
- Setzen Sie Zwiebeln und Knollen für ein herbstliches Gefäß ein.

Spätsommer

Gießen
- Gießen Sie weiterhin gründlich, denn schwache Pflanzen sind anfälliger gegenüber Krankheiten, Schädlingen und Mehltau.

Stecklinge
- Nehmen Sie Stecklinge von Sträuchern und empfindlichen Stauden ab.

Schnitt
- Putzen Sie die Pflanzen aus, und entfernen Sie weiterhin das Verblühte.

Denken Sie daran,
- einige Blüten stehen zu lassen, damit die Vögel im Winter Samen finden.

Düngen
- Geben Sie einmal pro Woche einen kaliumreichen Dünger.

Genießen Sie die Früchte Ihrer Arbeit.

Frühherbst

Schnitt
- Putzen Sie die Pflanzen aus, entfernen Sie Verblühtes und sparrig wachsende Triebe.

Wässern
- Gießen und düngen Sie auch weiterhin nach Bedarf die Sommerblumen.

Denken Sie daran
- dass Dauerbepflanzungen mit Bäumen und Sträuchern keinen Dünger mehr bekommen.

Aufräumen
- Sommerblumen, die nicht mehr blühen, werden entfernt und die Töpfe gesäubert. Einige Töpfe mit interessanten Fruchtständen (z. B. Fetthenne) bleiben als Nahrung für die Vögel stehen.

Pflanzen
- Setzen Sie die Zwiebeln und Knollen für das Frühjahr ein. Sie überwintern kühl, aber frostfrei.
- Bepflanzen Sie Töpfe, die noch im Herbst hübsch aussehen sollen, mit Gräsern, Kaukasus-Vergissmeinnicht und Hartriegel mit roten Trieben.
- Empfindliche Stauden gehören nun in ein Gartenhaus oder unter Glas.

Ernte
- Ernten Sie Obst und Gemüse.

Auch Brombeeren wachsen in einem großen Kübel.

Herbstmitte

Stecklinge
- Nehmen Sie Stecklinge von Laub abwerfenden Sträuchern ab.

Pflanzen
- Setzen Sie die Tulpenzwiebeln ein.
- Setzen Sie auch andere Frühblüher ein.
- Pflanzen Sie Lilienknollen.
- Bepflanzen Sie die Kübel und Töpfe für den Frühling.

Setzen Sie die Zwiebeln für den Frühling.

Spätherbst

Wässern
- Reduzieren Sie das Gießen. Das Substrat sollte nun merklich trockener bleiben.

Pflanzen
- Pflanzen Sie wurzelnackte Gehölze.
- Setzen Sie weiter Tulpen und Zierlauch.

Schützen
- Pflanzgefäße, die im Freien bleiben, werden mit Folie, Vlies, Sackleinen oder anderem Isoliermaterial geschützt.

Reinigen
- Reinigen und desinfizieren Sie leere Gefäße und nicht gebrauchte Stäbe.

Frühwinter

Wässern
- Nur noch sparsam gießen.

Anfallende Arbeiten
- Bürsten Sie Schnee von den Bäumen und Sträuchern ab.

Pflanzen
- Setzen Sie Lilienknollen ein.
- Blättern Sie Pflanzenkataloge durch, und holen Sie sich Ideen für das nächste Jahr.
- Bepflanzen Sie Töpfe und Körbe, die auch im Winter draußen bleiben.

Schnitt
- Putzen Sie die Pflanzen aus, die noch im Gefäß stehen.

Krankheiten und Schädlinge

Auch eine Topfpflanze kann Ziel von Schädlingen und Keimen werden. Bei der Bekämpfung greifen dieselben Mechanismen wie im Garten. Tatsächlich macht die Begrenztheit eines mobilen Gartens den Umgang mit Krankheiten und Schädlingen sogar einfacher. Wenn Sie sich an die vorgestellten Leitlinien halten, sollten die Topf- und Kübelpflanzen das Jahr gut überstehen – passen Sie einfach die klassischen Methoden des Gartens an.

Frühling: Die Blattläuse stellen sich meist als erste Schädlinge ein. Locken Sie die Läuse und ihre natürlichen Feinde mit kleinblütigen Pflanzen wie dem Duftsteinrich (Lobularia maritima) an. Sollten sich dennoch zu viele Blattläuse auf einer Pflanze versammeln, wird das Gefäß beiseitegestellt und mit einer Seifenlösung eingesprüht. Fliegende Blattläuse und Singzirpen suchen sich früh im Jahr einen guten Standort, an dem sich im Sommer ihre Brut entwickeln kann. Sie können durch das Saugen Viren übertragen, deren Auswirkungen erst im Sommer sichtbar werden. Manchmal hilft es, die Sommerblumen mit einem Insektennetz abzudecken.

Hochsommer: Der Hochsommer ist die Zeit der fliegenden Schädlinge, beispielsweise des Japankäfers oder des Gestreiften Gurkenkäfers. Einen ganzen Topfgarten mit dichten Insektennetzen abzudecken, wäre teuer und vermutlich nicht durchführbar. Gefährdete Töpfe lassen sich dagegen durchaus mit Netzen schützen, wenn eine Käfer-Invasion droht.

Hoch- bis Spätsommer: In dieser Jahreszeit treten die Pilzkrankheiten häufiger auf, vor allem bei hoher Luftfeuchtigkeit. Wenn Sie die Luftzirkulation um die Töpfe durch größere Abstände erhöhen, haben es die Pilze nicht ganz so leicht.

Pflanzenporträts

Die meisten Pflanzen wachsen gut in Gefäßen. Daher tauchen in den Porträts auch viele „Gartenklassiker" auf. Von manchen Arten haben die Züchter kleine, besser für Kübel geeignete Sorten gezüchtet. Andere fühlen sich auch mit reduziertem Wurzelwerk wohl, solange sie mit Wasser und der richtigen Menge Dünger versorgt werden. Als Lohn der Mühe lockt ein üppig blühendes Pflanzgefäß.

Die Piktogramme

Die Piktogramme ermöglichen eine schnelle Bewertung jeder Art. Sie helfen Ihnen dabei, für jede Pflanze den optimalen Standort zu finden und ihre Bedürfnisse zu befriedigen.

WINTERHÄRTE-ZONE

Die Winterhärte gibt an, welche durchschnittliche Wintertemperatur eine Pflanze übersteht (nicht vergessen: Die Töpfe müssen dennoch gegen Frost isoliert werden). Die regionale Verteilung dieser Winterhärte-Zonen ist aus den Karten ab S. 186 ersichtlich.

ZONE
8–10

UMTOPFEN

Die Zahlen geben an, wieviele Jahre eine Pflanze im selben Topf bleiben kann, bevor sie umgetopft werden sollte. Zu groß gewordene Exemplare werden unabhängig von dieser Vorgabe nach Bedarf umgetopft.

1–2

GIESSEN

Wie häufig eine Pflanze gegossen werden muss, hängt von der Temperatur ab. Im Sommer müssen die Töpfe daher regelmäßig überprüft werden.

Wenig gießen
Bei ausreichend großem Topf alle 2–3 Tage gießen.

Normal gießen
Bei ausreichend großem Topf alle 1–2 Tage gießen.

Viel gießen
Selbst in einem ausreichend großen Topf müssen diese Arten ein- bis zweimal täglich gegossen werden.

PFLANZENTYP

Die Piktogramme zeigen an, ob eine Pflanze einjährig ist oder erneut verwendet werden kann.

Einjährige leben nur ein Jahr. Auch viele Stauden wärmerer Klimate werden als Einjährige gezogen, weil sie einen strengen Winter nicht überstehen würden.

Zweijährige leben zwei Jahre. Viele bilden im ersten Jahr nur eine Blattrosette und blühen im zweiten Jahr. Für sie gilt eine Winterhärte-Zone.

Stauden leben drei bis viele Jahre. Alle werden einer Winterhärte-Zone zugeordnet.

Immergrüne bleiben ganzjährig grün. Manche dieser Arten werfen in harten Wintern dennoch ihre Blätter ab.

Wenn Begonien derart üppig blühen, gehören sie an eine gut sichtbare Stelle.

Stauden

Stauden werden drei oder mehr Jahre alt; einige leben sogar sehr viel länger. Sie bilden das optische Gerüst eines mobilen Gartens. Statt jedes Gefäß immer wieder neu bepflanzen zu müssen, treiben Stauden Jahr für Jahr verlässlich wieder aus. Wie Bäume und Gehölze im Garten bilden sie die Fixpunkte, um die sich die übrigen Gefäße immer wieder anders gruppieren.

Viele Stauden brauchen eine winterliche Ruhephase, erst dann treiben sie im Frühling erneut aus. Dazu reichen mehrere Wochen bei etwa 5 °C. In sehr kalten Regionen müssen Sie einen Kompromiss finden: Draußen ist es zu kalt, in der Wohnung zu warm. Stellen Sie die Pflanzen in ein Gewächshaus (Kalthaus), in die Garage oder in ein Gartenhaus. Auf keinen Fall darf die Wurzel erfrieren, sonst stirbt die Pflanze ab (zur Isolation siehe S. 129).

Anemone blanda
Balkan-Windröschen

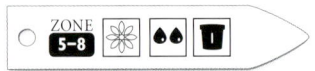

Windröschen blühen gerade früh genug, um das Frühjahr anzukündigen. Ihre Blüten mit den zarten Blütenblättern zittern im Wind, während die tief eingeschnittenen, dunkelgrünen Blätter an Farnwedel erinnern.
Größe: 10–23 cm hoch, 10–15 cm breit.
Blüte: In der Frühlingsmitte erscheinen weiße, rosa, violette, blaue und purpurne Blüten. Viele Sorten haben eine kräftig gelb gefärbte Blütenmitte; die Blütenblätter sind

im Zentrum fast weiß und nehmen erst nach außen ihre Farbe an.
Standort: Volle Sonne bis Halbschatten.
Substrat: Gut durchlässig, mäßig nährstoffreich; pH-Wert 6–7.
Begleitpflanzen: Windröschen sollten in Einzeltöpfen stehen. Dazu passen spät blühende Tulpen und Osterglocken. In einem großen Gefäß mit Tulpen bilden sie eine hübsche Unterpflanzung.
Anmerkungen: Vor dem Einpflanzen (Herbstmitte) werden die Knollen 12 Stunden in Wasser eingeweicht. Sollten sie bereits vor dem Winter austreiben, werden sie dick mit Mulch abgedeckt. Nördlich von Zone 5 kommen sie im Vorfrühling in die Erde und blühen im Sommer. Graben Sie

die Knollen vor den ersten Frösten wieder aus. Sie werden an einem kühlen, trockenen, dunklen Ort gelagert und im nächsten Frühling wieder ausgepflanzt.

Windröschen sind in allen Teilen giftig; Kinder dürfen Sie auf keinen Fall in den Mund nehmen oder gar essen.

Begonia
Begonien

Da es über 1300 Arten von Begonien gibt, finden Sie ganz sicher eine passende. Die kleinblättrigen Semperflorens-Hybriden (Eisbegonien) werden wegen ihres bronzefarbenen oder rot-grünen Laubes und der Blüten ausgewählt, die den ganzen Sommer über blühen. Knollen-Begonien haben üppige Blätter und herrliche Blüten und die Königsbegonien wunderschöne, mehrfarbige Blätter.
Größe: Je nach Art/Sorte 20–90 cm hoch und 25–45 cm breit.
Blüte: Je nach Art/Sorte; einige blühen im Winter, andere im Frühling oder Sommer. Bis auf Blau und Purpur sind alle Farben vertreten.
Standort: Volle Sonne bis Halbschatten.
Substrat: Gut durchlässig, mäßig nährstoffreich; pH-Wert 6–7.
Begleitpflanzen: Die Semperflorens-Hybriden eignen sich gut als Unterpflanzung für hohe, bunt blühende Arten. Königsbegonien, jede in einem eigenen Topf oder zu mehreren zusammengestellt, sind die ganze Vegetationsperiode über hübsch. Knollenbegonien wirken am besten als Solitäre.
Anmerkungen: Probieren Sie aus, welche Begonien unter Ihren Bedingungen am besten gedeihen. Zimmerbegonien (*B. aconitifolia, B. albopicta*) sehen das ganze Jahr über hübsch aus. Königsbegonien (*B. rex*) können ganzjährig im Zimmer wachsen. Sie brauchen gedämpftes Licht und ver-

zaubern jeden Raum. Die Semperflorens-Hybriden (*B. schmidtiana*, *B. cucullata* var. *hookeri*) kommen wegen ihrer langen Blütezeit und der attraktiven Blätter in einem sommerlichen Gefäß sehr gut zur Geltung. Knollenbegonien (*B. × tuberhybrida*) brauchen Winterruhe. Die Knollen werden bei 7–10 °C trocken und dunkel gelagert. Sie kommen erst im Frühling in den Topf und präsentieren sich in Bestform, sobald das Wetter wärmer wird. Im Winter blühende Arten (*B. × cheimantha*, *B. × hiemalis*) kommen sogar in beheizten Wohnungen zurecht, wenn die Temperatur nicht über 21 °C steigt. Außerhalb der Blütezeit sind sie eher unscheinbar, dann können sie ins Freie gestellt werden.

Canna
Canna, Blumenrohr

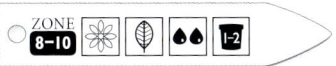

Das Blumenrohr ist nicht winterhart; es gibt einem mobilen Garten ein tropisches Flair. Die Blätter erinnern an Bananen, nehmen aber verschiedene Farbtöne an: Es gibt panaschierte, gestreifte, aber auch einheitlich grüne Sorten. Mit ihrem aufrechten Wuchs ziehen sie aber auch dann die Blicke auf sich, wenn sie nicht blühen.

Größe: Variabel, zwischen 60–180 cm hoch, 45–60 cm breit.
Blüte: Im Sommer zeigen sich üppige Blüten in warmen Farben – Rot, Orange, Gelb und Rosa.
Standort: Volle Sonne.
Substrat: Nährstoffreich, feucht; pH-Wert 5,5–6,8; im Sommer alle zwei Wochen düngen und Mitte Herbst zurückschneiden.
Begleitpflanzen: Cannas sind sehr dominant und bilden in Gruppen stets den Blickfang. Die zierlichen Meerlavendel (*Limonium*) bilden einen hübschen Kontrast zu den kraftvollen Cannas.
Anmerkungen: Beliebte Sorten sind 'Lucifer', eine 60 cm hohe Pflanze mit leuchtend roten Blüten mit gelbem Rand; 'The President', ebenfalls rot und noch höher; 'Bengal Tiger' mit grün und gelb panaschiertem Laub mit orangefarbenen Blüten; 'Stuttgart' mit orangefarbenen Blüten und weiß panaschierten Blättern.

Die Rhizome werden nach den letzten Frösten 10–15 cm tief eingegraben (oder im Zimmer vorgezogen). Canna braucht ein ständig feuchtes Substrat, das aber bei Jungpflanzen nicht nass sein darf. Ausgewachsene Exemplare lieben feuchte Böden – achten Sie deshalb darauf, dass das Substrat nicht austrocknet

Verblühtes wird sofort entfernt, weil *Canna* neue Blütenstängel treibt. Die Blütenstängel eignen sich als Schnittblumen; in der Vase halten sie eine Woche. Wenn Sie die Blätter in Sträuße binden möchten, lassen Sie mindestens fünf Blätter stehen, damit sich die Nährstoffspeicher der Pflanze wieder füllen.

Cyclamen
Alpenveilchen

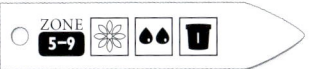

Von den 19 Arten Alpenveilchen werden nur zwei regelmäßig in Töpfe gepflanzt, das

Trotz seiner Größe gedeiht das Blumenrohr (rechts im Bild) sehr gut im Topf. Die Blütenfarbe der Bougainvillea im vorderen Topf harmoniert gut mit Canna.

Zimmer-Alpenveilchen (*C. persicum*) und das Vorfrühlings-Alpenveilchen (*C. coum*). Beide sehen sehr gut aus, sie haben dekorative Blätter und romantisch aussehende Blüten, die aus der Entfernung an Schmetterlinge erinnern.

Größe: *C. persicum* ist 20–25 cm hoch und 15–20 cm breit, *C. coum* 8–15 cm hoch und 10–15 cm breit.
Blüte: Im Winter oder Vorfrühling, je nach Art und Standort, mit weißen, rosa oder purpurnen Blüten. Das Zimmer-Alpenveilchen wird vorwiegend im Zimmer gehalten und blüht von Ende Dezember bis Anfang Februar. *C. coum* blüht im zeitigen Frühling, wenn es im Winter im Freien gestanden hat.
Standort: Halbschatten oder lichter Schatten.
Substrat: Gut durchlässig, mäßig nährstoffreich, humusreich; pH-Wert 6–7.
Begleitpflanzen: Entweder allein oder als Unterpflanzung für einen Topf mit einer tropischen Kletterpflanze.
Anmerkungen: *C. coum* lässt sich aus Samen ziehen, Die Samen werden auf einer Schicht Blähton ausgestreut und lichtdicht abgeschlossen. Die Samen keimen nach 1–2 Monaten. Gute Sorten von *C. coum* sind beispielsweise 'Shell Pink' und 'Rose Pink' mit etwas dunkleren Blüten.

Wenn die Blätter schlaff werden, ist der Standort zu warm. Alpenveilchen gedeihen am besten bei einer Tagestemperatur von 18–20 °C und Nachttemperaturen von 7–14 °C. Wenn die Temperatur für längere Zeit über 20 °C ansteigt, gehen Alpenveilchen in Ruhe.

Alle Pflanzenteile sind giftig. Manche Menschen reagieren empfindlich auf den Hautkontakt mit den Knollen.

Erigeron karvinskianus
Karvinskis Berufkraut

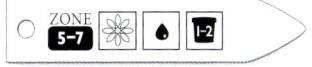

Das Berufkraut erfüllt im Blumentopf eine doppelte Aufgabe. Es sieht mit den weißen Blütenköpfen sehr gut aus, lockt aber auch

die äußerst nützlichen Wespen an, die sich ihrerseits über die Blattläuse und andere Schädlinge hermachen. Auch Bienen und Schmetterlinge besuchen das Berufkraut.

Größe: 20–30 cm hoch; 45–60 cm breit.

Blüte: Für eine Staude blüht das Berufkraut sehr lange. Wenn die Bedingungen stimmen, kann es fast das ganze Jahr in Blüte stehen.

Standort: Volle Sonne.

Substrat: Gut durchlässig, mäßig nährstoffreich; toleriert einen weiten pH-Bereich.

Begleitpflanzen: Rücken Sie die Töpfe in die Nähe von Arten, die häufig von Blattläusen angegriffen werden. Die Wespen machen sich über die Blattläuse her.

Anmerkungen: Die Art wird oft als Bodendecker gepflanzt; in einem Kübelgarten gehört sie in den Vordergrund einer größeren Gruppe oder bildet einen Kontrast zu verschiedenen Einjährigen.

E. karvinskianus 'Profusion' ist eine der beliebtesten und besten Sorten. Sie zeichnet sich durch eine Unmenge von Blüten aus.

Auch einige andere *Erigeron*-Arten lassen sich in Gefäßen ziehen. *E. aureus* 'Charity' hat rosa Blüten zu bieten, 'Azurfee' lavendelblau und 'Canary' gelb. *E. pulchellus* 'Quakeress' hat helle, blaurosa und 'Serenity' halb gefüllte dunkelrote Blüten.

Wenn Sie Verblühtes regelmäßig abschneiden, verlängert sich die Blütezeit. Wenn Sie die gesamte Pflanze nach der Blüte zurückschneiden, treibt sie bald wieder neu aus und beginnt zu blühen.

Helleborus-Hybriden
Christrose, Lenzrose

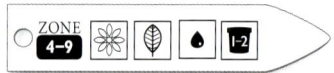

Für viele Gartenbesitzer gehören die Christrosen zu den schönsten Blumen überhaupt – und sie blühen sehr früh. Allerdings sind Blätter, Stängel und Wurzeln giftig, und empfindliche Menschen reagieren mit allergischem Hautausschlag, wenn sie die Wurzeln beim Einpflanzen oder beim Teilen älterer Exemplare direkt berühren.

Größe: Je nach Sorte von 30–45 cm hoch; 30–45 cm breit.

Blüte: Sehr früh im Jahr mit weißen, hellrosa, korallenroten, magentafarbenen, getupften oder gefleckten Blüten.

Standort: Lichter Schatten.

Substrat: Gut durchlässig, nährstoffreich mit hohem Humusanteil; pH-Wert 6,8–7,5.

Begleitpflanzen: Stellen Sie die Töpfe mit je einem Exemplar zwischen die Frühblüher.

Anmerkungen: Da es Hunderte von Sorten gibt, müssen Sie aus dem Angebot Ihres Gartencenters Ihre eigenen „Lieblinge" ermitteln. Für den Anfang sind die 'Ballard' Hybriden sehr gut geeignet (von *H. orientalis*), etwa die rosarote 'Peggy Ballard' oder die dunkelblaue, fast schwarze 'Philip Ballard'.

Iris
Schwertlilie

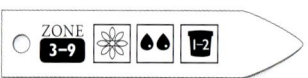

Es gibt über 300 Iris-Arten, die sich grob in mehrere Kategorien einteilen lassen. Zu den Rhizomen bildenden Iris-Arten gehört vor allem die große Gruppe der Bartiris – sie stellen die meisten im Garten wachsenden Formen. Zur Gruppe der bartlosen Iris, auch sie wachsen aus einem Rhizom hervor, gehören die Sibirische, Japanische und Louisiana Iris. Die Zwiebel bildenden *Iris*-Arten sind *I. reticulata*, Juno-*Iris* und *I. xiphium*. Bartiris wachsen sehr gut im Topf; sie werden vom Hochsommer bis in den Frühherbst in gut durchlässiges Substrat gepflanzt. Beim Einpflanzen muss das obere Drittel des Rhizoms aus der Erde herausschauen.

Größe: Je nach Art/Sorte 15–90 cm hoch und 30–60 cm breit.

Blüte: *I. reticulata* blüht im zeitigen Frühjahr, als letzte Schwertlilien blühen im Hochsommer die Japanischen und Bartiris.

Standort: Volle Sonne bis Schatten von Gehölzen.

Substrat: Gut durchlässig, nährstoffreich; pH-Wert 6–6,8.

Begleitpflanzen: *I. reticulata* passt gut zu

Schneeglöckchen und Krokussen – sie blühen etwa gleichzeitig und sind auch etwa gleich groß. Höhere Arten/Sorten brauchen einen Topf für sich allein.

Anmerkungen: Da es Sorten in allen denkbaren Farbnuancen gibt, sollte man viel Zeit darauf verwenden, wirklich optimale Farbkombinationen zusammenzustellen, die zur Umgebung und den übrigen Pflanzen passen. Sibirische Schwertlilien (*I. sibirica*) lassen sich besonders leicht ziehen. Ihre Rhizome kommen 2,5–7,5 cm tief unter die Erde; sie werden erst geteilt, wenn sie den Topf vollständig ausfüllen. Das Einzige, was sie wirklich brauchen, ist ständig feuchtes Substrat (jeden Morgen gießen). In humusreichem Substrat entwickeln sie sich prächtig. Die 7,5–10 cm hohen Blüten zeigen sich im Frühsommer, die schmalen, schwertförmigen Blätter bleiben während der gesamten Vegetationsperiode interessant. Schöne Sorten sind 'Caesar's Brother' (tief purpurn, gelb und weiß überlaufen und mit schwarzen Adern) und 'Lavender Bounty' (lavendelblaue hängende und hellrosa Domblätter). Bei 'Butter and Sugar' sind die aufrechten Domblätter weiß, die hängenden Blätter buttergelb.

I. reticulata (Kleine Netzblattiris) wird nur 15–20 cm hoch. Ihr Substrat muss zu

Diese Gruppe aus *Iris histrioides* 'George' sieht nicht nur hübsch aus, sie duftet auch intensiv.

Beginn der Vegetationszeit feucht sein; vom Sommer bis in den Winter braucht sie trockenes Substrat. Die Zwiebeln werden im Herbst 7–10 cm tief im Abstand von 7–10 cm gepflanzt.

Viele *I. reticulata* Sorten duften leicht; wenn Sie Wert darauf legen, sollten Sie im Gartencenter nachfragen. 'Cantab' ist eine duftende Sorte mit herrlichen blauen Blüten mit gelbem Fleck; 'Purple Gem' ist dunkelpurpurn mit weißem Fleck.

Laurentia fluviatilis
(syn. *Isotoma fluviatilis*)

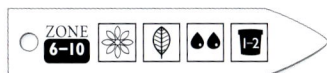

Diese australische Staude wird auch als *Pratia pedunculata* oder *Lobelia pedunculata* angeboten; sie hat keinen deutschen Namen. Sie ist so robust, dass sie im Garten in den Fugen von Natursteinplatten wachsen kann. Sie macht sich besonders gut in einem Hängekorb.

Größe: 5–15 cm hoch, 25–30 cm breit.
Blüte: In der Frühlingsmitte; hellblaue, sternförmige Blüten.
Standort: Kommt sowohl in der vollen Sonne als auch im Halbschatten zurecht.
Substrat: Gut durchlässig, mäßig nährstoffreich; pH-Wert 5,5–7.
Begleitpflanzen: Macht sich gut neben früh blühenden Zwiebelpflanzen.
Anmerkungen: Die Pflanzen blühen bis zum Herbst; sie eignen sich perfekt, um eine halbschattige Ecke aufzuhellen. In warmen Regionen können sie draußen überwintern, dann bleiben sie grün. Im kühleren Regionen können die oberirdischen Teile absterben.

Primula
Primel, Schlüsselblume

Zur Gattung *Primula* gehören 425 Arten und zahlreiche Sorten. In gärtnerischer Hinsicht unterscheidet man mehrere Grup-

pen oder Sektionen, wie Aurikula, Candelabra, Acaulis, Polyanthus oder Juliana. Obwohl fast alle auch im Topf wachsen, werden meist nur die Polyanthus-Hybriden verwendet.

Größe: 20–25 cm hoch, 15–15 cm breit.
Blüte: Im Frühling in Schattierungen von Blau, Orange, Rosa, Rot, Weiß und Gelb. Die Blüten stehen zu mehreren auf Blütenstängeln oberhalb der Blätter.
Standort: Halbschatten bis Baumschatten; in kühlen Regionen auch in der vollen Sonne.
Substrat: Nährstoffreich, feucht; pH-Wert 5–6,5.
Begleitpflanzen: Alle Primeln passen gut zu früh blühenden Zwiebelpflanzen. Wenn die Primeln in eigenen Töpfen stehen, können die verblühten Zwiebelpflanzen aus der direkten Sicht genommen werden.
Anmerkungen: Die Polyanthus-Hybriden sind in den meisten Regionen wintergrün. Die runzligen Blätter liegen in einer Rosette dem Boden an, erinnern aber etwas an Römersalat. Alle Primelblüten haben ein gelbes Zentrum. Die schönsten Blüten haben die Goldrandprimeln, die in jeder Gruppe den Blick auf sich ziehen. Das Rot im Zentrum ihrer Blütenblätter ist so dunkel, dass es fast schwarz aussieht, der Rand der Blütenblätter ist goldgelb. Die Mischung 'Pacific Giants' hat große, bunte Blüten.

Rosa
Rosen

Rosen sind, je nach Sorte und Standort, entweder einfache oder extrem komplizierte Pflanzen. In feuchtem Klima sind sie berüchtigt für ihre Anfälligkeit gegenüber Krankheiten und scheinen Keime und Schädlinge regelrecht anzuziehen. Ihr Aussehen macht aber jede Mühe wett.

Die Größe der Rosen reicht von kleinen Strauch- bis zu üppig kletternden Ramblerrosen. Sorten wie 'Ballerina' bilden zur Blütezeit zahllose kleine, einfache Blüten.

Auch wenn die Rosen im Kübel ständige Aufmerksamkeit verlangen, zeigen sie zur Blütezeit, dass sich jede Minute hundertfach gelohnt hat.

Größe: 30–60 cm bis über 3 m für hohe Kletterrosen.
Blüte: Je nach Sorte Frühlingsmitte bis Hochsommer.
Standort: Volle Sonne.
Substrat: Gut durchlässig, nährstoffreich; pH-Wert 6,5–6,8. Während der Blütezeit brauchen die Rosen alle 2–4 Wochen eine Düngergabe (Volldünger oder Rosendünger).
Begleitpflanzen: Rosen brauchen unbedingt einen Topf für sich, der dann zur Blütezeit zu passenden Pflanzen gerückt wird.
Anmerkungen: Die folgenden Sorten eignen sich gut für Töpfe und Kübel: 'The Fairy' ist eine strauchförmige, 60–90 cm hohe und breite Polyantha-Rose. Sie hat schwach duftende, hellrosa Blüten und blüht ab der Frühlingsmitte bis zum Sommer. Bis auf einen gelegentlichen Rückschnitt verlangt sie nicht viel Pflege.

'New Dawn' ist eine Kletterrose, die aus einem großen Kübel 3 m hoch klettert. Ihre Blüten bilden sich am Holz des Vorjahres, daher werden sie erst nach der Blüte beschnitten (Früh- bis Spätsommer). Ihre gefüllten, duftenden Blüten sind hell perlenrosa. Diese Sorte verträgt etwas mehr Schatten, gedeiht aber, wie alle Rosen, besser ab 6 Stunden Sonne pro Tag.

'Zephirine Drouhin' ist eine alte Bourbonrose, die sich leicht als Kletterrose ziehen lässt. Sie blüht unglaublich üppig mit vielen tiefrosa-farbenen, gefüllten Blüten, unter denen das Laub völlig verschwindet. Der Standort muss gut belüftet sein, denn sie ist anfällig gegenüber Pilzbefall, wie dem Sternrußtau. Auch 'Danse du Feu' ist eine Kletterrose, aber eine moderne Züchtung, die nicht so anfällig gegenüber Pilzerkrankungen ist. Ihre ziegelroten Blüten setzen sich gegen dunkelgrünes Laub ab.

Die Meidiland Rosen® sind Strauchrosen, die nicht nur gegen Sternrußtau resistent sind, sondern auch etwas Trockenheit vertragen und von vielen Schädlingen gemieden werden, unter anderem von Japankäfern, Zwergzikaden und der Mücke *Dasineura rhodophaga*. Sie kommen mit vier Stunden Sonne aus und blühen sehr lange, selbst wenn Verblühtes nicht gleich entfernt wird. Die Blütenfarbe ist ein klares Rot, das sich bei heißem Wetter stärker ins Blaue verfärbt. Die Blätter haben einen leichten Purpurschimmer und färben sich im Herbst Burgunderrot.

Sempervivum
Hauswurz

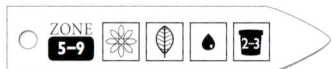

Am geeigneten Standort sieht die sukkulente Hauswurz das ganze Jahr über attraktiv aus. Bei manchen Arten scheinen die Blätter wie mit Spinnweben überzogen, andere sind ziegelrot und wieder andere haben grüne Blätter mit roten Rändern. Wenn sie sich unbehindert ausbreiten können, entwickeln sich zahlreiche Tochterrosetten. In einem bauchigen Topf kommt ihre Form besonders gut zur Geltung.
Größe: 7–10 cm hoch, 10–15 cm breit.
Blüte: Im Sommer; gelbe, rote oder purpurne Blüten an hohen Blütenstängeln.

Standort: Volle Sonne.
Substrat: Extrem gut durchlässig, mäßig bis kaum nährstoffreich; pH-Wert 6–7.
Begleitpflanzen: Hauswurz breitet sich aggressiv aus und verträgt sich nicht gut mit anderen Pflanzen. Daher wirken sie in einer Gruppe besonders gut, wenn verschiedene Arten und Sorten – farblich aufeinander abgestimmt – in einem gemeinsamen Gefäß wachsen dürfen.
Anmerkungen: Die Rosetten einer ausgewachsenen *S. tectorum* 'Pacific Hawk' sind etwa 5 cm breit mit ziegelroten Blättern. Sie passt wunderbar zu grünen oder rotrandigen Sorten. Auch 'Commander Hay' ist rot, allerdings mit bis zu 10 cm breiten Rosetten. *S. arachnoideum* (Spinnenweb-Hauswurz) ist mit feinen Haaren überzogen, die an ein Spinnennetz erinnern. Auch *S. ciliosum* ist behaart, die Blätter ähneln aber winzigen

Stacheln. *S. giusepii* hat rote Flecken am Ende der limonengrünen, dicht gepackten Blätter.

Bis eine Hauswurz zum ersten Mal Blüten bildet, vergehen mehrere Jahre. Während dieser Zeit entstehen die Tochterrosetten. Wenn die Mutterpflanze einen Blütenstängel mit den schönen Blüten treibt, kündigt sie ihren Tod an – sie stirbt nach der Blüte ab. Entfernen Sie die welkende Mutterpflanze, die „Töchter" füllen den Topf rasch wieder aus.

In einem breiten, runden Topf sieht Hauswurz, hier *Sempervivum* 'Purple Queen', mit ihrer leicht gewölbten Wuchsform besonders spektakulär aus.

Verbena bonariensis
Verbene

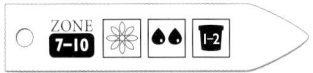

Da sie sich lange in einer Vase halten, geben Verbenen gute Schnittblumen ab. Das kräftige Purpur kontrastiert bestens zu gelben, orangefarbenen und roten Blüten, ist aber niemals dominant – der Blütenstand ist sehr zierlich und locker aufgebaut. Verbenen werden gerne von Schmetterlingen besucht, daher sollten sie in der Nähe von anderen Schmetterlingsblumen stehen.
Größe: 90–100 cm hoch, 30–90 cm breit.
Blüte: Im Frühsommer erscheinen purpurne Blüten auf langen Stängeln; die Pflanze blüht dauerhaft bis zum Spätsommer oder Frühherbst.
Standort: Volle Sonne.
Substrat: Gut durchlässig, mäßig nährstoffreich.
Begleitpflanzen: Dank ihres sehr lockeren Aufbaus können Verbenen sogar im Vordergrund stehen, ohne andere Pflanzen zu verdecken. Das tiefe Purpur kontrastiert bestens mit gelben Blüten.
Anmerkungen: Zur Gattung *Verbena* gehören etwa 250 Arten, viele davon eignen sich als Topfpflanzen. Die Blattunterseiten von *V. stricta* sind dicht mit silbergrauen Haaren bedeckt und wirken daher sehr plastisch. Der Blütenstand mit tief purpurblauen Blüten ist 30 cm hoch. Da die Staude in den Zonen 4 bis 7 winterhart ist, kann sie auch weiter im Norden wachsen. Auch die Lanzen-Verbene (*V. hastata*) ist in den Zonen 3 bis 9 winterhart. Ihre Blüten erscheinen von Frühsommer bis Frühherbst und sind violettblau bis purpurrosa gefärbt. Die weißen Sorten werden seltener angeboten. 'Silver Anne' hat süß duftende Blüten, die zunächst leuchtend rosa sind, mit dem Alter aber silberweiß werden. Sie wächst in den Zonen 8 bis 10; ansonsten lässt sie sich als Einjährige ziehen.

Verbenen wachsen in den Zonen 3 bis 6 als Einjährige. Wenn sie acht Wochen vor Ende der Nachfröste eingesetzt werden, blühen sie bis in den Hochsommer hinein.

Einjährige

Da man sich bei Einjährigen keine Sorgen machen muss, dass sie im Winter absterben könnten, sind sie besonders leicht zu pflegen: Bepflanzen Sie Ihre Gefäße im Frühling mit den Einjährigen Ihrer Wahl, gießen und düngen Sie regelmäßig und schneiden Sie Verblühtes ab – dann lehnen Sie sich zurück und erfreuen sich an dem Anblick.

Die meisten hier vorgestellten Arten wurden in den vorderen Kapiteln bereits vorgestellt. Sie sind aber keineswegs auf diese Auswahl angewiesen. Praktisch jede einjährige Pflanze, die mit Wasser und Dünger versorgt wird, lässt sich auch im Gefäß kultivieren. Als Faustregel gilt, dass das Substrat leicht feucht bleiben muss; holen Sie die Töpfe ins Haus, wenn Kälteperioden angekündigt werden.

Bidens ferulifolia
Zweizahn

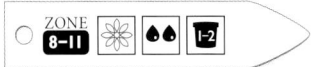

Diese Zweizahnart kann in den Zonen 8–10 sogar als Staude wachsen, in den übrigen überlebt sie nur als Einjährige. Ihr Hauptvorteil ist die offene, luftige Wuchsform: Die sternförmigen, gelben Blüten wirken zusammen mit dem Wuchs leicht wie Luft und hell wie Sonnenschein. Ein weiterer Vorteil ist die lange Blütezeit. Obwohl sie zu den Stauden gehört, erinnert die Dauer der Blüte an eine Einjährige.
Größe: 25–30 cm hoch, 30–45 cm breit.
Blüte: Im Hoch- bis zum Spätsommer bilden sich immer wieder neue Blüten.
Standort: Volle Sonne.
Substrat: Gut durchlässig, mäßig nährstoffreich; pH-Wert 5,8–7; alle 2–4 Wochen düngen.
Begleitpflanzen: Sie sollte in einem eigenen Topf wachsen, der zu blauen, purpurnen und weißen Blüten gestellt wird.
Anmerkungen: *B. ferulifolia* lockt viele nützliche Insekten an, vor allem Bienen und Schmetterlinge.

Sie sät sich selbst in anderen Töpfen aus. Wundern Sie sich also nicht, im nächsten Jahr Nachkommen in den Stauden-Töpfen zu finden.

Brachyscome iberidifolia
Blaues Gänseblümchen

Wenn es zur Blütezeit in seinem üppigen Blütenschmuck erstrahlt, zeigt sich das Blaue Gänseblümchen in seiner ganzen Pracht. Auch die Blütenköpfchen sind mit gelbem Zentrum und blauen, purpurnen oder weißen Randblüten wunderschön anzusehen.
Größe: 30–45 cm hoch, 21–35 cm breit.
Blüte: Von Frühsommer bis Frühherbst; Hunderte von prachtvollen Blüten.
Standort: Volle Sonne.
Substrat: Gut durchlässig, mäßig nährstoffreich; pH-Wert 5,5–7; während der Blütezeit alle paar Wochen düngen.
Begleitpflanzen: Die schöne, buschige Wuchsform bildet sich nur aus, wenn *Brachyscome* allein in einem Topf wächst.
Anmerkungen: Wenn Sie die Triebspitzen der Jungpflanzen abknipsen, wächst die Pflanze buschiger; Verblühtes regelmäßig abschneiden, um die Nachblüte anzuregen. Wird die Pflanze nach der ersten Hauptblüte zurückgeschnitten, treibt sie rasch eine neue Blütengeneration aus.

Das Blaue Gänseblümchen bevorzugt kühle Standorte und zieht sich bei Hitze zurück. Damit keine leeren Stellen entstehen, sollten Sie mehrere Töpfe zeitlich gestaffelt bepflanzen. Meistens reicht es, einen Ableger sechs Wochen vor den letzten Frösten und einen zweiten Anfang Juni zu pflanzen (er kommt Mitte Juli an Ort und Stelle). In Zone 8 bis 10 wird Anfang Juli ein dritter Ableger eingepflanzt.

Campanula isophylla
Stern-Glockenblume

Die empfindliche Staude wird selbst dort als Einjährige gezogen, wo sie eigentlich überwintern könnte. Als Zimmerpflanze ist sie mehrere Jahre lang lebensfähig und blüht regelmäßig.

Größe: 15–20 cm hoch, 25–30 cm breit.

Blüte: Im Freien von Hochsommer bis Herbst mit weißen oder blauen, sternförmigen Blüten. Als Zimmerpflanze blüht sie 2–3 Monate am Stück.

Standort: Halbschatten oder lichter Schatten.

Substrat: Gut durchlässig, nährstoffreich; pH-Wert 5,8–7; alle 2–4 Wochen düngen.

Begleitpflanzen: Die Glockenblume sollte in einem eigenen Topf wachsen.

Anmerkungen: Zu den beliebtesten Sorten gehören die reinweiß blühende C. isophylla 'Alba', 'Stella Blue' mit violettblauen und 'Stella White' mit weißen Blüten. Die Samen werden etwa acht Wochen vor den letzten Nachtfrösten im Zimmer ausgesät. Sie blühen erstmals zum Sommeranfang und dann weiter bis in den Herbst hinein. Die Art kommt am besten in einem Hängekorb zur Geltung, wo ihre natürlich rankenden Triebe herabhängen können.

Fuchsia
Fuchsien

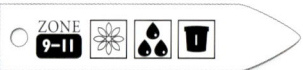

Fuchsien sind Stauden, die allerdings häufig nur wie Einjährige gezogen werden und Kübel und Hängekörbe schmücken. Sie vertragen als tropisch/subtropische Arten keine Winterfröste, lassen sich aber in Winterruhe über die kalte Jahreszeit bringen. In ihrem natürlichen Verbreitungsgebiet wer-

den Fuchsien von Kolibris bestäubt – was in unseren Gärten allerdings eine große Überraschung wäre.

Größe: Sehr variabel; für den mobilen Garten sind Formen von 30–45 cm Höhe und Breite optimal geeignet.

Blüte: Fast ununterbrochen zwischen Frühsommer und Herbst; in einem hellen Wintergarten blühen sie bis in den Winter hinein.

Standort: Halbschatten bis lichter Schatten.

Substrat: Gut durchlässig, nährstoffreich; pH-Wert 5,5–6,7; während der Blütezeit alle zwei Wochen düngen.

Begleitpflanzen: Allein in einen Hängekorb pflanzen; Farne und andere Blattpflanzen bilden einen schönen Hintergrund für die Dauerblüte.

Anmerkungen: Von der Gattung sind etwa 100 Arten und zwischen 3000 und 5000 Sorten bekannt. In der Regel bietet der Handel Hybriden an. Die roten, rosa, weißen und purpurnen Blüten hängen an langen Blütenstielen. Die Sorte 'Annabel' hat einen Preis der britischen Royal Horticultural Society gewonnen; sie hat gefüllte, hellrosa bis weiße Blüten, die sehr ätherisch wirken. Die Sorte 'Tom Thumb' ist sogar weitgehend winterhart, sollte in kalten Regionen aber sicherheitshalber gegen Fröste geschützt werden. Sie wird etwa 30 cm hoch und hat rote und purpurne Blüten.

Obwohl die Fuchsien aus den Tropen stammen, dürfen sie nicht in der direkten Sonnenhitze stehen; bei Temperaturen von 21 °C am Tag und 10–16 °C in der Nacht wachsen sie optimal. Die tiefen Nachttemperaturen sind wichtig für die Knospenbildung – ist es zu warm, bilden sich keine Blütenknospen. Auch bei Temperaturen über 27 °C stellen Fuchsien die Blütenbildung ein. Im Herbst werden mehrjährig gezogenen Fuchsien schrittweise weniger gegossen, nicht mehr gedüngt und ins Winterquartier gestellt. Im Frühling werden sie umgetopft, stärker gegossen und bekommen Dünger.

Fuchsien ziehen leider gerne die Weiße Fliege an. Wenn sich bei Ihnen viele natürliche Feinde der Fliege tummeln oder die Fuchsien in einem Gewächshaus unter Idealbedingungen wachsen, könnten Sie Glück haben. Andernfalls werden sich früher oder später Weiße Fliegen einstellen. Auch aus diesem Grund ziehen viele Gärtner die Fuchsien als Einjährige. Sonst nisten sich die Schädlinge während des Winterquartiers ein, und im nächsten Frühling ist das Problem noch gravierender. Schauen Sie sich Ihre eigenen oder neu gekauften Fuchsien daher sehr sorgfältig an.

Impatiens walleriana
Fleißiges Lieschen

In den Zonen 9 und 10 ist das Fleißige Lieschen winterhart, wird aber auch dort als Einjährige gezogen. Die Pflanze ist auch deswegen so beliebt, weil sie fast ohne Pflege auskommt, lange blüht und in zahlreichen Farbvarianten angeboten wird: Sie passt in jedes Farbthema.

Größe: Je nach Typ 20–60 cm hoch und breit.

Blüte: Frühlingsmitte bis Herbst mit zarten bis kräftigen Blütenfarben.

Leuchtend rote Blüten von *Fuchsia* 'Mrs. Popple' vor dem Hintergrund eines Kupfertopfes.

Standort: Halbschatten bis Schatten.

Substrat: Gut durchlässig, mäßig nährstoffreich; pH-Wert 5,8–6,5; alle 3–4 Wochen düngen.

Begleitpflanzen: Das Fleißige Lieschen ist eine hübsche Unterpflanzung für Schatten spendende Arten oder hellt in eigenen Töpfen schattige Ecken auf.

Anmerkungen: Das eigentliche Problem ist die Auswahl der richtigen Sorte – die Auswahl ist unüberschaubar groß. Der Handel bietet Fleißige Lieschen in Mischungen (z. B. Accent, Deco, Elfin, Tempo und andere mehr) an. Lassen Sie sich bei der Auswahl von den Farben leiten, denn eigentlich gedeihen alle *I. walleriana* gut, solange sie nicht in der Sonne stehen und in nährstoffreichem, nicht staunassem Substrat wachsen.

In den Mischungen treten manchmal Farbkombinationen aus verschiedenen Sorten auf, die nicht zueinander passen. Versuchen Sie beim Kauf der vorgezogenen Pflanzen (in Knospe oder Blüte) eine gute Farbkombination zusammenzustellen. Die beliebte Kombination Rosa und Lachs fällt oft ziemlich grell aus. Andererseits braucht man sich um das Fleißige Lieschen nicht zu kümmern, weil es auch ohne regelmäßig entfernte Blüten ständig neue Blüten treibt: Man setzt die Pflanzen in den Topf und überlässt sie sich selbst. Wenn die Exemplare ab dem Spätsommer auseinanderfallen, werden sie zurückgeschnitten und treiben neu aus. Solange sie sparsam mit Dünger versorgt werden, bilden Fleißige Lieschen eine neue Blütengeneration.

Lobelia erinus
Männertreu, Lobelie

Lobelien sind wunderschöne Topfpflanzen; sie kommen besonders vorteilhaft in Hängekörben und Blumenkästen zur Geltung.

Größe: 10–23 cm hoch, 10–15 cm breit.

Blüte: Mitte Frühling bis in den Sommer; ganze Wolken von kleinen Blüten in Schattierungen von Blau, Weiß, Purpur und Rosa.

Pflanzen Sie Lobelien-Sorten, wie 'Waterfall Light Lavender' an den Rand des Gefäßes, dann wachsen sie über den Rand nach unten.

Standort: Volle Sonne bis Halbschatten.

Substrat: Gut durchlässig, nährstoffreich, feucht; pH-Wert 5,5–6,8; während der Blütezeit alle zwei Wochen düngen.

Begleitpflanzen: Das zierliche Männertreu macht sich gut als Unterpflanzung von großen, markanten Pflanzen wie Lilien.

Anmerkungen: Von den zahlreichen erhältlichen Sorten dürfte 'Cambridge Blue' die Blüten mit dem reinsten Blau haben. 'Sapphire' hat dunkelblaue Blüten mit einem weißen Auge. In der Serie Cascade überwiegen rosa und purpurne Töne; das eingesprengte Weiß lässt die Blüten „funkeln".

Männertreu lässt sich sehr einfach ziehen und macht nur selten Probleme. Nur bei sehr heißer, direkter Sonneneinstrahlung hören die Pflanzen im Hochsommer auf zu blühen. Eine rechtzeitig gepflanzte zweite und dritte Charge schließt die Lücke. Lobelien werden zu mehreren in ein Gefäß gepflanzt. In einem Topf von 15 cm Durchmesser haben 5–7, in einem 25 cm-Topf 7–10 Exemplare Platz.

Mimulus
Gauklerblume

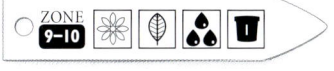

Die leuchtend bunten, manchmal auch gefleckten Blüten der Gauklerblume bezaubern die meisten Gärtner. Ihre kraftvollen

Blütenfarben beherrschen jede Gruppe, außer sie werden mit ähnlich kräftig gefärbten Arten kombiniert. Die Gauklerblume wird 6 bis 7 Wochen vor den letzten Nachtfrösten im Zimmer vorgezogen.

Größe: 13–30 cm hoch, 25–30 cm breit.

Blüte: Im Frühsommer; weiße, gelbe, orangefarbene oder rosa Blüten.

Standort: Volle Sonne im Norden; sonst im gefilterten Licht eines Gehölzes.

Substrat: Gut durchlässig, nährstoffreich, feucht; pH-Wert 6–6,8; während der Blüte alle 2–3 Wochen düngen.

Begleitpflanzen: Lilien mit kräftigen Blütenfarben sind gute Partner.

Anmerkungen: In der Regel werden Hybride und Sorten von *m. guttatus* angeboten. 'Calypso' überzeugt mit gelben, orangefarbenen, roten und rosa Blüten. In der Magic-Mischung herrschen gemischte Farben mit einigen Pastelltönen vor, während die Malibu-Mischung gefleckte Blüten und eine rankende Wuchsform hat, die sich sehr gut für Hängekörbe eignet.

Nemesia
Nemesie, Elfenspiegel

Nemesia strumosa wird häufig in Gärten kultiviert. Da die Art Kühle bevorzugt, eignet sie sich bestens als Frühlingsblüher in Zone 6 bis 8 und für den Wintergarten in Zone 9 bis 11. Neu sind patentierte Sorten von *Nemesia*, die nicht als Samen, sondern als vorgezogene Pflänzchen verkauft werden. Außerdem vertragen sie ein breiteres Temperaturspektrum: Sie sterben in kurzen, leichten Frösten nicht gleich ab und ertragen die Sommerhitze besser.

Größe: 20–25 cm hoch, 15–25 cm breit.

Blüte: Im zeitigen Frühjahr; kleine Blüten in vielen Farben, auch zweifarbig.

Standort: Volle Sonne.

Substrat: Gut durchlässig, mäßig nährstoffreich, feucht; pH-Wert 5,5–6,8; alle 2–4 Wochen düngen.

Begleitpflanzen: Wenn sie im Zimmer vorgezogen werden, kann man sie zu spät blühenden Frühlingszwiebeln und früh blühenden Sommerblumen stellen.

Anmerkungen: Die Sorte 'KLM' blüht blau-weiß mit einem gelben Auge; 'National Ensign' rosenrot und weiß. Die Carnival-Mischung enthält gelbe, rote, orangefarbene, rosa und weiße Blüten sowie gefleckte und gestreifte Blüten und solche mit farbigen Adern. 'Sundrops' ist eine relativ neue Sorte mit 20 verschiedenen Blütenfarben und kompakterem Wuchs. Fragen Sie in den Gartencentern auch nach den Neuzüchtungen 'Blue Bird', 'Compact Innocence' und der Aromatica-Mischung, die duftende Blüten bildet.

Eine gute Kombination wirkt fast immer besser als Einzelpflanzen. Hier ergänzen sich *Nicotiana* 'Lime Green', *Lysimachia nummularia* 'Aurea' und *Helichrysum petiolare* 'Limelight'.

Nicotiana sylvestris, N. alata
Ziertabak

Beide Arten zeichnen sich durch einen ungeheuer intensiven, charakteristischen Duft aus. Die Blüten verströmen diesen Duft aber erst ab der Abenddämmerung. Wer es mag, pflanzt Ziertabak in einen Fensterkasten vor dem Schlafzimmer und lässt den Duft ins Zimmer wehen. Andere Formen des Ziertabaks duften nicht so stark, haben dafür aber eine üppige Blütenfülle und angenehme Farben, die in die meisten Arrangements passen.

Größe: 90–100 cm hoch, 30–60 cm breit.

Blüte: Von Hochsommer bis Herbst bilden sich viele neue Blüten.

Standort: Volle Sonne in kühleren, Halbschatten in heißeren Regionen.

Substrat: Gut durchlässig, nährstoffreich, feucht; pH-Wert 6–6,8; alle 2–4 Wochen düngen.

Begleitpflanzen: Um den Duft genießen zu können, sollte Ziertabak nicht mit anderen Duftpflanzen kombiniert werden. In einem großen Gefäß könnten zu Füßen des Tabaks rankende Petunien wachsen, deren Blüten gut zum Tabak passen.

Anmerkungen: *N. sylvestris* hat nickende weiße, *N. alata* grünlich-weiße Blüten. Die Sorten wie 'Nicki Red' oder 'Lime Green' zeichnen sich durch kräftige Blütenfarben aus, etwa Rot, Rosenrot, Grün und Rosa. 'Salmon Pink' hat zart lachsrosa Blüten. Die Blüten der Sensation-Mischung duften stark.

Osteospermum
Paternosterstrauch

Auch *Osteospermum* fühlt sich in kühlem Klima am wohlsten. Sie bereichert die Frühlingsblüte in Gärten der Zonen 5–8 und spätwinterliche Kübel in den Härtezonen 9–10. Das Zentrum der exotisch anmutenden Blüten steht in kräftigem Farbkontrast zur restlichen Blüte; einige Sorten haben löffelförmige, andere zart gestreifte Randblüten.

Größe: Je nach Sorte 30–50 cm hoch und 25–30 cm breit.

Blüte: Die Blüten öffnen sich im Spätfrühling oder Frühsommer; die Farben variieren zwischen rosa, weißen und gelben Tönen.

Standort: Volle Sonne.

Substrat: Gut durchlässig, mäßig nährstoffreich; pH-Wert 5,5–6,3; alle 2–3 Wochen düngen.

Begleitpflanzen: In einzelnen Töpfen zwischen Arten mit zierlichen Blüten setzen, beispielsweise zu *Lobelia*.

Anmerkungen: Beliebte Sorten sind 'Pink Whirls' mit purpurnen bis lavendelblauen, löffelförmigen Randblüten um ein blaues Zentrum; 'Whirligig' mit dunklem Zentrum und weißen, löffelförmigen Randblüten, die auf der Unterseite stahlblau gefärbt sind; schließlich 'Buttermilk' mit intensiv brauner Mitte und weißen Randblüten mit gelben Spitzen.

Nachdem die Pflanzen in ihren endgültigen Töpfen wachsen, werden alle Spitzen um vier bis fünf Knoten abgeknipst, damit die Pflanze buschiger wächst und mehr Blüten bildet. *Osteospermum* sollte kühl und in hellem Licht stehen. Bei 10–21 °C Tages- und 4–16 °C Nachttemperatur entwickeln sich die Blüten am besten. Das Substrat muss feucht bleiben, denn bei trockenem Boden gehen die Pflanzen in Winterruhe und sind dann kaum noch zum Blühen zu bringen. In zu feuchtem Boden werden sie anfällig gegenüber Pilzen, daher werden sie nur bei Bedarf gegossen.

Im Unterschied zu anderen Einjährigen reagiert *Osteospermum* nicht mit üppiger Neublüte, wenn das Verblühte entfernt wird – sie setzen nur selten Samen an. Wenn die Pflanze auseinanderfällt, werden die Stängel zurückgeschnitten. Solange die Nährstoffversorgung ausreichend und die Temperaturen (nicht zu heiß und feucht) stimmen, treibt der Stängel verlässlich immer neue Seitentriebe und Blüten aus.

Pelargonium
Pelargonie, „Geranie" der Gärtner

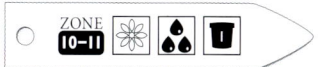

Der größte Nachteil der Pelargonien ist die Vielfalt. Soll man sich für eine bestimmte Blütenfarbe, eine Wuchsform oder besser für eine attraktive Blattform oder -farbe entscheiden?

Größe: Je nach Sorte 30–45 cm hoch und 20–45 cm breit.

Blüte: Ab Spätfrühling oder Frühsommer eine ganze Vegetationsperiode lang.

Standort: Volle Sonne.

Substrat: Gut durchlässig, sehr nährstoffreich, feucht; pH-Wert 5,5–6; alle 2–4 Wochen düngen

Begleitpflanzen: Pelargonien sehen besonders hübsch in Kombinationen mit anderen Pelargonien aus. Suchen Sie nach passenden Formen und Farben, und stellen Sie die Töpfe gut sichtbar auf. In einer Reihe aufgestellt, bilden Pelargonien ungewöhnliche „Grenzlinien" im mobilen Garten.

Anmerkungen: Die Zonal-Hybriden (Pelargonium × hortorum oder „Balkongeranien") sind sehr beliebt für Blumenkästen. Sie haben rundliche Blätter mit zonenartig abwechselnden Farben. Bei der Sorte 'Happy

Thought' sind die Zonen gelbgrün abgesetzt und wie ein Schmetterling geformt; hinzu kommen einzelne rote Blüten. Die glatten, glänzenden Blätter der Efeublättrigen Pelargonie (*P. peltatum*) erinnern an Efeu. Ihre Blüten stehen nicht so dicht wie bei anderen Zonal-Pelargonien. 'Amethyst' hat rosapurpurne Blüten.

Die Zitronen- oder Duftgeranien (*P. graveolens*) sind häufig etwas kleiner und sehen sehr unterschiedlich aus. Viele Gärtner haben mit einem Exemplar angefangen und wurden zu Liebhabern, denn die Sorten sehen sowohl in der Wohnung als auch draußen sehr hübsch aus. Der Rosenduft der nostalgisch-altmodischen 'Lady Plymouth' war der Royal Horticultural Society einen Ehrenpreis wert. Die einfachen, grünen Blätter sind cremeweiß panaschiert und die Blüten hell-lavendelblau gefärbt.

Bei der Pflege von Pelargonien, insbesondere von Zonal-Hybriden kommt es auf peinliche Sauberkeit an. Sobald die Blüten verwelken, werden sie abgeknipst und entfernt. Wenn sie auf ein Blatt fallen, könnten sich darunter Pilze entwickeln und die ganze Pflanze befallen.

Petunia-Hybriden
Petunien

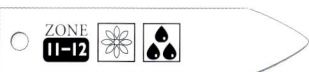

Petunien sind so „gewöhnlich", dass viele Gärtner glauben, auf sie verzichten zu müssen. Diese Einstellung wird den zahlreichen Sorten aber nicht gerecht, die in allen denkbaren Farben (außer Orange) eine Farbkomposition bereichern können. Es gibt spezielle Züchtungen für Hängekörbe.

Größe: Je nach Sorte 20–40 cm hoch und 25–40 cm breit.

Blüte: Vom Frühsommer bis zu den ersten Frösten werden regelmäßig neue Blüten gebildet.

Standort: Volle Sonne.

Substrat: Gut durchlässig, mäßig nährstoffreich; pH-Wert 5,5–6; während der Hauptwachstumsphase einmal monatlich düngen.

Begleitpflanzen: Petunien entwickeln sich am besten im eigenen Topf. Stellen Sie aus mehreren Töpfen eine farblich harmonierende Gruppe zusammen – mit Petunien oder anderen Arten.

Anmerkungen: Die Wave-Gruppe eignet sich besonders gut für Hängekörbe. Die Multiflora-Petunien bilden während der gesamten Blühperiode immer wieder neue Blüten und kommen praktisch ohne Pflege aus. Sie blühen selbst dann noch, wenn die verwelkten Blüten nicht entfernt werden; allenfalls im Spätsommer etwas in Form schneiden.

'Prism Sunshine' aus der Grandiflora-Gruppe gehört zu den besten Petunien. Sie hat große, gelbe Blüten, die sich an den Spitzen weiß verfärben. Eine weitere schöne Sorte ist 'Blue Danube' mit gefüllten, lavendelblauen Blüten und die Serie Daddy mit kräftig gefärbten Adern. Während die Grandiflora-Petunien bis 10 cm breite Blüten und eine zierlichere Wuchsform haben, sind die Blüten der Multiflora-Petunien nur 5 cm breit – dafür stehen die Blüten dichter. Grandifloras müssen vor Wind und Regen geschützt werden, damit sie ihre ganze Pracht erreichen. Multiflora-Petunien sind robuster und können überall im mobilen Garten eingesetzt werden.

Auch wenn es nicht dringend erforderlich ist: Petunien, die regelmäßig von Verblühtem befreit werden, bilden einen dichteren Blütenflor aus. Etwa um die Mitte der Vegetationsperiode fallen die Pflanzen etwas auseinander. Wenn sie zurückgeschnitten, gegossen und kräftig gedüngt werden, treiben sie wieder aus und blühen erneut.

Thymophylla tenuiloba
Gelbes Gänseblümchen

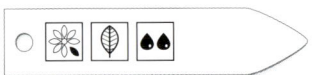

Vielleicht wird diese Art niemals der Star des Gartens, aber die hübsche kleine Einjährige bietet einen raffinierten Kontrast zu spektakuläreren Blüten. Wenn sich die hellgelben Blüten von den farnartigen Blättern abheben, sieht das gelbe Gänseblümchen im Hängekorb wunderschön aus.

Größe: 15–30 cm hoch, 15–30 cm breit.
Blüte: Von Spätfrühling bis Hochsommer; gelbe, an Gänseblümchen erinnernde Blütenköpfchen.
Standort: Volle Sonne.
Substrat: Gut durchlässig, leicht, mäßig nährstoffreich; pH-Wert 6,8–7,2; alle 2–4 Wochen düngen.
Begleitpflanzen: Ein guter Hintergrund für alle kräftig gefärbten Blüten.
Anmerkungen: Das Gelbe Gänseblümchen ist leicht zu ziehen und sehr pflegeleicht, sobald es sich etabliert hat. Im Hoch- bis Spätsommer hört es auf zu blühen; füllen Sie den leeren Platz mit einem später eingepflanzten Exemplar.

Zerdrückte Blätter duften zwar nach Zitrone, sind aber nicht essbar.

Tropaeolum majus
Kapuzinerkresse

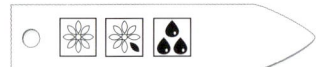

Die Kapuzinerkresse ist eine sehr vielseitige Pflanze. Sie ist zwar eine echte Einjährige, kann aber wie eine Kletterpflanze über ein Spalier oder als Bodendecker wachsen. Blätter und Blüten sind essbar: Sie passen in Salate oder geben, in Julienne-Streifen geschnitten, einem Eiersalat die gewisse Schärfe.

Größe: 30 cm–4,60 m hoch und breit.
Blüte: Gelbe, rote und orangefarbene Blüten von Frühsommer bis zu den ersten Frösten.
Standort: Volle Sonne bis lichter Schatten.
Substrat: Gut durchlässig, wenig bis mäßig nährstoffreich; pH-Wert 5,8–6,7; einmal pro Monat mit einem stickstoffarmen Dünger versorgen. Ist zu viel Stickstoff im Substrat, bildet die Kapuzinerkresse zahlreiche große Blätter und nur wenige Blüten. Die Kapuzinerkresse lockt Blattläuse noch aus großer Entfernung an.
Begleitpflanzen: Die leuchtenden Blütenfarben übertönen alle pastellfarbenen Begleiter, doch zusammen mit ähnlich bunten Partnern bilden sie vor grauen oder silbrigen Blättern eine äußerst attraktive Gruppe.
Anmerkungen: *T. peregrinum* und einige andere Arten klettern; auch die rankende Sorte 'Variegatus' mit cremeweißen und grün panaschierten Blättern und roten und orangefarbenen Blüten lässt sich hochbinden. Andere Sorten klettern dagegen kaum. Die niedrige Sorte 'Peach Melba' wächst buschig; ihre gelben Blüten haben einen orangeroten Schlund, der das Erscheinungsbild auflockert. Die Gruppe der Jewel-Sorten ist ebenfalls klein und buschig und überzeugt mit leuchtend rot, gelb und rosa gefärbten Blüten. Die 'Empress of India' ist mit purpurgrünen Blättern und tiefroten Blüten sehr auffällig.

Verbena, Tapien-Gruppe
Tapien-Verbenen

Die Tapien-Verbenen sind eine relativ neue Züchtung und durch ein Patent geschützt. Anders als die üblichen Verbenen wachsen sie flach und mattenförmig statt aufrecht. Im Garten werden sie als Bodendecker eingesetzt, sie eignen sich aber auch bestens für Hängekörbe.

Größe: 15–20 cm hoch, 35–45 cm breit.
Blüte: Von Frühsommer bis zu den ersten Frösten ist die ganze Pflanze mit kleinen Blüten bedeckt.
Standort: Volle Sonne bis Halbschatten.
Substrat: Gut durchlässig, mäßig nährstoffreich; pH-Wert 5,5–5,8; Volldünger alle zwei Wochen.
Begleitpflanzen: Diese Verbenen sehen gut neben Lobelien und Nemesien aus.
Anmerkungen: Zurzeit bietet der Fachhandel die Tapien-Verbenen in sechs Blütenfarben an: Blauviolett, Hellrosa, Pulverblau, Lavendelblau, Rosa und Weiß. Die Blätter sind zwar eingeschnitten, stehen aber dicht genug, um Unkraut zu unterdrücken.

Veilchen sind typische Frühlingsboten; an einem kühlen Standort blühen sie bis in den Sommer hinein.

Dass die welkenden Blüten dieser Sorten nicht abgeschnitten werden müssen und sie gegen viele Krankheiten resistent sind, macht die Tapien-Verbenen zu sehr pflegeleichten Topfpflanzen. Bis auf Gießen und Düngen müssen nur die Haupttriebe abgeknipst werden, damit die Pflanze buschiger wächst. Auch abgestorbene Blätter sollten entfernt werden.

Viola
Veilchen, Stiefmütterchen

In einem Garten sind Veilchen winterhart und säen sich sogar selbst aus. Das ist zwar prinzipiell auch im mobilen Garten möglich; wenn man sie jedoch als Einjährige jedes Jahr neu zusammenstellt, ist die Farbgestaltung sicherer. Bei der Selbstaussaat dagegen können unerwartete Blütenfarben auftreten.

Größe: 7–20 cm hoch, 7–15 cm breit.
Blüte: Schon im Frühling öffnen sich die farbigen kleinen Blüten in vielen Schattierungen von Blau, Gelb, Rosa, Orange und Purpur; viele mit Farbflecken auf den Blütenblättern.
Standort: Lichter Schatten oder volle Sonne in nördlicheren Breiten.
Substrat: Gut durchlässig, nährstoffreich, feucht; pH-Wert 5,5–5,8. Je nach Entwicklung alle 2–3 Wochen düngen.
Begleitpflanzen: Stellen Sie die Töpfe mit blühenden Veilchen zwischen die Frühblüher; später im Jahr passen Veilchen gut zu Lobelien, Nemesien und anderen Arten mit zierlichen Blüten.
Anmerkungen: Das wilde Stiefmütterchen (*V. tricolor*) hat purpurne, violette und weiße Blütenblätter. Die Sorte 'Molly Sanderson' ist eine der wenigen Gartenpflanzen mit echten schwarzen Blüten (nicht tiefrot). Da sich die Sorte nicht erbrein aus Samen vermehrt, müssen die Pflänzchen jedes Jahr neu gekauft werden.

Agapanthus, hier 'Purple Cloud', sorgen im Topf für eine üppige, tropische Atmosphäre.

Knollen und Zwiebeln

Pflanzgefäße sind wie gemacht für Knollen und Zwiebeln. Da man sie beliebig umstellen kann, blüht ein mobiler Frühlingsgarten früher und länger als im Freiland. Manche Arten lassen sich vortreiben; sie werden je nach Zustand ins Zimmer gestellt und blühen dann vom Spätwinter bis in den Spätfrühling hinein. Später sorgen die im Sommer blühenden Arten für lebendige Farbakzente. Knollen und Zwiebeln sind leicht zu ziehen. Wenn sie im Topf verbleiben, bis ihre Blätter von selbst welken – in dieser Zeit lagern sie Reservestoffe in ihre Speicherorgane ein –, treiben sie nach der Winterruhe viele Jahre lang verlässlich wieder aus.

Stellen Sie den Topf mit den welkenden Blättern in eine ruhige Ecke des Gartens. Hier können sich die erforderlichen Nährstoffe bilden, ohne das Bild zu stören. Wenn sich die Blätter zurückgezogen haben, verbleiben die Knollen und Zwiebeln entweder im Topf (sehr wenig gießen, damit sie nicht absterben) oder werden herausgenommen, getrocknet und an einem kühlen, trockenen Platz gelagert. Im Herbst werden sie wieder eingepflanzt.

In den Zonen 7 bis 9 werden im Sommer blühende Knollen, wie beispielsweise Agapanthus, zusammen mit den Frühblühern im Herbst eingesetzt, dürfen aber im Winter nicht dem Frost ausgesetzt werden.

Agapanthus
Schmucklilie

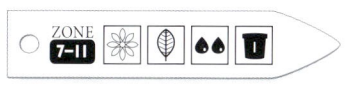

Haben Sie schon immer nach einer Art mit fast kugeligen Blütenständen und lockerem Wuchs gesucht? Schmucklilien kombinieren die offenen Blüten des Zierlauchs mit einem schönen Wuchs und weich herabhängenden, schwertförmigen Blättern. Sie blühen in Blautönen, manche mit purpurnem Hauch, manche auch eher in pastellfarbenem Babyblau. Die immergrünen Arten machen aber nur Sinn, wenn die

Pflanze im Winter frostfrei stehen kann.

Größe: 30–90 cm hoch, 30–60 cm breit.

Blüte: Im Sommer; blaue oder weiße Blütenstände auf hohen Stängeln über den Blättern. In einigen Sorten stehen die Einzelblüten nicht in „Kugeln", sondern nickend.

Standort: Volle Sonne bis lichter Schatten.

Substrat: Gut durchlässig, mäßig nährstoffreich; pH-Wert 6,6–7,5.

Begleitpflanzen: Bringen Sie das hübsche Blau der Blüten in Kombination mit weißen Blüten und Arten mit silbrigem oder grauem Laub zur Geltung.

Anmerkungen: *A. praecox* und die Unterarten (*minimus*, *orientalis* und *praecox*) sind immergrün und müssen im Winter absolut frostfrei stehen. Die Sorte 'Snowy Owl' hat weiße Blüten. Die Zwergformen 'Peter Pan' und 'Liliput' werden nur etwa 40 cm hoch.

Die Schmucklilie eignet sich auch als Schnittblume; sie hält sich etwa eine Woche lang in der Vase, wenn sie in einem kühlen Raum steht. In Regionen außerhalb der geeigneten Winterhärtezonen werden die Rhizome im Frühling eingesetzt. Der Topf darf erst ins Freie, wenn die Gefahr von nächtlichen Spätfrösten gebannt ist.

Allium aflatunense
Zierlauch

Unter den über 700 *Allium*-Arten ist *A. aflatunense* Gärtners Liebling. Man setze die Zwiebeln in einen tiefen Topf und positioniere ihn in der Mitte des mobilen Gartens. Sobald die Blüten erscheinen, weiß man, dass der Zierlauch genau hierher gehört.

Größe: 60–90 cm hoch, 20–25 cm breit.

Blüte: Im Spätfrühling zeigen sich die kugeligen Blütenstände mit Hunderten purpurblauer Einzelblüten über den geneigten, bandförmigen Blättern.

Standort: Volle Sonne.

Substrat: Gut durchlässig, nährstoffreich; pH-Wert 6–7.

Begleitpflanzen: In der Nähe gelb blühender Stauden mit markanter Wuchsform, wie etwa der Schafgarbe (*Achillea*), kommt der Zierlauch besonders gut zur Geltung.

Anmerkungen: Die Sorte 'Purple Sensation' hat 10 cm breite Blütenstände mit intensiv purpurn gefärbten Einzelblüten. Sie wirkt in jeder Umgebung und passt sowohl in einen streng formalen als auch in einen locker informellen Garten. Pflanzen Sie mehrere Exemplare in weiße Gefäße, und stellen Sie diese als „Tor" zum Garten auf.

A. aflatunense wird im Herbst zusammen mit den Frühblühern eingepflanzt. In 20 cm Tiefe, bei einem Abstand von 25–30 cm, kommen die Einzelpflanzen am besten zur Geltung. Die Blüte entwickelt sich besser, wenn der Topf etwas dichter bepflanzt wird – wer viele Blütenstängel möchte, sollte den einzelnen Pflanzen nicht zu viel Raum geben.

Wie viele andere Vertreter der Lilienfamilie, kann auch *A. aflatunense* zu Hautirritationen führen. Gärtner mit empfindlicher Haut sollten daher bei allen Arbeiten mit den Zwiebeln Handschuhe tragen. Die Blüten sind nicht essbar!

Convallaria majalis
Maiglöckchen

Der bezaubernde, zarte Duft von Maiglöckchen kommt im Zimmer wie im mobilen Garten bestens zur Geltung. Maiglöckchen werden gerne in Brautsträuße eingebunden, weil die wachsweißen Blüten für längere

Lassen Sie den Topf nach der Blüte stehen, da die Blätter des Maiglöckchens recht attraktiv aussehen.

Zeit halten und bei jedem Schritt zierlich
nicken.

Größe: 20–30 cm hoch, 7–15 cm breit.

Blüte: Von Mitte bis zum Ende des Frühlings; weiße bis zartrosa, glockenförmige
Blüten.

Standort: Durch Geäst gefilterte Sonne bis
Halbschatten.

Substrat: Gut durchlässig, mäßig nährstoffreich, feucht; pH-Wert 5,5–7,5.

Begleitpflanzen: Zusammen mit einem
Topf zartblauer Vergissmeinnicht ergibt
sich ein schönes Bild.

Anmerkungen: Neben vielen Sorten ist
C. majalis var. *rosea* mit zartrosa Blüten
besonders hübsch. 'Fortin's Giant' ist eine
weiße, relativ große und 'Flore Pleno' eine
weiße, gefüllte Sorte. Die Blätter bleiben
viel länger als bei anderen Frühblühern
erhalten. Sie färben sich erst im Herbst
gelb und bringen damit noch etwas Farbe
in den mobilen Garten. Alle Pflanzenteile
sind giftig; da die roten Beeren sehr verlockend aussehen, müssen Sie Kinder warnen
oder – noch besser – die Stängel rechtzeitig
abschneiden.

Crocosmia
Montbretien

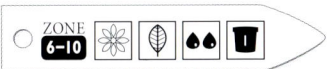

Ganz gleich, an welcher Stelle im Garten
die Montbretien auch stehen – zur Blütezeit
sind sie nicht zu übersehen. In ihrer Heimat
sind es weniger die Menschen als vielmehr
die Kolibris, die sich über den Nektar der
Blüten freuen. In unseren Breiten machen
sich die Schmetterlinge über die Blüten her,
solange sie sich beim Anflug sicher fühlen.

Größe: 60–70 cm hoch, 30–60 cm breit.

Blüte: In den Sommermonaten mit leuchtend roten, orangefarbenen oder gelben
Blüten an hohen Stängeln. Alle Blüten
bilden sich auf einer Seite des Stängels; die
Blütenstände wirken besonders zierlich.

Standort: In kühlen Regionen in voller
Sonne; in den Zonen 8 bis 10 im Halbschatten.

Substrat: Gut durchlässig, nährstoffreich;

pH-Wert 5,5–7,5.

Begleitpflanzen: Montbretien brauchen ein
eigenes Gefäß. Zur Blütezeit wird es an eine
gut sichtbare Stelle gerückt. Dazu passen
Arten mit kräftigen Farben, der Betrachter
sollte aber auch Wuchsform und Blätter
sehen.

Anmerkungen: 'Lucifer' ist eine ausge-
zeichnete Sorte. Sie hat leuchtend rote,
bis 5 cm lange Blüten. Die gelbe Sorte
'Golden Fleece' bildet ungewöhnlich viele
Blütenstängel und 'Emily McKenzie' hat
orangerote Blüten mit dunkel gezeichnetem
Schlund.

Die Knollen der Montbretien reihen sich
unter der Erde auf: Die jeweils älteste sitzt
ganz unten, die Tochterknollen darüber. Da
die Verbindungen am natürlichen Standort
leicht zerbrechen, breitet sich die Pflanze
rasch aus. Beim Einpflanzen im Frühling
können Sie die Knollen teilen und in einen
anderen Topf setzen (oder verschenken).
Montbretien sind gute Schnittblumen;
im Topf muss Verblühtes nicht entfernt
werden. Im Herbst bilden sich attraktive
Früchte. Wenn man sie abschneidet, bevor
sich die Kapseln öffnen, und sie mit einem
Fixativ einsprüht, kann man sie für ein
Trockengesteck nutzen.

Crocus vernus und C. 'King of Stripes'
sind nur die ersten Vorboten der Far-
benpracht, in der sich der mobile Garten im Sommer zeigen wird.

Crocus
Krokus

Die meisten Menschen denken bei blühenden Krokussen automatisch an Frühling.
Draußen im Garten stecken sie ihre Blüten
sogar durch den Schnee. Die Blüten vertragen zwar keinen starken Frost, kommen
ansonsten mit der Kälte aber besser zurecht
als viele andere Frühblüher. Krokusse
blühen aber nicht nur im Frühling. Der
Safran-Krokus (*C. sativus*) blüht erst im
Herbst. Die im Herbst blühenden Krokusse
haben meist purpurne oder lila Blüten,
die einen hübschen Kontrast zu den gelben, orangefarbenen und roten Tönen des
Herbstes darstellen.

Größe: 10–15 cm hoch, 10–15 cm breit.

Blüte: Zeitiges Frühjahr oder Herbst; die
Frühblüher sind weiß, gelb, hellorange oder
purpurn gefärbt, manchmal auch gestreift.
Herbstkrokusse blühen purpurn oder lila.

Standort: Volle Sonne.

Substrat: Gut durchlässig, mäßig nährstoffreich; pH-Wert 6–7,5.

Begleitpflanzen: Wegen der frühen Blütezeit kommen kaum Partner infrage. Hier
hilft man sich mit unterschiedlich gefär-
ten Sorten, die zu hübschen Farbkombinationen zusammengestellt werden.

Anmerkungen: Die Sorten von *C. ancyrensis*, wie 'Golden Bunch', blühen besonders
früh; ihr sattes Orangegelb hellt den Winter
wie kleine Sonnen auf. Auch *C. tommasi-
nianus* blüht früh. Im Garten verwildert er
gerne, und auch in einem Topf mit feuchter
(nicht nasser) und mäßig nährstoffreicher
Erde vermehrt sich diese Art bereitwillig.
Die Sorten von *C. vernus* werden regelmäßig und in großer Vielfalt angeboten; sie
lassen sich im Zimmer treiben.

Neben dem Safrankrokus blühen auch Sorten von *C. speciosus* im Herbst bis zum ersten Schnee; *C. goulimyi* ist besser für warme Regionen geeignet.

Setzten Sie die Knollen im Abstand von nur 2–3 cm ein; sie vertragen das „Gedränge" bestens und ihre Blüten kommen umso wirkungsvoller zur Geltung. Die besten Gefäße für Krokusse sind flache, breite Schalen. Vor dem Auspflanzen brauchen Krokusse eine Kälteperiode von mindestens vier Wochen, danach dürfen sie ins Warme. Sie sollten feucht, aber niemals nass gehalten werden, sonst droht die Gefahr einer Pilzinfektion.

Dahlia
Dahlien

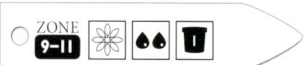

Die große Gattung der Dahlien ist zusammen mit den zahllosen Sorten kaum überschaubar. Nach der Blütenform werden 11 Gruppen unterschieden, deren Blüten von flach und einfach bis zu den dicht kugeligen Pompondahlien reichen. Bei manchen Sorten laufen die Blütenblätter spitz zu, bei anderen sind sie abgerundet. Suchen Sie auf den Abbildungen in den Gartencentern die Formen aus, die Ihnen zusagen.
Größe: Je nach Sorte 20–120 cm hoch und 15–60 cm breit.
Blüte: Sortenabhängig; im Hochsommer blühen weiße, rosa, rote, gelbe und lavendelfarbene Dahlien.
Standort: Volle Sonne.
Substrat: Gut durchlässig, humusreich; pH-Wert 6–7.
Begleitpflanzen: Nicht alle Dahlien sehen mit Partnern gut aus. Kombinieren Sie farblich passende Pflanzen dazu, oder heben Sie besonders attraktive Dahlien-Sorten durch grau- oder silberblättrige Stauden hervor.
Anmerkungen: Bei über 3000 Sorten sind Ratschläge schwierig. Fragen Sie bei Bekannten oder in Gärten nach dem Sortennamen, wenn Ihnen eine Dahlie gefällt. Sichten Sie das Angebot in Gartencentern,

wenn die Pflanzen bereits blühen. Eine verlässliche Sorte ist 'Grenadier' mit gefüllten, leuchtend roten Blüten; ihre dunkelgrünen Blätter bilden einen starken Kontrast zu den Blüten. Der 'Bishop of Llandaff' ist ein roter Klassiker, dessen Blätter sogar noch dunkler sind; seine Blüten gleichen einer Anemone. 'Hallmark' ist eine Pompondahlie mit lilarosa Blüten.

Wenn der Spitzentrieb abgeschnitten wird, reagieren Dahlien mit buschigerem Wuchs. Machen Sie sich diese Eigenschaft auch zunutze, um wuchernde Dahlien einzuschränken. Entfernen Sie regelmäßig das Verblühte, oder schneiden Sie die Blüten rechtzeitig für prächtige Sträuße ab. Dahlien halten sich in der Vase mehrere Tage.

Erst in den richtigen Gefäßen werden die Lilien, hier Lilium longiflorum *'White American', zu einem eleganten Blickfang im mobilen Garten.*

Hyacinthus orientalis
Hyazinthe

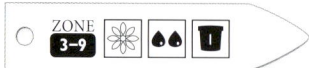

Für manche Menschen beginnt der Frühling erst mit dem Duft der Hyazinthen. Ihre Blüten erscheinen später als die der Krokusse und treffen allenfalls mit sehr spät blühenden Narzissen zusammen. Tulpen sind dagegen verlässliche Partner. In einer gemischten Gruppe können die kräftigen Farben der Hyazinthen schwächere Blütenfarben ausstechen, doch zusammen mit Weiß ergeben sich in der warmen Frühlingssonne schöne Farbbilder.
Größe: 20–30 cm hoch, 15–20 cm breit.
Blüte: Frühlingsmitte; die Blütenstände stehen steif aufrecht.
Standort: Volle Sonne oder lichter Schatten.

Substrat: Gut durchlässig, mäßig nährstoffreich; pH-Wert 6,5–7,5.

Begleitpflanzen: Hyazinthen kommen am besten in einer Gruppe mit anderen Hyazinthen zu ihrem Recht. Allenfalls nicht duftende Tulpen in hellen Pastelltönen passen dazu (der Duft der Hyazinthen übertönt alles).

Anmerkungen: Zu den besten Sorten gehören 'Delft Blue', mittelblau mit wundervollem Duft, 'King Codro' mit gefüllten rosa Blüten, die weiße 'Edelweiß' und 'City of Haarlem' mit Blüten in klarem Gelb. Je größer eine Hyazinthenzwiebel, desto größer wird später der Blütenstand. Im zweiten Jahr ist der Blütenstand merklich kleiner und die Blüten stehen lockerer. Aus diesem Grund verwenden viele Gärtner die Hyazinthen nur ein einziges Jahr.
Hyazinthen sind kaum anfällig gegenüber Schädlingen, vielleicht weil sie in allen Teilen giftig sind. Man darf die Zwiebel auf keinen Fall essen, und Gärtner mit empfindlicher Haut sollten sie nur mit Gummihandschuhen anfassen.

Lilium
Lilien

Wuchs und Blüten machen jede Lilie zum markanten Mittelpunkt des mobilen Gartens. Da einige Sorten außerdem einen angenehmen Duft verströmen, bieten sie doppelte Freuden.

Größe: Je nach Art 30–120 cm hoch und 25–45 cm breit.

Blüte: Je nach Art vom Früh- bis in den Spätsommer; große, prächtige Blüten in Weiß, Rosa, Gelb, Orange, Rot und Purpur.

Standort: Volle Sonne, lichter Schatten.

Substrat: Gut durchlässig, nährstoffreich und humusreich; pH-Wert 6–7.

Begleitpflanzen: Lilien sollten in einem eigenen Topf wachsen und nur mit anderen Lilien kombiniert werden.

Anmerkungen: Die Königslilie (*L. regale*) gehört zu den schönsten Lilien für ein Gefäß. Sie bildet im Sommer bis zu 25 süß

duftende Blüten. Die trompetenförmigen Blüten sind innen rein weiß und außen zart purpurn überlaufen. Auch die gelben Staubgefäße tragen zur Wirkung bei.

Die duftende *L. rubelleum* blüht im Hochsommer mit hübschen rosaroten Blüten. Ihr Duft ist so durchdringend, dass einige Exemplare reichen, um damit eine Terrasse oder ein Zimmer (Schnittblumen) zu füllen. Die beliebte Sorte 'Stargazer' hat zahlreiche rote, sternförmige Blüten, deren Blätter nach hinten umgeschlagen sind; im Schlund zeigen sich dunklere Flecken. 'Stargazer' duftet nicht, sieht aber allein oder zu mehreren prachtvoll aus.

L. nanum spielt in einer anderen Liga. Sie wird maximal 30 cm hoch und hat nickende, gelbe oder rosafarbene, nicht duftende Blüten. In kühlen Regionen fühlt sie sich in gefiltertem Licht, in heißen Regionen sogar im Halbschatten wohl. Sie passt gut zwischen andere Arten in gemischten Pflanzgefäßen.

Muscari armeniacum
Traubenhyazinthe

Traubenhyazinthen sind fröhliche, kleine Frühlingsboten. Man kann fast nicht anders, als bei ihrem Anblick zu lächeln. Wenn sie dicht an dicht in einem Topf stehen, erinnern sie an Miniaturausgaben der „großen" Hyazinthen. Diese Wirkung erzielt aber nur eine wirklich dichte Gruppe. Sechs Exemplare machen nicht viel her, aber 30–40 haben einen starken Auftritt.

Größe: 10–20 cm hoch, 7–10 cm breit.

Blüte: Im zeitigen Frühjahr erscheinen Trauben aus purpurblauen oder weißen Glöckchen zwischen grasartigen, hellgrünen Blättern.

Standort: Volle Sonne bis Halbschatten.

Substrat: Gut durchlässig, mäßig bis schwach nährstoffreich; pH-Wert 5,5–7,5.

Begleitpflanzen: Traubenhyazinthen sind eine perfekte Unterpflanzung für weiße oder gelbe Tulpen oder Narzissen.

Anmerkungen: Neben der Art bieten die

Die kleinen Traubenhyazinthen bilden einen munteren Kontrast zur Strenge der Amphore, in der sie wachsen.

Gartencenter verschiedene Sorten an. 'Blue Spike' wächst kompakt und hat hellblaue, gefüllte Blüten. *m. azureum* ist tiefer blau gefärbt und breitet sich stark aus. *m. comosum* hat gefüllte, ausgefranste, violett-lila Blüten, die locker zusammenstehen. Eine rein weiße Sorte ist *m. botryoides* 'Album'.

Narcissus
Narzissen, Osterglocke

Die genaue Zahl der Arten und Sorten zu benennen, grenzt an Spekulation. Die amerikanische *Daffodil Society* unterscheidet 12 Arten in 12 Klassen mit über 13.000 Sorten. Den meisten Gärtnern ist der Name ihrer Sorte egal, solange Farbe, Größe, Duft und Winterhärte stimmen. Einige der früh blühenden Formen kommen in jeder Zone zurecht, doch für spät blühende Formen sind in Zone 8 die Temperaturen zur Blütezeit bereits zu hoch.

Größe: 15–45 cm hoch, 7–15 cm breit.

Blüte: Je nach Art und Sorte von Weiß über Zartrosa bis Gelb, kleine und große Blüten, duftend und nicht duftend.

Standort: Volle Sonne bis Halbschatten.

Substrat: Gut durchlässig, nährstoffreich, feucht; pH-Wert 6–7,5.

Begleitpflanzen: Je nach Blütezeit bieten sich als Partner andere Frühblüher an, beispielsweise Duftsteinrich oder Wildes Stiefmütterchen. Auch Töpfe, die dicht mit einer Sorte bepflanzt und mit anderen oder denselben Sorten zusammengestellt werden, bieten ein prächtiges Bild.

Anmerkungen: 'Tête-à-tête' und 'Thalia' sind sehr gute Topfpflanzen. 'Tête-à-tête' ist eine Mini-Osterglocke mit gelber Blüte und einer klassisch proportionierten Blüte. Sie blüht als erste Osterglocke im Frühling. 'Thalia' ist mittelgroß mit weißer Blüte; auch sie weist klassische Proportionen auf. Osterglocken blühen erst nach einer Kälteperiode von 12–15 Wochen bei 4 °C. Ohne diese Phase lassen sie sich weder im Zimmer treiben, noch blühen sie im Freien auf. In einem Gartenhaus, wo die Temperatur nicht unter 0 °C sinkt und nicht über 7 °C steigt, machen sie die Ruhephase am besten durch. Die Spitze der Zwiebel sollte mehrere Zentimeter unter der Erde enden; halten Sie die Erde feucht, aber nicht nass – dann warten Sie einfach ab.

Nach der Kälteperiode lassen sich Narzissen treiben. Stellen Sie die Töpfe ins warme Zimmer, dann werden sie bereits vor der Zeit blühen. Um die Blütezeit zu verlängern, setzen Sie nicht alle Töpfe der Wärme aus. Tagsüber sollten die Töpfe an einem hellen, warmen Platz stehen (Fensterbank oder Pflanzenlampe), bis sich die Blätter zeigen. Wenn die Töpfe nachts kühl stehen, blühen Narzissen länger.

Tulipa
Tulpen

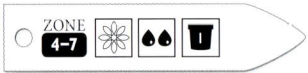

Je nach Präsentation wirken Tulpen formal oder locker-natürlich. Eine lange Reihe hoher Töpfe mit edlen, weißen Tulpen neben einem Weg ist der Inbegriff der Eleganz. Fröhlich und locker wirkt dagegen eine bunte Mischung aus verschiedenfarbigen Sorten neben Osterglocken und anderen Frühblühern. Viele Tulpen lassen ab dem zweiten oder dritten Jahr nach, daher lohnt es sich, jedes Jahr neue Zwiebeln für die Gefäße zu kaufen.

Größe: 15–75 cm hoch, 10–25 cm breit.

Blüte: Je nach Sorte Mitte bis Ende des Frühlings; einfache oder gefüllte, offene oder glockenförmige, glatte oder geschweifte Blüten in allen Farben außer reinem Blau.

Standort: Volle Sonne.

Substrat: Gut durchlässig, nährstoffreich; pH-Wert 6,7–7,5.

Begleitpflanzen: Tulpen sehen mit einer Unterpflanzung aus Traubenhyazinthen oder Vergissmeinnicht zwar sehr hübsch aus, sind aber als reine Tulpengruppe mindestens genauso wirkungsvoll. Pflanzen Sie in einen Topf immer nur Zwiebeln derselben Sorte, damit nicht eine Sorte bereits abstirbt, während eine andere noch in

Zierliche Osterglocken, hier *Narcissus* 'Hawera', dicht an dicht in einer Schale, rufen Frühlingsgefühle wach.

voller Blüte steht. Bilden Sie immer wieder neue Gruppen, indem sie Töpfe mit blühenden Sorten miteinander kombinieren.

Anmerkungen: Zur Zeit der großen Tulpenmanie in Holland zahlten Züchter Vermögen für geflammte Tulpen. Heute wissen wir, dass dieses Farbmuster kein Erbmerkmal, sondern Folge einer Viruserkrankung war. Die modernen Züchter achten darauf, erkrankte Tulpenzwiebeln auszusortieren und zu vernichten. Dennoch brauchen wir heute nicht auf die sogenannten Rembrandt-Tulpen zu verzichten, die sich durch Streifen auszeichnen. 'Prinses Irene' ist eine orangerote Tulpe mit dunkelbraunen Streifen, die von der Basis der Blütenblätter ausgehen. 'Sorbet' und 'Ice Follies' sind weiß mit roten Streifen und 'Orange Bowl' orange mit gelben Zeichnungen.

Die Sorte 'Stresa' ist rot mit gelben Streifen. Als Kaufmanniana-Tulpe blüht sie sogar im Topf Jahr für Jahr verlässlich aufs Neue. Nach der Blüte wird der Blütenstängel abgeschnitten; die Blätter bleiben stehen, bis sie absterben. Wenn die Zwiebeln im Topf verbleiben, werden sie sparsam gegossen. 'White Triumphator' ist eine lilienblütige Tulpe, die etwa 60 cm hoch wird. Sie sieht in einem formalen Topf äußerst elegant aus. Eine andere lilienblütige Sorte ist 'Mariette', ihre rosa- bis lachsroten Blütenblätter neigen sich nach außen. 'Nevada' ist eine Triumph-Tulpe in der klassischen Tulpenform. Sie hat dunkelpurpurne Blütenblätter.

Kletterpflanzen

Kletterpflanzen bekommen auch im mobilen Garten ihren großen Auftritt. Da sie in die Höhe wachsen, bilden sie den Hintergrund für andere Pflanzen, dienen als ungewöhnlicher Blickfang oder zeichnen das Bild einer natürlichen Landschaft nach.

Die meisten Kletterpflanzen fühlen sich in ziemlich großen Gefäßen am wohlsten. Stellen Sie die Gefäße von vornherein auf Rollen oder Rollwagen und überlegen Sie im Vorfeld, welches Klettergerüst sich für die geplante Wirkung am besten eignet. Arten, die mit einer Kletterhilfe im Topf auskommen, lassen sich an jede beliebige Stelle umsetzen. Berücksichtigen Sie auch die Zeit, die Sie für Schnitt und Pflege der Kletterpflanzen aufwenden müssen.

Der verzierte Topf und die gedrehten Metallstützen verschmelzen mit der üppig blühenden Clematis 'Crystal Fountain' zu einer Einheit.

Campsis
Trompetenblume

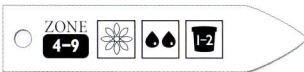

Trompetenblumen wachsen sehr schnell. Sie bedecken innerhalb weniger Jahre ein Rankgitter, das dann als undurchsichtiger Sichtschirm fungiert. Allerdings dürften sich die wenigsten Gärtner wegen des Wachstums für *Campsis* entscheiden. Im Hochsommer sehen die leuchtenden, großen Blüten einfach prachtvoll aus. Mit etwas Glück stellen sich Vögel ein, die zwischen den Blättern nach Futter suchen. Für die Trompetenblume sollte sich aber nur entscheiden, wer genügend Platz hat.

Größe: Im Topf 3–4,50 m hoch.

Blüte: Von Hochsommer bis zu den ersten Frösten; rote, orangefarbene und gelbe, trompetenförmige Blüten.

Standort: Volle Sonne bis Halbschatten.

Substrat: Gut durchlässig, mäßig bis sehr nährstoffreich, humusreich; verträgt kurze Trockenperioden.

Begleitpflanzen: Pflanzen Sie zu Füßen von *Campsis* Kapuzinerkresse, Schlafmützchen oder Klatschmohn-Sorten.

Anmerkungen: Wegen ihres enormen Wachstums kann die Trompetenblume im Freiland durchaus zum Problem werden. Im Topf lässt sich das ungezügelte Wachstum viel besser kontrollieren. Stellen Sie ein Klettergerüst außerhalb des Topfes bereit, aber lassen Sie die Pflanze nicht an Wänden hochklettern.

Die Sorte 'Indian Summer' hat orangegelbe Blüten mit einem intensiv roten Schlund. 'Madame Rosy' ist eine Hybride mit rosenroten Blüten, die sich im Mai öffnen und bis zu den ersten Frösten durchhalten. Im Halbschatten an einem kühlen Standort färbt sich das Rosa intensiver. 'Flava' ist eine gelb blühende Sorte mit orangefarbenem Schimmer und 'Mme. Galen' ist orangerot gefärbt. Die junge Sorte 'Huitan' (Sortenschutz) ist korallenrot, sie wächst kompakt und klettert nicht. 'Morning Calm' blüht aprikosenfarben, wächst aber nicht in Regionen mit kalten Wintern; sie verträgt Zone 6.

Clematis
Waldrebe

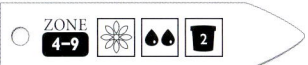

Clematis-Hybriden gehören zu den schönsten Pflanzen des Gartens. Bei einem Blick ins Internet oder den Katalog einer Baumschule wird man von der Vielfalt des Angebotes schier überwältigt. Es erscheint fast unmöglich, sich für die beste zu entscheiden. Wer gezielt nach einer bestimmten Farbe sucht, hat es einfacher. Manche Arten blühen im Frühling und ein zweites Mal im Spätsommer, andere nur im Sommer. Es gibt duftende *Clematis*, zweifarbige und groß- oder kleinblumige Arten/Sorten.

Größe: Je nach Art oder Sorte von 1,80–6 m hoch.

Blüte: Unterschiedliche Blütezeiten, Farben und Formen. Die meisten Blüten sind offen mit gut sichtbaren Staubblättern.

Standort: Als vielfältige Kletterpflanzen, deren Wildarten aus dem Wald stammen, wachsen sie in der vollen Sonne bis zum Halbschatten; die Wurzeln müssen beschattet werden.

Substrat: Normale Topferde.

Begleitpflanzen: In Gärten werden Waldreben gerne mit Rosen kombiniert; sie wachsen an allen Bäumen, hohen Sträuchern und Kletterhilfen empor.

Anmerkungen: Der Rückschnitt der Waldreben grenzt für viele Laien an eine Geheimwissenschaft – viel oder wenig, wann, wie oft? Merken Sie sich beim Kauf, zu welcher Gruppe Ihre *Clematis* gehört und halten Sie sich an die folgenden Tipps.

Früh blühende Formen gehören zur Gruppe A oder 1. Sie blühen am alten Holz und werden unmittelbar nach der Blüte zurückgeschnitten, damit sich neue Blütenknospen für das nächste Jahr bilden können. Stark wachsende Sorten werden kräftig zurückgeschnitten, bei schwach wachsenden entfernt man nur die Triebspitzen und gekreuzt wachsende Zweige und bringt die Pflanze in Form.

Mehrfach blühende Formen blühen im Frühling am alten Holz, später am diesjährigen Trieb. Sie gehören zur Gruppe B oder 2. Wenn Ihre *Clematis* im Frühling am schönsten blüht, wird sie wie Gruppe A beschnitten. Fällt dagegen die Spätblüte üppiger aus, wird die Pflanze während der Ruhe beschnitten. Da gefüllte Formen am alten Holz besser blühen, werden sie grundsätzlich nach der Blüte beschnitten. Bei diesen Formen ist nur selten ein kräftiger Rückschnitt erforderlich, Ausputzen genügt.

Im Sommer und Herbst blühende Formen gehören zur Gruppe C oder 3; ihre Blüten bilden sich immer am diesjährigen Trieb. Die beste Zeit für den Schnitt ist der Vorfrühling, bevor die Winterruhe beendet ist. Sorten der Gruppe C vertragen einen starken Rückschnitt; pro Trieb sollten allerdings zwei oder drei Knospen stehen bleiben (nicht bis zum Boden schneiden). Je mehr altes Holz sich ansammelt, desto schwächer fällt die Blüte aus, deshalb ist alle zwei Jahre ein kräftiger Rückschnitt nötig.

Eine beliebte Sorte ist 'Silver Moon' mit hell-lavendelblauen Blüten mit goldener Zeichnung; sie eignet sich hervorragend für Hängekörbe und kommt mit leichtem Rückschnitt im Frühling aus. 'Nelly Moser' gehört in die Gruppe B oder 2. Sie blüht üppig im Spätfrühling und Spätsommer und verträgt leichten Schatten. Ihre rosa Blüten haben einen Durchmesser von bis zu 20 cm, jedes Blütenblatt trägt einen dunkelroten Längsstreifen, und die Staubblätter sind weinrot.

Die Sorten von *C. viticella* haben kleine Blüten, was durch ihre enorme Menge im Spätsommer aber wieder ausgeglichen wird

(Gruppe C oder 3). Die Blüten stehen am diesjährigen Holz; ab und zu wird ein kräftiger Rückschnitt erforderlich. Dass sie am besten in der direkten Sonne gedeihen, ist ein Erbe ihrer italienischen Herkunft. Die Sorten der heimischen *C. montana* wachsen stark und sind sehr robust, daher ist ein kräftiger Rückschnitt (Gruppe A oder 1) erforderlich. Sie blühen am Holz des Vorjahres und sind winterhart in den Zonen 6 bis 9.

Hedera
Efeu

Aus den elf *Hedera*-Arten wurden Hunderte von Sorten gezüchtet. Sie unterscheiden sich in der Blattform und den Blattfarben, die von einem einfachen Grün bis zu Dunkelbraun und cremigem Gelb reichen. Es gibt Sorten mit weiß, silbern oder goldgelb panaschierten Blättern, bei anderen zeichnen sich helle Adern gegen die dunkle Blattfläche ab. Viele dieser Sorten wachsen in Gefäßen im Zimmer und draußen. Allerdings ist Efeu giftig, und manche Menschen reagieren allergisch auf den Pflanzensaft. Um sicherzugehen, sollten empfindliche Personen Handschuhe tragen.

Größe: Je nach Art; die Triebe werden bis 180 cm lang.

Blüte: Unscheinbar.

Standort: Grüne Sorten vertragen Schatten, panaschierte Formen brauchen mehr Sonne.

Substrat: Gut durchlässig, feucht und humusreich.

Begleitpflanzen: Efeu passt zwar zu fast allen Pflanzen, verträgt aber keine „Mitbewerber" im selben Topf. Stellen Sie Efeu in eigenen Gefäßen als Hintergrund auf.

Anmerkungen: Efeu ist eine problemlose Pflanze. Alles was sie braucht, ist Platz, Wasser, mineralische Nährstoffe und gute Luftzirkulation um die Blätter. Sobald eine Krankheit auftritt, wird der komplette Trieb entfernt und der Efeu an einen besser belüfteten Standort gestellt. Efeu darf zu

jeder Zeit beschnitten werden; gewöhnen Sie sich an, jeden „Ausreißer" sofort abzuschneiden.

Zu den besten Sorten für den Topf gehört 'Callico' mit grünen, zur Blattmitte hin weiß panaschierten Blättern und manchmal mit rosa Flecken. Sie wächst sehr langsam und kann sowohl im Zimmer als auch draußen stehen. Anders als die meisten panaschierten Formen, kommt sie gut mit Halbschatten zurecht. 'Congesta' klettert nicht, sondern bildet einen kompakten Strauch mit steif aufrecht stehenden Zweigen. Die Blätter setzen zweireihig an und geben der Pflanze ein fast prähistorisches Aussehen. 'Maple Leaf' hat herabhängende Triebe mit dichten, mittelgrünen Blättern – ideal für einen Hängekorb.

Hydrangea anomala **ssp.** *petiolaris*
Kletterhortensie

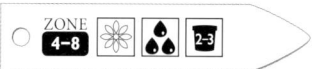

Kletterhortensien sehen während und außerhalb der Blütezeit attraktiv aus. Sie klammern sich selbst mit Luftwurzeln an der Unterlage fest. Binden Sie die jungen Triebe zunächst in der gewünschten Form auf einer Mauer oder einem Rankgitter fest. Das Herbstlaub verfärbt sich gelb, bevor es abfällt.

Größe: Je nach Größe des Gefäßes klettern Hortensien 3–6 m hoch, in Gartenerde sogar bis 25 m.

Blüte: Die Blüten stehen in einer 15–25 cm breiten, abgeflachten Dolde. Die cremegelben Blüten in der Mitte mit den langen Staubblättern sind fruchtbar. Die größeren, reinweißen Randblüten sind steril (vier Blütenblätter).

Standort: In südlichen Regionen entwickelt sie sich besser im Halbschatten oder gefiltertem Licht; im Norden besser in der Sonne.

Substrat: Gut durchlässig, nährstoffreich, feucht.

Begleitpflanzen: Kletterhortensien sind sehr auffällig. Sie sollten daher als Solitär eingesetzt werden.

Die Prunkwinde überwuchert in kürzester Zeit Topf und Klettergerüst. Sie blüht den ganzen Sommer – ein attraktiver und zuverlässiger Blickfang.

gibt es die bekannten blau, purpurn, weiß oder rosa blühenden Formen (*I. purpurea*) und die weniger bekannte Mondblüte (*I. alba*), deren weiße Blüten sich erst am Abend öffnen und einen kräftigen Duft verströmen. Die fein eingeschnittenen Blätter von *I × multifida* passen wunderbar zu den orangeroten Blüten. Auch die Zypressen-Prunkwinde (*I. quamoclit*) hat eingeschnittene Blätter und orangerote Blüten. Die Süßkartoffel (*I. batatas*) wird wegen ihrer Blätter gezogen.

Größe: Im Topf 1,50–4,50 m.

Blüte: Die Blütenfarbe unterscheidet sich von Sorte zu Sorte; alle blühen vom Hochsommer bis zu den ersten Frösten.

Standort: Volle Sonne.

Substrat: Gut durchlässig, humusreich, feucht.

Begleitpflanzen: *I. purpurea* und *I. alba* dulden keine Partner im Topf. Die Süßkartoffel passt wunderbar zu allen Pflanzen mit kräftigen Blütenfarben. *I. × multifida* und *I. quamoclit* bilden zusammen mit Schlafmützchen eine attraktive Kombination.

Anmerkungen: Die bekanntesten Sorten der Süßkartoffel sind 'Blackie', deren Blätter fast schwarz erscheinen, und 'Margerita' mit limonengrünen Blättern. Die beiden bilden ein schönes Paar und einen hübschen Hintergrund für andere Pflanzen.

Jasminum
Jasmin

Wer einmal den süßen Duft des Jasmins gerochen hat, kann sich einen Garten ohne

Jasmin nicht mehr vorstellen. Es gibt über 200 *Jasminum*-Arten; nicht alle klettern oder duften. Lesen Sie daher die Beschreibung genau durch, bevor Sie eine Pflanze kaufen, denn gerade der Duft ist – neben dem attraktiven Aussehen – eine beinahe unverzichtbare Eigenschaft.

Größe: Im Gefäß 1,50–4,50 m.

Blüte: Die meisten Arten blühen weiß, einige auch gelb.

Standort: Volle Sonne oder Halbschatten.

Substrat: Gut durchlässig, nährstoffreich, feucht.

Begleitpflanzen: Jasmin kann mit allen nicht duftenden Pflanzen zu hübschen Gruppen arrangiert werden, denn duftende Partner haben keine Chance gegen das kräftige Parfüm des Jasmins.

Anmerkungen: In der geeigneten Umgebung wird Jasmin selten von Krankheiten oder Schädlingen befallen. Sollte es dennoch passieren, entfernen Sie den befallenen Zweig, und lichten Sie den Strauch großzügig aus, damit die Luft besser zirkulieren kann.

Bedenken Sie bereits bei der Auswahl den späteren Standort: Winter-Jasmin (*J. nudiflorum*) ist die winterhärteste Art; sie verträgt die Wintertemperaturen in Zone 5B. Die gelben Blüten erscheinen in

Anmerkungen: Wenn das Herbstlaub abgefallen ist, wird die zimtfarbene bis rote Borke sichtbar, die sich abschält und in der kalten Jahreszeit als interessanter Blickfang dient. Die Schattenpflanze etabliert sich selbst in guter Gartenerde nur langsam. Für sie gilt ein altes englisches Sprichwort für das Staudenwachstum: „Im ersten Jahr schlafen, im zweiten Jahr kriechen und im dritten Jahr springen." Auch wenn die Kletterhortensie partout nicht „springen" will, bleiben Sie geduldig. Irgendwann schiebt sie ihre Triebe mit 60 cm pro Jahr vorwärts. Eine der besten Sorten für den Topf ist 'Firefly'. Wenn sich die Blätter im Frühling entfalten, wird ein zitronengelber Rand sichtbar.

Ipomoea
Prunkwinde

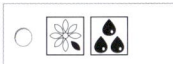

Was ist der Inbegriff von Sommer? Eine Prunkwinde, die ihr Rankgitter überwuchert hat und Blüten treibt. In der Gattung

In vielen Regionen müssen die frostempfindlichen Jasmin-Arten im Winter hereingenommen werden.

Wicken sollten so stehen, dass sie gut zur Geltung kommen und für einen Schnitt leicht erreichbar sind.

großer Zahl, duften aber nicht. Wenn das Gefäß im Winter gut gegen Fröste isoliert wird, kann Winter-Jasmin sehr alt werden.

J. officinale überlebt nur die Winter der Zonen 9 und 10. Er wächst schnell und hat intensiv duftende, weiße Blüten. In kühleren Regionen muss die Pflanze im Haus überwintern.

Lathyrus
Platterbse, Wicken

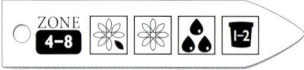

Die Sorten der einjährigen Wicken blühen in der Regel bunter und dichter als viele der Stauden, die zu dieser Gattung gehören. Während die Wildform (*L. odorata*) und klassische Sorten sehr angenehm riechen, haben einige der modernen Hybriden den Duft verloren, weil sie vorrangig auf Blütenfarben hin gezüchtet wurden. Wenn Sie sich unsicher sind, lesen Sie die Beschreibungen auf den Samentütchen und entscheiden Sie sich im Zweifel für eine alte Sorte.
Größe: 1–2,50 m hoch.
Blüte: Stauden blühen hellrosa bis weiß; die Einjährigen blühen in vielen Tönen von Rosa, Malve, Purpur, Blau, Lavendelblau und Lachsrosa. Es gibt sogar mehrfarbige Sorten.
Standort: Volle Sonne.
Substrat: Gut durchlässig, nährstoffreich, feucht.
Begleitpflanzen: Die Wicken wirken am besten als Solitär. Wenn Sie unbedingt einen Partner pflanzen wollen, entscheiden Sie sich für den Duftsteinrich, dessen Form und Duft keine Konkurrenz darstellt.
Anmerkungen: Kontrollieren Sie die Kletterhilfen. Wicken sind leicht und geben sich mit gespannten Schnüren zufrieden, aber ihre Ranken wachsen schnell. Unbeaufsichtigte Wicken verwandeln sich in kürzester

Zeit in einen Dschungel aus Trieben. Triebe, die konsequent an das Gerüst gebunden werden, behalten die lockere Wuchsform bei und reduzieren die Gefahr von Krankheiten.

Die meisten duftenden Sorten stammen von der einjährigen *L. odoratus* ab. Wichtige Sorten sind beispielsweise die zweifarbig weiß und rosa blühende 'Queen oft the Isles', 'America' in Weiß mit roten Streifen, die tief rotbraune 'Black Night', die cremeweiße 'Mrs. Collier', die zweifarbig purpurblaue 'Cupanis Original', die orangefarbene 'Henry Eckford', die weiße 'Dorothy Eckford' oder die zweifarbige rosa-weiße 'Painted Lady'.

Lonicera
Geißblatt

Wer das Geißblatt noch aus seiner Kindheit kennt, hat vielleicht versucht, den süßen Nektar aus den Blüten zu saugen (Vorsicht! Die Beeren sind giftig). Erwachsene schätzen eher die süßen Düfte, das das Geißblatt

verströmt. Von den 180 Arten eignen sich einige als Kletterpflanzen für ein Pflanzgefäß.
Größe: Im Topf 1,80–3 m hoch.
Blüte: Weiß, Rosa, Cremegelb.
Standort: Volle Sonne, manche Arten vertragen auch Schatten.
Substrat: Gut durchlässig, nährstoffreich und feucht.
Begleitpflanzen: Geißblatt kommt am besten im eigenen Gefäß zur Geltung.
Anmerkungen: Geißblatt wird nach der Blüte zurückgeschnitten, die Blüten stehen am zweijährigen Holz. Der Strauch verträgt sowohl ein kräftiges Auslichten als auch ein leichtes Ausputzen, um die Form zu wahren.

Kletternde Formen sind *L. × brownii* 'Dropmore Scarlet' mit schwach duftenden, rötlichen Blüten, *L. × heckrottii* 'Gold Flame' mit duftenden, orangegelben Blüten, *L. × americana* mit duftenden gelben Blüten und *L. periclymenum* 'Graham Thomas' mit intensiv duftenden, weißen Blüten, die sich gelb verfärben. Sie alle wachsen gut und decken ein Rankgitter rasch zu. Der Duft bleibt wochenlang erhalten.

Die Sorte *L. × purpusii* 'Winter Beauty' ist zwar keine echte Kletterpflanze, aber Sie können die Triebe als Hintergrund für andere Pflanzen fächerförmig aufbinden. Sie hat bemerkenswert rotpurpurne Triebe und duftet sehr stark. Ihre cremeweißen Blüten öffnen sich im Spätwinter oder zeitigen Frühjahr und bleiben 6–8 Wochen stehen.

Rosa
Kletterrosen

Kletterrosen dürften zu den romantischsten Gartenpflanzen überhaupt gehören. Sie entwickeln sich aber nur zu voller Pracht, wenn sie auf einer geeigneten Kletterhilfe wachsen. Innerhalb einiger Jahre erreichen Kletterrosen eine Wuchshöhe und -breite von 2,50–3 m – auch im Topf. Berücksichtigen Sie diese Dimensionen bei der Auswahl von Gefäß und Rankgitter.

Größe: 1,50–4,50 m hoch, 60–180 cm breit.

Blüte: Die meisten Kletterrosen blühen ein zweites Mal, die Rambler-Rosen nur einmal.

Standort: Volle Sonne.

Substrat: Gut durchlässig, nährstoffreich, humusreich.

Begleitpflanzen: Rosen und Waldreben bilden ein gutes Paar, müssen aber jeweils in einem eigenen Topf wachsen. Als Unterwuchs für Rosen können Sie kleine Blattpflanzen in den Rosentopf pflanzen. Kletterrosen bilden ihrerseits einen guten Hintergrund für den übrigen mobilen Garten; achten Sie auf harmonische Farbkombinationen.

Anmerkungen: Tatsächlich sind Rosen keine echten Kletterpflanzen, sondern halten sich in der Natur mit ihren Stacheln an anderen Pflanzen fest. Binden Sie die langen Zweige an eine Kletterhilfe.

Rambler-Rosen (*R. wichurana* und *R. laevigata*) haben dünne, peitschenartige Triebe, die sich leicht anbinden und erziehen lassen.

Die **übrigen „Kletterrosen"** sind moderne Züchtungen, die auf Noisette-, Tee-, China-, Bourbon-, Hybridtee-, Grandiflora- oder Floribunda-Rosen basieren. Ihnen gemeinsam sind die langen Triebe, die entweder gezielt gezüchtet wurden oder als Sports (Knospenmutation) spontan entstanden.

Schnitt. Mehrfach blühende Kletterrosen – einmal im alten Holz, ein zweites Mal im diesjährigen Trieb – werden von Spätwinter bis Vorfrühling geschnitten. Bei diesem Schnitt dürfen nicht alle Knospen entfernt werden, sondern nur die beschädigten oder sich kreuzenden Zweige; lichten Sie die Rose etwas aus. Einmal blühende Rosen werden nach der Blüte beschnitten; sie blühen nur im alten Holz.

Beliebte Sorten. *R.* 'Albéric Barbier' ist ein Abkömmling von *R. wichuraiana*; sie ist wüchsig und das Blattwerk resistent gegen Mehltau. Die gefüllten Blüten sind cremeweiß mit gelbem Zentrum; einmal blühend. Manche Liebhaber beschreiben den Duft als moschusartig, andere erinnert er an Äpfel. *R.* 'René André' ist eine Hybridrose von 1901. Die gefüllten Blüten sind aprikot

bis rosa gefärbt und duften sehr zart. Obwohl sie nur eine Hauptblüte hat, bilden sich vereinzelte Blüten nach. *R.* 'Danse du Feu' ist eine „moderne" Kletterrose und ein unglaublicher Blickfang. Die großen roten, gefüllten Blüten sind orange und ziegelrot überhaucht, das Laub glänzend dunkelgrün, der Duft erinnert an Zitronen. Sie kommt mit nur 4–5 Stunden Sonnenlicht aus und verträgt sogar einen Standort an der Nordseite. Auch *R.* 'New Dawn' ist eine moderne Kletterrose und bekommt von vielen Liebhabern die Bestnote überhaupt. Da sie sehr krankheitsresistent ist, ist sie leichter zu pflegen, als die meisten anderen Sorten. Ihre halb gefüllten, rosa Blüten duften intensiv; ältere Blüten schimmern in verblassendem Rosa. Die Sorte blüht mehrfach und kann sogar im Frühherbst noch ein paar Blüten tragen. Sie verträgt lichten Schatten und einen nach Norden exponierten Standort; ihr Wachstum ist unbeeinflusst vom Standort. *R.* 'Zephirine Drouhin' ist eine Bourbonrose. Da sie keine Stacheln ausbildet, lässt sie sich gut erziehen und schneiden. Ihr Duft ist genauso, wie man sich Rosenduft vorstellt, und die tiefrosa Blüten machen den Eindruck perfekt. Die Sorte ist allerdings anfällig gegen Pilze und braucht daher einen eher trockenen Standort. *R.* 'Brite Eyes' gehört zur Gruppe der neuen „Meidiland Rosen®", die immer mehr Freunde finden. Sie sind wüchsig, resistent gegen Sternrußtau, vertragen Trockenheit und hohe Luftfeuchtigkeit, außerdem blühen sie mehrfach über die ganze Rosensaison. 'Brite Eye' hat einfache, lachsrosa Blüten mit angenehmem Duft.

Wisteria
Glyzine, Blauregen

Der Anblick einer in voller Blüte stehenden Glyzine ist durch nichts zu überbieten – außer durch ihren Duft. Die Wildformen

Glyzinen brauchen für ihre Wurzeln einen großen, stabilen Kübel.

wachsen im Wald. Der Duft der Knospen kündigt den Frühling an, lange bevor die hängenden Blütentrauben aus Schmetterlingsblüten erscheinen.

Größe: Im Topf 3 m hoch.

Blüte: Purpurrot oder weiß, seltener rosa überhaucht.

Standort: Volle Sonne, verträgt in sehr heißen Regionen aber auch Halbschatten.

Substrat: Gut durchlässig, mäßig nährstoffreich, feucht.

Begleitpflanzen: Setzen Sie große Schwertlilien mit harmonierenden Blütenfarben in eigenen Töpfen vor die Glyzine.

Anmerkungen: Im Angebot der Gartencenter sind der Japanische und Chinesische Blauregen; ersterer windet sich um Uhrzeigersinn, der Chinesische Blauregen im Gegenuhrzeigersinn um die Unterlage. An anderen Merkmalen sind die beiden kaum zu unterscheiden. Von beiden gibt es weiße und purpurne Sorten. Glyzinen dürfen nicht zu stark gedüngt werden, bei zu hohem Stickstoffgehalt wird die Blüte gehemmt.

Das Hauptproblem dieses Strauches ist die Kletterhilfe. Glyzinen werden sehr schwer, daher muss das Gerüst außerhalb des Kübels sicher verankert werden. Bringen Sie vor dem Kauf der Glyzine ein Klettergerüst an, das der Pflanze genügend Raum zur Ausbreitung bietet – der Standort ist endgültig.

Jedes Jahr im Spätwinter oder Vorfrühling wird die Glyzine radikal zurückgeschnitten. Schneiden Sie den Haupttrieb nach dem Einpflanzen auf 90 cm zurück. Im Sommer werden der Haupttrieb und alle Seitentriebe konsequent an das Rankgitter gebunden. Im nächsten Frühling wird der Haupttrieb wieder stark eingekürzt; er sollte die obersten Seitenzweige maximal um 60–90 cm überragen. Schneiden Sie alle Seitentriebe auf ein Drittel ihrer Länge und alle davon abgehenden Zweige auf zwei bis drei Knospen zurück. Fahren Sie jedes Jahr fort, bis sich die Glyzine wie gewünscht etabliert hat. Danach werden regelmäßig alle Seitenzweige auf zwei bis drei Knospen zurückgeschnitten; halten Sie den Haupttrieb durch starken Rückschnitt unter Kontrolle. Verlassen Sie sich bei der Entscheidung für die beste Sorte auf eine Baumschule oder ein Gartencenter. Dort finden Sie die Formen, die dem lokalen Klima angepasst sind, und können zwischen mehreren Farbvarianten wählen.

Gräser und Bambus

Mit ihrem polsterförmigen Wuchs und den überhängenden, sanft bewegten Blättern sehen Gräser und Bambus am besten in eigenen Töpfen aus. Kleinere Formen können aber auch in einer Gruppe wirken, wo sie Höhe, bezaubernde Farben und Bewegung zur Gesamtwirkung beitragen.

Ein ausgewachsenes, einzeln stehendes Gras sollte mindestens zwei Drittel so hoch und breit sein wie der Topf, in dem es wächst. In einer gemischten Gruppe müssen Größe, Farbe und Wuchsform harmonisch auf die anderen Pflanzen abgestimmt werden. Die Gesamtgröße der Gruppe beträgt wiederum zwei Drittel der Topfgröße.

In kalten Regionen werden die Töpfe der Gräser gegen Frost isoliert. Auch Glashäuser, Wintergärten oder ein kühler Platz in der Wohnung sind gute Winterquartiere.

Gräser

Cymbopogon citratus
Zitronengras

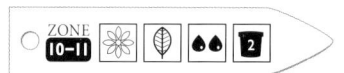

Das Zitronengras ist sehr vielseitig. Duft und Geschmack erinnern an Zitronen – daher der Name. In seiner Heimat Indien und Sri Lanka ist das Zitronengras eine wichtige Zutat in der Küche; auch ein leichter, erfrischender Tee wird damit zubereitet. Das Öl ist in „natürlichen" Kosmetika als Träger des Duftes enthalten.

Der einzige Nachteil sind die rasiermesserscharfen Blattkanten, an denen man sich leicht schneiden kann. Arbeiten Sie zur Sicherheit immer mit Handschuhen, und stellen Sie die Töpfe weder an Wege, noch in die Nähe von Kindern.

Größe: 90 cm hoch, 30–90 cm breit.
Blüte: Unauffällig, die Samen sind fast immer steril.
Standort: Volle Sonne, verträgt aber lichten Schatten.
Substrat: Gut durchlässig, nährstoffreich, mittel bis viel organisches Material beigemischt, wächst aber auch in nährstofffreiem Sand; pH-Wert 5,5–7,5, toleriert aber große Schwankungen.
Begleitpflanzen: Als Unterwuchs im selben Topf eignen sich Sand-Thymian (*Thymus serpyllum*) oder Zitronen-Thymian (*T. x. citriodorus*).

Anmerkungen: Das Zitronengras ist ziemlich robust und verträgt Kälteeinbrüche und Trockenheit. Bei schlechten Bedingungen verbrauen die unteren Blätter; sie werden im zeitigen Frühjahr und im Herbst abgeschnitten.

Festuca glauca '**Elijah Blue**'
Blauschwingel

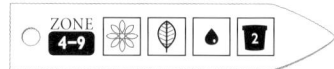

Der Blauschwingel ist ein zierliches, polsterförmig wachsendes Gras mit drahtigen, blaugrünen Blättern, die nach außen überhängen. Er sieht bereits als Einzelpflanze gut aus, kommt aber noch wirkungsvoller in einer Gruppe mit rankenden oder weiß blühenden Arten zur Geltung. Er kann als Randpflanze in einen großen Trog oder als Mittelpunkt in einen Blumenkasten mit rankenden Arten gepflanzt werden. Blauschwingel fühlt sich in einem kühlen Küstenklima am wohlsten, toleriert aber auch warme, feuchte Regionen, solange das Substrat durchlässig ist und das Gras vor der heißesten Mittagssonne geschützt bleibt. Im Laufe der Jahre stirbt Blauschwingel von der Mitte her aus. Mit gut durchlässigem Substrat lässt sich der Prozess nur aufhalten, aber nicht verhindern. Teilen Sie das Gras am Ende des zweiten oder zu Beginn des dritten Jahres.

Größe: 30 cm hoch, 25 cm breit.
Blüte: Frühsommer; die Gesamtwirkung ist

besser, wenn die Blütenstängel abgeschnitten werden.

Standort: In der vollen Sonne wird der Blauton der Blätter intensiver; verträgt aber auch leichten Schatten. In sehr heißen Regionen sollte Blauschwingel ab Mittag im Schatten stehen.

Substrat: Sandig, gut durchlässig, mäßig nährstoffreich; pH-Wert 6–7.

Begleitpflanzen: Arten mit blauen oder purpurnen Blüten – Lavendel (*Lavandula angustifolia*) oder Salbei (*Salvia*) – passen am besten zu den Blättern. In einem formalen, kugeligen Gefäß sieht Blauschwingel auch ohne Begleiter attraktiv aus.

Hakonechloa macra 'Aureola'
Japangras

Angeblich soll dieses hübsche Gras an einen Wasserfall erinnern, weil alle Blätter in die Richtung des Lichtes wachsen. Die Blätter sind gelblich mit grünen Streifen. Wenn der Topf in der Sonne steht, färbt sich das Gras im Herbst rot. Steht er im Schatten, behalten die Blätter eine grüngoldene Farbe. In beiden Fällen färben sich die Blätter vor dem Absterben zu Winterbeginn goldbraun. In Gärten wird Japangras gerne als Wegbegrenzung gepflanzt, im mobilen Garten sieht es besser als Solitär oder in einer Gruppe mit Bambus aus.

Anfang Dezember werden die Blätter abgeschnitten. Versorgen Sie die Töpfe im Frühling mit einer ordentlichen Lage Mistkompost.

Größe: 35–45 cm hoch, 45–60 cm breit.

Blüte: Von Hoch- bis Spätsommer bilden sich gelbe Blüten auf hohen, zierlichen Stängeln. Im Herbst neigen sich hellbraune Fruchtstände über die Bätter.

Standort: Volle Sonne bis Halbschatten.

Substrat: Gut durchlässig, nährstoffreich, hoher Anteil organischen Materials; pH-Wert 5,5–7.

Begleitpflanzen: Bambus, blaublättrige Funkien, Farne.

Helictotrichon sempervirens
Blaustrahl-Wiesenhafer

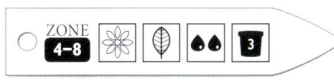

Aus der Entfernung erinnert der Blaustrahl-Wiesenhafer an den Blauschwingel. Er hat zwar eine sehr ähnliche Wuchsform und blaugrüne Blätter, ist aber größer und kräftiger. Die Blätter sind länger und breiter, und der Blüten-/Fruchtstand ist ein Blickfang. Im Jahre 1993 wurde das Gras von der Royal Horticultural Society in London für die Pflegeleichtigkeit, gepaart mit extrem gutem Aussehen ausgezeichnet. Schneiden Sie im Spätwinter oder Vorfrühling die alten Blätter kurz über dem Horst ab, oder rechen Sie die welken Blätter aus.

Größe: 45–60 cm hoch, 60 cm breit.

Blüte: Hochsommer; hohe, hellblaue Blüten in langen Ähren. Beim Übergang zur Fruchtreife werden sie zunächst lohgelb, dann braun.

Standort: Volle Sonne bis Halbschatten.

Substrat: Gut durchlässig, nährstoffreich; pH-Wert 6,8–7,5.

Ein Gefäß, das die Struktur der Pflanze aufnimmt - wie hier der Blechtopf die Linien des Blauschwingel – erhöht die Wirkung.

Begleitpflanzen: Perowskie (*Perovskia*), *Sedum* 'Autumn Joy' und Schafgarbe (*Achillea*), *Campanula* und Lavendel (*Lavandula*).

Imperata cylindrica 'Rubra'
Alang-Alang-Gras

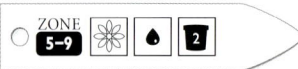

Das asiatische Gras ist sowohl Segen als auch Fluch. Die Gärtner lieben es, weil seine Blätter aufrecht wachsen und sich mit roten Spitzen schmücken. In seiner Heimat gilt es sogar als Heilpflanze. Sollte sich die rote Sorte 'Rubra' allerdings selbstständig machen und wieder vergrünen, breitet sich das Gras zu einer dichten Matte aus, die keine andere Pflanze durchbrechen kann.

In trockenen Regionen stellt es eine potentielle Brandgefahr dar.

Nur in einem Topf lässt sich die Ausbreitung des Grases steuern: Schneiden Sie die Blütenköpfe ab, sobald sie sich zeigen, damit keine Samen gebildet werden. Sie entstehen zu Tausenden und werden vom Wind verbreitet.

Größe: Normalerweise etwa 45 cm hoch und 30 cm breit; gesunde Exemplare werden im Winter bis auf 10 cm Höhe zurückgeschnitten

Blüte: In den gemäßigten Breiten bilden sich im Frühling oder Herbst die weißen Blüten, in den Tropen ganzjährig. Schneiden Sie die Blütenstängel sofort ab, damit sich keine Samen bilden können.

Standort: Volle Sonne bis Halbschatten.

Substrat: Gut durchlässig, nährstoffreich; pH-Wert 5,5–7,8; toleriert trockene Böden und hohen Salzgehalt.

Begleitpflanzen: Kein guter Nachbar, das Gras sollte in einem eigenen Topf wachsen.

Miscanthus sinensis 'Zebrinus'
Chinaschilf

Chinaschilf macht immer eine gute Figur. Seine langen, überhängenden Blätter sind grün mit gelben Querstreifen. Wenn das Licht von hinten kommt, scheint das Chinaschilf zu funkeln, weil sich die Sonne in den schwingenden, hellen Bändern fängt. Im Freiland wird Chinaschilf bis 2 m hoch und 3 m breit; im Topf bleibt es merklich kleiner. In einem ausreichend großen Kübel bildet es einen schönen Hintergrund für eine Gruppe kleinerer Töpfe. Die asiatische Pflanze färbt sich im Herbst golden; ihre Blätter bleiben stehen, bis sie der Schnee zu Boden zwingt. Schneiden Sie das Gras im zeitigen Frühjahr bis auf knapp 10 cm über

Ein kräftig gefärbtes Gras wie Alang-Alang sollte entweder in einem Topf wachsen, der den Farbton schwach wieder aufnimmt (wie hier), oder in einem kontrastierenden Gefäß stehen.

dem Boden ab, und rechen Sie die alten Blätter aus.

Größe: Je nach Größe des Gefäßes 90–100 cm hoch, 60–90 cm breit.

Blüte: Im Spätsommer stehen silbrige bis rosafarbene, fedrige Blütenstände auf langen Stängeln über den Blättern.

Standort: Volle Sonne, in sehr heißen Regionen auch Halbschatten.

Substrat: Gut durchlässig, nährstoffreich; pH-Wert 5,5–7,5.

Begleitpflanzen: Chinaschilf sieht neben früh blühenden Zwiebel- und Knollenpflanzen attraktiv aus, außerdem wachsen die Blätter so schnell, dass sie bald die welkenden Blätter der Frühblüher verdecken. In Größe, Form und Wuchs bildet Chinaschilf einen reizvollen Kontrast zu Funkien.

Nassella tenuissima
(syn. *Stipa tenuissima*)
Mexikanisches Federgras

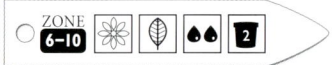

Das Gras wächst wild in Nord-, Mittel- und Südamerika. Es ist eine sehr zierliche Pflanze mit dünnen, im Wind schwankenden Blättern. Die im Frühling noch leuchtend grünen Blätter werden mit der Zeit immer gelber. Die jungen Blütenstände sehen silbrig aus, verfärben sich mit der Reife aber zu Gold hin. Am schönsten wirkt dieses Gras, wenn sich die Sonne in den Blättern brechen kann. Die Blütenstängel machen sich gut neben Schnittblumen in der Vase oder in Trockengestecken. Die Vögel bedienen sich an den Samenkörnern und knipsen die Blätter für ihre Nester ab.

Da dieses Gras sehr schnell wächst, kann es in zu kalten Regionen wie eine Einjährige gezogen werden. Die Aussaat muss früh erfolgen; die zwei Monate alten Pflänzchen werden in die Töpfe umgesetzt, damit sich Blüten bilden können. Bei mehrjährig gezogenen Exemplaren werden die alten Blätter im zeitigen Frühjahr handbreit über dem Boden abgeschnitten und die alten Blätter ausgerecht.

Größe: 30–45 cm hoch, 20–25 cm breit.

Blüte: Frühsommer; im Spätsommer erscheinen weitere Blüten; die Fruchtstände halten sich bis zum Winteranfang.
Standort: Volle Sonne.
Substrat: Gut durchlässig, nährstoffreich, leicht; pH-Wert 6–7,5; kann Trockenperioden überstehen.
Begleitpflanzen: *Aster × frickartii*, *Sedum* 'Autumn Joy' und *Dahlia* 'Bednall Beauty' passen gut zum Federgras. Dank seiner Qualitäten kann ein Topf mit *Nassella* aber durchaus auch im Mittelpunkt stehen.

Pennisetum orientale
Federborstengras

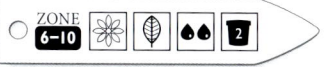

Dieses aus Asien stammende Federborstengras hat einen hohen Zierwert. Die einzelnen Blätter des polsterförmigen Grases neigen sich bogenförmig nach außen; von Sommer bis Herbst bleiben die hohen, fedrigen Blüten-/Fruchtstände stehen. Da es nur etwa 30 cm hoch wird, lässt es sich viel leichter im Topf ziehen als höhere Grasarten. Die beste Wirkung erzielen Sie, wenn die Morgen- oder Abendsonne durch die Blätter scheinen kann und das Grasbüschel zu schimmern beginnt.

Schneiden Sie unschöne, alte Blätter nach Bedarf heraus. Bis zum nächsten Gießen sollte die Oberfläche trocken werden, das verringert die Pilzgefahr. Hochgespritzte Erde wird abgebürstet.
Größe: 30 cm hoch, 25 cm breit.
Blüte: Die perlweißen bis rosafarbenen, fedrigen Blütenstände erscheinen im Hochsommer, sie erheben sich etwa 30 cm über die Polster.
Standort: Volle Sonne, in heißen Regionen auch Halbschatten.
Substrat: Gut durchlässig, mäßig nährstoffreich; pH-Wert 5,5–7.
Begleitpflanzen: Stranddistel (*Eryngium planum* 'Blue Dwarf') und *Verbena bonariensis* sind kontrastreiche Partner. Das Federborstengras sieht aber auch als Solitär elegant aus; sehr wirkungsvoll ist ein Pärchen in dekorativen Gefäßen.

Bambus

Fargesia murielae
Schirmbambus

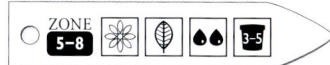

Dieser hübsche Bambus steht ganz oben auf dem Speisezettel des Großen Pandas. Er wächst in Zentralchina im Halbschatten oder im lichten Schatten unter der Tanne *Abies fargesii*. Der Schirmbambus gehört neben einen Sitzplatz, weil ihn jeder Windhauch in leichtes Rascheln versetzt. Im Unterschied zu anderen Arten bildet er keine Ausläufer, sondern die neuen Sprosse entstehen langsam aus dem alten Horst. Da sich die Triebe reich verzweigen, eignet sich dieser Bambus sehr gut als Sichtschutz. In der geeigneten Umgebung wächst der Schirmbambus problemlos. Nur in sehr heißen, südlichen Regionen könnte es Schwierigkeiten geben – hier sollte man auf eine andere Art ausweichen. Obwohl er im Herbst ein paar Blätter verliert, bleibt der Schirmbambus wintergrün. Der Topf wird im Frühling mit organischem Material gemulcht und mit einem organischen Langzeitdünger versorgt.
Größe: Je nach Größe des Topfes 1,80–2,50 m hoch, 30 cm breit.
Blüte: Extrem selten; wenn er nach 80–100 Jahren blüht, sterben alle Nachkommen weltweit gleichzeitig ab. Die letzte Blüte war in dem 1990er-Jahren; die Gartencenter verkaufen geklonte oder aus Samen gezüchtete Exemplare.
Standort: Halbschatten.
Substrat: Gut durchlässig, nährstoffreich, hoher Anteil organischen Materials; pH-Wert 5,5–6,5.
Begleitpflanzen: Am besten allein in einem eigenen Gefäß, das beliebig mit anderem Bambus oder mit Gräsern kombiniert werden kann.

Bambus im Kübel, hier *Fargesia murielae* 'Simba', kann auch zusammen mit einem Bodendecker gepflanzt werden (*Saxifraga fortunei* 'Mount Nachi').

Phyllostachys aureosulcata f. *spectabilis*
Goldrohrbambus

Bei diesem Bambus reicht ein Blick, um zu verstehen, warum er 2002 einen Preis der Royal Horticultural Society gewonnen hat. Seine hohen, goldgelben Stängel mit dunkelgrün bis bronzen gefärbten Streifen sehen in einem mobilen Garten oder als Sichtschutz wundervoll aus. Wenn er an einem sonnigen Standort steht, treiben die Jungtriebe in einem dekorativen Rot aus. Der Bambus stammt aus dem Norden Chinas und wächst in den meisten Klimazonen.

Die Oberfläche des Kübels sollte mit organischem Mulch bedeckt werden, damit das Substrat feucht bleibt. Bei gesunden Exemplaren dürfen die Blätter auf dem Substrat liegen bleiben und verrotten. Jeden Frühling wird der Topf mit frischem Mistkompost abgedeckt und mit einem organischen Langzeitdünger versorgt.

Größe: Je nach Gefäßgröße 1,80–2,70 m hoch und 30–90 cm breit.

Blüte: Blüht selten.

Standort: Volle Sonne bis Halbschatten.

Substrat: Nährstoffreich, feucht, hoher Anteil organischen Materials; pH-Wert 5–7.

Begleitpflanzen: Die größte Wirkung erzielt dieser Bambus im eigenen Topf und in Kombination mit dem Schwarzrohrbambus (*Phyllostachys nigra*).

Phyllostachys nigra
Schwarzrohrbambus

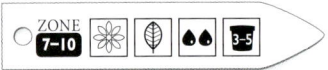

Die glänzend schwarzen Stängel in Kombination mit den lebhaft grünen Blättern machen den Schwarzrohrbambus zu einem besonders beliebten Ziergewächs. Die neu auswachsenden Blätter werden durch wellige Blattscheiden geschützt, die wie Pfeilspitzen aussehen. Junge Stängel sind noch grün; sie werden im ersten bis zweiten Jahr braun und frühestens ab dem dritten Jahr schwarz.

Geben Sie jedes Frühjahr einen organischen Volldünger, und mulchen Sie den Topf, um die Feuchte zurückzuhalten. Dieser Bambus verträgt keine austrocknenden Winde und sollte geschützt stehen.

Größe: Je nach Größe des Gefäßes bis 3 m hoch.

Blüte: Keine.

Standort: Volle Sonne, in heißen Regionen auch Halbschatten.

Substrat: Gut durchlässig, nährstoffreich, feucht, hoher Anteil organischen Materials; pH-Wert 5,5–6,5.

Begleitpflanzen: Sollte allein in seinem Topf wachsen und kann mit anderen Bambussen, Kamelien oder Azaleen kombiniert werden.

Bäume

Solange sie noch klein sind, macht sich jeder Baum prächtig im Topf, doch sie wachsen schnell und müssen regelmäßig umgetopft werden. Auch wenn sie in ihrem „letzten" Gefäß stehen, müssen Bäume alle ein bis zwei Jahre umgetopft und die Wurzeln zurückgeschnitten werden. Mit wenigen Ausnahmen ist auch ein Rückschnitt der Krone während der Winterruhe erforderlich. Mit dem regelmäßigen Schnitt erhalten sie Gesundheit und Wuchsform. Der Kübel muss vor Winterbeginn gut gegen Frost isoliert werden. Andererseits darf das Substrat auch im Winter nie völlig austrocknen. Schützen Sie empfindliche Arten vor austrocknenden Winden.

Bäume wie dieser *Acer palmatum* 'Dissectum Atropurpureum' gedeihen nur in Gefäßen, die ihren Wurzeln genügend Raum zur Entfaltung bieten.

Acer palmatum
Japanischer Fächerahorn

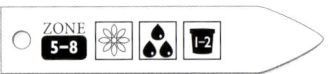

Diese Art und ihre Sorten sind mit den zierlichen Blättern und der schönen Wuchsform das ganze Jahr über attraktiv. Die Zahl der Sorten ist schier unüberschaubar – von 150 cm hohen Zwergformen bis zu 6 m, in der Wildnis sogar 9 m großen Bäumen. Einige gleichen eher Sträuchern als Bäumen, weil sie mit mehreren Stämmen wachsen. Die Blattfarben sind äußerst vielfältig.

Größe: 1,50–6 m hoch, 1,50–3 m breit.

Blüte: Im Frühling zeigt sich ein roter oder gelber Blütenflaum, der sich erst in der Nähe in Einzelblüten auflöst.

Standort: Lichter Schatten oder leichter Schatten; in der direkten Sonne leiden die Blätter.

Substrat: Gut durchlässig, mäßig nährstoffreich, gleichmäßig feucht; pH-Wert 5–6,5.

Begleitpflanzen: Mit ihrem offenen, fächerförmigen Wuchs eignen sie sich als Solitäre. Achten Sie darauf, bei Gefäßen und anderen Pflanzen ein fernöstliches Thema anklingen zu lassen. Die Blattfarben heben sich gut gegen dunkelgrüne Nadelbäume ab.

Anmerkungen: Die grünen Blätter der Sorte 'Osakazuki' färben sich im Herbst leuchtend rot; dieselbe Herbstfarbe hat die Zwergform 'Red Filigree Lace', deren Blätter im Sommer kastanienbraun sind. Die Zwergform 'Ukon' hat grüne Blätter mit gelben Flecken, die im Herbst goldgelb werden.

Auch *Acer palmatum* var. *dissectum* wächst gut im Gefäß. Er hat sehr fein geschlitzte Blätter, die fast an Spitze erinnern. Auch seine Blattfarbe verändert sich von hell-silbriggrünen zu roten und purpurnen Tönen im Herbst. Eine der schönsten Sorten ist 'Crimson Queen', die den ganzen Sommer über tief dunkelrote Blätter trägt, die im Herbst grellrot bis scharlachrot aussehen. Diese Sorte ist ein Glanzstück des mobilen Gartens – wenn der Wind die Blätter zum Zittern bringt, ein Blickfang ohne Konkurrenz.

Betula utilis **var.** *jaquemontii*
Weiße Himalajabirke

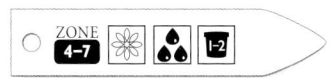

Wahrscheinlich hat die Varietät die weißeste Rinde aller Birken. Sie ist der Star jeder Winterlandschaft. Da sich die Rinde kontinuierlich löst, zeigt sich der Baum Jahr für Jahr in weißer Pracht.

Größe: 4,50–7,50 m hoch, 3 m breit.

Blüte: Beigegelbe Kätzchen im Frühling.

Standort: Volle Sonne.

Substrat: Sehr nährstoffreich, hoher Anteil organischen Materials; pH-Wert 5,1–6,5.

Begleitpflanzen: Alle Birken sehen vor

einem dunkelgrünen Hintergrund, etwa einer immergrünen Hecke, prachtvoll aus.

Anmerkungen: 'Snow Queen' und 'Silver Shadow' sind beliebte Sorten mit sehr weißer Rinde; sie sehen das ganze Jahr über attraktiv aus: Im Frühling schwingen die langen, gelben Kätzchen im Wind, dann entfalten sich die Blätter (aus der Ferne scheinen die weißen Zweige in grünem Nebel zu schweben). Im Sommer tanzt das Sonnenlicht auf den Blättern, bis die leuchtend gelben Herbstfarben das Schauspiel abschließen – im Winter gehört wieder alle Aufmerksamkeit der weißen Rinde.

Auch die heimische Hängebirke (*B. pendula*) eignet sich für den mobilen Garten. Die Sorte 'Youngii' gleicht der typischen Trauerweidenform, während 'Purpurea' mit purpurnen Blättern überzeugt. Hängebirken können in den Zonen 3–9 im Topf wachsen und kommen auch mit schwankendem Nährstoffgehalt und pH-Wert zurecht. Sie wirft als eine der letzten Bäume im Herbst ihre Blätter ab.

Chamaecyparis pisifera
Scheinzypresse

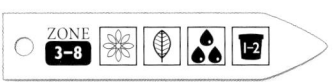

Sie möchten eine Zypresse für den mobilen Garten? Entscheiden Sie sich für eine Zwergform von *C. pisifera*. Hochstämmige Scheinzypressen können bis 9 m hoch werden, im Topf erreichen sie aber häufig nur 90–150 cm Höhe.

Größe: 90 cm–3 m hoch, 90 cm–1,50 m breit.

Blüte: Unauffällig im Frühling.

Standort: Volle Sonne bis Halbschatten.

Substrat: Geringe Ansprüche; gut durchlässig, mäßig nährstoffreich, feucht; bis auf basische Böden wird fast jede Mischung vertragen.

Begleitpflanzen: Sieht neben jedem Partner gut aus, daher entweder innerhalb einer Gruppe oder als attraktiven Solitär aufstellen.

Anmerkungen: Eine der besten Sorten für den Topf ist 'Sungold'. Wenn der Baum in direkter Sonne wachsen darf, färben sich

die Nadeln von kräftig goldenem Austrieb nach Limonengrün. 'Sungold' verträgt weder Wind noch staunassen Boden, sieht dafür aber umso prächtiger aus. Die Nadeln sind extrem dünn und die Zweige hängen nach unten – optimal als Blickfang.

Crataegus
Weißdorn

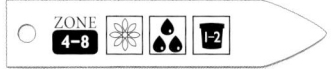

Weißdorn kommt wild in Mitteleuropa vor, wird aber auch gerne in Gärten oder als Straßenbaum gepflanzt. Er hat Dornen und wächst sehr dicht. Interessant sind die hübschen Blüten und die roten Beeren, die Vögel gerne als Winterfutter annehmen.

Größe: 1,5–3 m hoch, 90 cm–2 m breit.

Blüte: Im Frühling entstehen weiße Blüten in dichten Gruppen. Da der Duft nicht jedermanns Sache ist, sollten Sie zuerst schnuppern und sich dann für einen Standort entscheiden.

Standort: Volle Sonne bis Halbschatten.

Substrat: Gut durchlässig, mäßig nährstoffreich; pH-Wert 5,5–7.

Begleitpflanzen: Weißdorn gehört zur Rosenfamilie und sollte nicht in der Nähe von anderen Rosen wachsen, um die Übertragung von Krankheiten und Schädlingen zu vermeiden. Verteilen Sie in seiner Umgebung Pflanzen, die Nützlinge anlocken.

Anmerkungen: Fragen Sie beim Kauf nach der Winterhärte. Widerstehen Sie dem Versuch, sich aus den Beeren Medizin herzustellen – wenn schon, dann lieber eine Marmelade.

Dicksonia antarctica
Australischer Baumfarn

Dieser ungewöhnliche Baumfarn verleiht dem mobilen Garten einen Hauch von Exotik. Leider überlebt *D. antarctica* die Winter Mitteleuropas nicht im Freien. In seiner Heimat wächst der Farn in einem

Meeresklima mit ganzjährig gleichbleibender Luftfeuchte und geringen Temperaturschwankungen. Selbst im Sommer ist er keinen höheren Temperaturen als 18 °C ausgesetzt; er soll bis -7 °C aushalten, aber auf der sicheren Seite ist nur, wer den Farn in einem warmen Glashaus oder Wintergarten überwintern kann.

Größe: 2,50–4,50 m hoch, 90 cm–1,50 m breit.

Blüte: Farne bilden keine Blüten.

Standort: Halb- bis Vollschatten.

Substrat: Hoher Humusgehalt, sehr nährstoffreich; pH-Wert 5,6–6,5.

Begleitpflanzen: Am natürlichen Standort siedeln sich Epiphyten auf dem Stamm an.

Um eine ähnliche Wirkung zu erzielen, setzen Sie Geweihfarn, Moose oder eine Orchidee auf den Stamm des Farns.

Anmerkungen: Der so genannte Stamm ist eigentlich ein aufrechtes Rhizom mit den Resten der abgestorbenen Farnwedel. Er nimmt pro Jahr um 2,5–7,5 cm an Durchmesser zu. Da die Wedel übereinander auswachsen, ordnen sie sich in Schichten an. Lassen Sie alte, abgestorbene Wedel braun werden und von alleine abfallen; sie schützen das Rhizom vor Kälte und Austrocknung. Wenn die Sommertemperaturen über 27 °C steigen, muss der Farn im Schatten stehen und kühl und feucht gehalten werden.

Ilex
Stechpalme, Ilex

Die Gattung *Ilex* besteht aus etwa 300 Arten und einer weitaus höheren Zahl von Sorten (in Europa wächst nur *I. aquifolia* wild). Es gibt Arten mit glänzenden, stacheligen Blättern und roten Beeren, aber auch Formen mit purpurnen und dunkelblauen Beeren. Einige haben glatte Blätter oder nur einen einzigen Stachel an der Blattspitze. Da die Größe genauso variabel ist, sollte für jeden mobilen Garten ein passender Vertreter zu finden sein.

Größe: Je nach Art oder Sorte 60 cm–25 m hoch, 60 cm–3 m breit am natürlichen Standort.

Blüte: Im Frühling mit weißen oder zartrosa Blüten. Die Blüten sind auf männlichen und weiblichen Pflanzen verteilt; Beeren bilden sich nur auf befruchteten weiblichen Pflanzen.

Standort: Volle Sonne bis lichter Schatten.

Substrat: Gut durchlässig, nährstoffreich, feucht; pH-Wert 5,5–6,5. Im Frühling und Sommer alle zwei Wochen düngen (Algenextrakt und Fischemulsion; halb so stark wie angegeben). Ab Spätsommer oder Frühherbst nicht mehr gießen.

Begleitpflanzen: Im Winter sorgen die immergrünen Stechpalmen zwischen kahlen Laubgehölzen für Abwechslung. Auch vor immergrünen Nadelbäumen sehen sie gut aus.

Anmerkungen: Wenn Sie keinen Platz für ein weibliches und ein männliches Exemplar haben und dennoch Beeren wollen, entscheiden Sie sich für eine Burford-Stechpalme. *I. cornuta* 'Burfordii' ist eine Zwergform, die Beeren aus unbefruchteten Blüten bildet. Schöne Sorten der Japanischen Stechpalme (*I. crenata*) sind die Zwergform 'Stokes', die kaum höher wird

Der Stamm dieser *Dicksonia antarctica* wird von verschiedenen Einjährigen verborgen; sie wachsen gemeinsam in einem großen, dekorativ verzierten Kübel.

Malus 'Adirondack' ist wie geschaffen für den mobilen Garten. Er bleibt klein, ist resistent gegen die meisten Krankheiten, blüht üppig und behält seine Früchte bis in den Dezember hinein.

als 1,50 m, 'Rotundifolia' mit rundlichen Blättern und einer Maximalhöhe von 1,80 m im Topf. 'Convexa' hat runde Blätter und wird 90–100 cm hoch; 'Helleri' bleibt niedriger und eignet sich gut als Randbepflanzung für den mobilen Garten. *I. cornuta* 'Rotunda' wächst rundlich und muss nicht in Form geschnitten werden. Sie wird 60–90 cm hoch und verträgt mehr Hitze als andere Formen. Leider bildet sie keine Beeren. 'Carissa' wird 90–100 cm hoch; ihre Blätter haben nur einen Stachel.

Juniperus communis
Wacholder

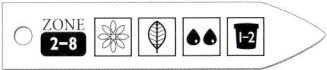

Wacholder ist als anspruchslose Pflanze bestens für den mobilen Garten geeignet. Es gibt schmal aufrechte, kegelförmige oder flach über die Erde kriechende Wacholder. Einige Sorten haben blaugrüne, andere graugrüne oder goldgelbe Nadeln. Fragen Sie in den Gartencentern in ihrer Nähe nach einer gut an das Klima der Region angepassten Sorte.

Größe: 60 cm–3 m hoch, 60 cm–2,50 m breit.

Blüte: Im Frühling, unauffällig; männliche und weibliche Blüten auf unterschiedlichen Pflanzen. Die weiblichen bilden Beerenzapfen, die männlichen Blüten fallen ab, nachdem sie Pollen ausgestreut haben.

Standort: Volle Sonne bis Halbschatten.

Substrat: Wenig anspruchsvoll, von trocken und sandig bis feucht und tonig; pH-Wert 4,5–8,5. Im Frühling mit einem organischen Volldünger oder ausgereiftem Mistkompost düngen.

Begleitpflanzen: Ein guter Hintergrund für lebhafte Farben; Sorten mit schönen Wuchsformen auch als Blickfang geeignet.

Anmerkungen: Die Sorte 'Depressa' bleibt niedrig; sie hat blaugrüne Nadeln und kommt mit unterschiedlichen Bedingungen zurecht. Selbst unter optimalen Voraussetzungen wächst sie nicht höher als 1 m (im Topf 90 cm, durch Rückschnitt auch 60 cm). 'Depressa Aurea' ist ähnlich, aber goldgelb

gefärbt. Im Unterschied zu 'Depressa' färben sich die Nadeln bronzebraun.

Von *J. communis* kommen zwei weitere Sorten in Frage: 'Pencil Point' hat blausilberne Nadeln und wird 1,80 m hoch, während 'Gold Cone' goldgelb gefärbt ist. Auch *J. scopulorum* 'Skyrocket' wäre eine gute Wahl. Sie wächst kegelförmig und hat blaugrüne Nadeln. *J. horizontalis* 'Wiltonii' wächst kriechend zu einem blauen Nadelteppich heran. *J. procumbens* 'Nana' wächst überall von Zone 4 bis 9. Wenn sie sich ausbreiten kann, bildet sie einen Teppich, ansonsten ein Polster.

Malus floribunda
Vielblütiger Apfel

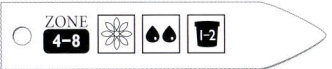

Der deutsche Name ist wirklich gerechtfertigt: Zur Blütezeit im Frühling schmückt sich diese japanische Art mit zahllosen Blüten und verwandelt den Baum in einen prachtvollen Blickfang. Er bietet aber auch im Sommer einen interessanten Anblick, wenn sich die gelben Äpfelchen mit einem zartrosa Hauch überziehen. Im Herbst sorgen dann die Vögel für Farbtupfer, die sich gerne an den Äpfeln bedienen.

Größe: 3–4,50 m hoch und breit.

Blüte: Zeitiges Frühjahr; die Knospen sind rot, die Blüten zunächst weiß mit einem ro-

sa Hauch, später reinweiß. Außerdem verströmen sie einen angenehm süßen Duft.

Standort: Volle Sonne.

Substrat: Gut durchlässig, nährstoffreich, feucht; pH-Wert 5,5–6,6.

Begleitpflanzen: Äpfel bilden nur dann ihre Früchte, wenn sie von einem anderen Baum bestäubt werden; wer Früchte will, muss also für einen Bestäubungspartner sorgen. Die Baumschulen können helfen, sie wissen, welche Sorte zur selben Zeit blüht.

Anmerkungen: *m. angustifolius* wächst in den Zonen 8 und 9, während *m. sylvestris* besser in kühleren Regionen zurecht kommt. Bei dem breiten Angebot bietet aber jede regionale Baumschule die jeweils besten Arten und Sorten an.

Olea europaea
Olivenbaum

Ölbäume sorgen für mediterranes Flair. Ihre länglichen, schmalen Blätter sind charakteristisch graugrün gefärbt, und der Stamm wird mit zunehmendem Alter immer knorriger.

Größe: Unterschiedlich; Sorten für den Kübel 1–1,45 m hoch, 1–3,50 m breit.

Blüte: Kleine, cremeweiße Blüten stehen in Büscheln in den Blattachseln des Vorjahres. Viele Sorten sind selbststeril und brauchen einen Bestäuber, um Oliven zu bilden.

Standort: Volle Sonne.

Substrat: Extrem gut durchlässig, gering bis mäßig nährstoffreich; pH-Wert 7–8. Ölbäume wachsen am besten auf Kalkböden und brauchen viel Kalzium. Obwohl sie in der Natur auf nährstoffarmen Böden wachsen, müssen sie im Kübel alle 2–3 Wochen mit Volldünger gedüngt werden; im Winter reicht eine Gabe alle paar Monate.

Das Olivenbäumchen *(Olea europaea)* im bauchigen Topf zieht die Blicke auf sich.

Bergkiefer eine gute Wahl für den mobilen Garten dar.

Größe: 1–3 m hoch, 90 cm–1,80 m breit.

Blüte: Die unauffälligen, gelben männlichen und weiblichen Blüten stehen auf derselben Pflanze; sie bilden sich im Frühling. Erst die knapp 5 cm langen, graubraunen Zapfen sorgen wieder für Aufmerksamkeit.

Standort: Volle Sonne bis Halbschatten.

Substrat: Gut durchlässig, nährstoffreich, feucht; pH-Wert 5,5–7. Während der Vegetationsperiode alle 3–4 Wochen düngen.

Begleitpflanzen: Ein guter Hintergrund für alle Pflanzen mit leuchtenden Blatt- oder Blütenfarben.

Anmerkungen: Die kuppelförmige Sorte 'Compacta' ist etwa 90 cm hoch, 'Gnom' bringt es dagegen auf 3,70 m und wächst buschig. 'Pumilio' ist 60 cm hoch, breitet sich aber bis 3 m weit aus – wenn man sie lässt. Daher eignet sie sich wunderbar für lange Kübel, die als Grenze gesetzt werden. 'Teeny' ist noch kleiner und runder als 'Compacta' und 'Mops' etwa gleich groß. 'Slowmound' wächst langsam zu einem dichten, 90 cm hohen Polster heran.

Begleitpflanzen: Manche Gärtner stellen blühende Rosen mit den Olivenbäumchen zusammen, weil Rosenfarben und Oliven gut miteinander harmonieren. Wie sie sich auch entscheiden, die Olive braucht einen eigenen Topf, da andere Pflanzen die Trockenheit nicht vertragen.

Anmerkungen: 'Arbequina' dürfte die beste Sorte für den mobilen Garten sein. Sie bestäubt sich selbst, und die kleinen Oliven lassen sich sogar auspressen – Olivenöl aus eigener Produktion. Die Zweige hängen wie bei einer Trauerform leicht herab. Wie alle Oliven verträgt sie aber keine kalten Winter, spätestens bei Nachttemperaturen von 2 °C muss sie in die Wärme; optimal sind Wintertemperaturen um 20 °C und höher.

'Little Ollie' ist eine Zwergsorte, die im Kübel nicht höher wird als 1,80 m. Sie wächst mit mehreren Stämmen, sieht also eher wie ein Busch aus. Die Sorte bildet keine Früchte, wäre also eine Alternative für Pollenallergiker.

Pinus mugo
Bergkiefer

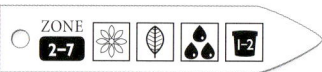

Von der Bergkiefer – von Natur aus klein – gibt es mehrere rundliche, strauchförmige Sorten. Da die Nadeln 4–5 Jahre lang an den Zweigen bleiben, ist der Baum ein guter Sichtschutz. Außerdem sind die Nadeln recht hart und halten Tiere fern. Da sie zudem kaum Ansprüche an die Umgebung stellt und sehr pflegeleicht ist, stellt die

Salix caprea
Sal-Weide

Dank der ovalen, olivgrünen Blätter und der schönen, buschigen Kätzchen bildet die Salweide eine hübsche Ergänzung jedes mobilen Gartens. Die gelben oder gelbgrünen Kätzchen erscheinen im Frühling, die Äste sind graugrün. Die Salweide sieht aber nicht nur als Solitär oder innerhalb einer Gruppe von Schnittblumen attraktiv aus, sie ist auch eine gute Bienenpflanze. Nektar und Pollen versorgen die Bienen in einer kritischen Zeit mit Futter.

Größe: 1,80–4,50 m hoch, 90 cm–1,80 m breit.

Blüte: Im zeitigen Frühjahr blühen männliche und weibliche Kätzchen gleichzeitig. Männliche Kätzchen sind buschig und gelb, die weiblichen schlanker und graugrün. Im Spätsommer bilden die weiblichen Blüten zarte Flugfrüchte mit silberweißen Haaren.

Standort: Volle Sonne bis lichter Schatten.

Substrat: Feuchte haltend, nährstoffreich; pH-Wert 6–7,5. Während der Vegetationszeit einmal pro Monat mit einem organischen Volldünger (Algenextrakt mit Fischemulsion) oder ausgereiftem Mistkompost düngen.

Begleitpflanzen: Weiße oder pastellfarbene Blüten harmonieren mit den graugrünen Blättern.

Anmerkungen: Im Freiland erobert die Sal-Weide große Flächen; im mobilen Garten ist diese Gefahr geringer, obwohl die Samen vom Wind verweht werden. 'Kilmarnock' ist ein männlicher, 'Weeping Sally' ein weiblicher Klon in Trauerform. Wenn diese Trauerformen auf eine Unterlage gepfropft werden, entsteht ein kleiner Hochstamm mit hängenden Zweigen. Ohne Unterlage wachsen beide Sorten kriechend als Bodendecker.

LINKS: *Pinus mugo* 'Winter Gold' sieht das ganze Jahr über gut aus; hier wurde sie mit *Heuchera* 'Obsidian' unterpflanzt.

Kräuter

Mit Küchen- und Gewürzkräutern läuft jeder mobile Garten zur Höchstform auf. Sie sehen hübsch aus, die meisten duften gut und bereichern die Gewürzpalette in der Küche. Wer einmal seine Kräuter selbst gezogen, geerntet und probiert hat, kehrt nie wieder zu eingeschweißter oder getrockneter Supermarktware zurück. Hinzu kommt, dass die meisten Kräuter sehr pflegeleicht sind. Ein paar Stauden müssen vor Frost geschützt werden, aber die meisten kommen gut mit einem breiten Spektrum von Bedingungen zurecht.

Selbst wenn die oberirdischen Teile absterben, können Kräuter den Winter überstehen, solange ihre Wurzeln vor Frost geschützt werden. Überwintern Sie die Töpfe an einem kühlen, frostfreien, hellen Ort.

Allium schoenoprasum, A. tuberosum
Schnittlauch, Schnitt-Knoblauch

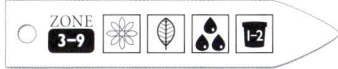

Der unscheinbare Schnittlauch ist der Schatz jedes mobilen Gartens. Gleichgültig ob man einige Blätter erntet, schneidet und über ein Gericht streut oder ob man mit den Blüten einem Salat oder einer Vorspeise mehr Würze und Farbe verleiht – Schnittlauch ist ein wunderbares Kraut.

Der Schnitt-Knoblauch hat ein etwas anderes Aroma als der echte Schnittlauch.

Seine Blätter sind dick und flach (nicht rund und hohl wie beim Schnittlauch) und auch die Blüten sehen anders aus. Die weißen Blütenköpfchen stehen auf steifen, hohen Stängeln, die gut in einen Blumenstrauß passen. Die essbaren Blüten peppen auch den Geschmack vieler Gerichte auf.

Größe: 30–45 cm hoch, 10–20 cm breit.

Blüte: Schnittlauch blüht purpurn, Schnitt-Knoblauch weiß.

Standort: Volle Sonne in kühleren Regionen, in den Zonen 8–11 in gefiltertem Licht.

Substrat: Gut durchlässig, nährstoffreich, feucht; pH-Wert 5,8–6,8.

Begleitpflanzen: Schnittlauch macht sich gut als Unterpflanzung in größeren Kübeln mit Sträuchern oder Bäumen. Während der Blütezeit stellen sich Nützlinge ein, die hier nach Nektar suchen.

Anmerkungen: Wenn der Schnittlauch im Frühling geblüht hat, wird die ganze Pflanze bis auf 2–5 cm über dem Boden abgeschnitten; sie treibt wieder aus. Der Schnitt-Knoblauch blüht im Herbst; auch er wird zurückgeschnitten (sät sich freigiebig selbst aus). In milden Regionen treibt er bis zum Winter wieder aus, und wo kalte Winter zu erwarten sind, bekommt er den üblichen Kälteschutz.

Anethum graveolens
Dill

Dill ist eine schnell wachsende Pflanze, die im mobilen Garten eine doppelte Aufgabe übernimmt. Einige wenige Exemplare reichen, um die Küche mit Blättern und Samen zu versorgen. Außerdem locken die Dillblüten kleine Wespen und andere Nützlinge an, die sich über Blattläuse hermachen.

Größe: 30–75 cm hoch, 15–20 cm breit.
Blüte: Dill ist ein Doldenblütengewächs, dessen winzige Blüten in einer schirmförmigen Dolde über den Blättern stehen. Während der Blüte wächst die Pflanze deutlich langsamer. Um den Blattschmuck zu erhalten, sollten Sie daher bei einigen Pflanzen die Blütenstängel rechtzeitig entfernen.
Standort: Volle Sonne.
Substrat: Gut durchlässig, mäßig nährstoffreich; pH-Wert 5,8–6,8. Keinen Dünger mit hohem Stickstoffgehalt verwenden.
Begleitpflanzen: Die zarten Blätter eignen sich wunderbar, um Lücken in Arrangements zu schließen (Blütenstängel entfernen). Einige Exemplare sollten blühen dürfen, damit sich die Nützlinge einstellen.
Anmerkungen: Da Dill sehr hoch wird und leicht umfällt, muss er durch ein paar Stäbe im Topf abgestützt werden. Deswegen eine Zwergform zu wählen, ist den Aufwand nicht wert.

Coriandrum sativum
Koriander

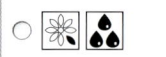

Sowohl die Samen als auch die Blätter werden – je nach Rezept – in der Küche gebraucht. In der südamerikanischen und fernöstlichen Küche gelten sogar die Wurzeln als Delikatesse. Koriander wächst sehr schnell. Die erste Ernte ist bereits 40 Tage nach dem Einpflanzen möglich. Er erreicht seine Endgröße nach etwa zwei Monaten und ist besonders ergiebig, wenn Sie alle paar Tage die ältesten Triebe ernten. Koriander passt zu praktisch allem, von Reis über dicke Bohnen und Omelettes bis zu asiatischen Rezepten.

Größe: 45–75 cm hoch, 15 cm breit.
Blüte: Weiße Blüten in Dolden an hohen Stängeln.
Standort: Volle Sonne; in sehr heißen Regionen besser im Halbschatten oder im lichten Schatten.
Substrat: Gut durchlässig, mäßig nährstoffreich; pH-Wert 5,8–6,8.
Begleitpflanzen: Koriander lockt eine Menge Nützlinge an. Das schnelle Wachstum macht einen Trick möglich: Pflanzen sie einen Koriander an den Rand eines Gefäßes mit Zierpflanzen und ernten Sie, wenn er zu viel Platz beansprucht.

Foeniculum vulgare
Fenchel

Im Freiland wächst der Fenchel zu einer stattlichen Pflanze heran. Im Gefäß wird sein Wachstum zum Glück stark eingeschränkt, damit lässt er sich im mobilen Garten leichter beherrschen. Fenchel liefert Blätter und Samen für die Küche, sogar seine zarten Stängel sind essbar. Sie sollten sich allerdings bereits vorher im Klaren sein, was Sie ernten möchten, denn davon hängt die Standortwahl ab (in kalten Regionen sogar die Pflanzzeit).

Größe: 60 cm hoch, 30 cm breit.
Blüte: Die Blüte beginnt im Frühsommer; zahlreiche kleine, schirmförmige Dolden am Ende von Blütenstängeln.
Standort: Volle Sonne; in sehr heißen Regionen auch lichter Schatten.
Substrat: Gut durchlässig, mäßig nährstoffreich; pH-Wert 6,6–7.
Begleitpflanzen: Fenchel lockt wie alle Doldenblütengewächse viele Nützlinge an. Die zart geschlitzten Blätter sehen zwischen Zierpflanzen wie grüne Spitze aus.
Anmerkungen: Die bronzefarbenen Sorten schmecken wie die „grüne" Art, sehen aber in der Vase und einem gemischten Arrangement interessanter aus. Fügen Sie einem Blumengesteck einige attraktiv gefärbte Stängel bei. Die Samen geben einer Tomatensoße ein italienisches Aroma. Das Gewürz passt auch zu Fleisch und Würsten. Der Geschmack der Blätter erinnert an Anis oder Lakritz.

Laurus nobilis
Lorbeer

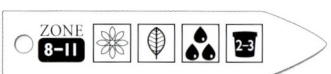

Ein einzelnes Lorbeerbäumchen im Kübel ist immer ein Blickfang oder bildet mit dunkelgrünen, glänzenden Blättern und dem eleganten Wuchs einen perfekten Hintergrund. Mehrere in Form geschnittene

Kaum zu glauben, dass dieser Goldfenchel mit dem Schleierkraut davor eigentlich ein Küchenkraut ist.

Lorbeerbäumchen können wie hier mit gewundenem Stamm erzogen werden und vertragen Formschnitt, sehen aber auch in der natürlichen Form gut aus.

Zum Trocknen werden die Blätter auf Siebe gelegt. Es macht nichts, wenn sie sich einrollen, denn beim Kochen werden sie als Ganzes oder zerkleinert verwendet. Das Öl kann bei empfindlichen Menschen hautreizend wirken, und die Blattränder sind scharf.

Lavandula
Lavendel

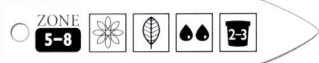

Über den Lavendel könnte selbst ein Pessimist nichts Schlechtes sagen – er gehört in einen mobilen Garten, sei der Platz auch noch so begrenzt. Die kuppelförmige Wuchsform mit den silbrig-grünen bis graugrünen Blättern sieht ganzjährig attraktiv aus; die lange haltbaren Blütenähren mit weißen, rosafarbenen, purpurnen oder lavendelblauen Blüten scheinen über den Blättern zu schweben.

Lavendel wird in englische Frühstückstees gemischt, kann aber auch Backwaren und Marmeladen aromatisieren. Der reine, streng schmeckende Blatttee wirkt beruhigend; zusammen mit Kamille schmeckt er auch Kindern. Ein Lavendelstrauch hält sich bei guter Pflege fünf Jahre lang im Topf.

Größe: 30–90 cm hoch, 30–45 cm breit.

Blüte: Bei manchen Sorten werden die Blütenähren bis fast 30 cm lang, andere bringen es auf 20–25 cm. Je nach Sorte blühen sie weiß bis lavendelblau und in blaupurpurnen Tönen mit rosa Hauch.

Standort: Volle Sonne, verträgt auch Halbschatten, wenn es sehr heiß ist.

Substrat: Extrem gut durchlässig, mäßig nährstoffreich; pH-Wert 6,8–7. Im Frühling mit Mistkompost auffüllen oder mit einem organischen Volldünger düngen.

Begleitpflanzen: Lavendel macht sich sehr gut in einer gemischten Bepflanzung mit

Bäumchen in formalen Gefäßen bilden eine elegante Abgrenzung. Als mediterrane Pflanze verträgt Lorbeer weder Frost noch kalte Winde (selbst wenn die Temperaturen über 0 °C liegen). Nur in den Zonen 8 und 9 kann Lorbeer an einem geschützten Platz überwintern. Die Ernte der Blätter darf frühestens im zweiten Jahr erfolgen (immer nur wenige, bis das Bäumchen 50–60 cm hoch ist).

Größe: 90 cm-3 m hoch, 90 cm-1,80 m breit.

Blüte: Im Frühling zeigen sich kleine, gelbe Blüten.

Standort: Lichter Schatten oder volle Sonne; am Nachmittag Halbschatten.

Substrat: Gut durchlässig, nährstoffreich, feucht; pH-Wert 4,5–8, optimal sind 6,2.

Begleitpflanzen: Lorbeer kommt neben jeder anderen Pflanze gut zur Geltung.

Anmerkungen: Lorbeer reagiert sehr gut auf Schnitt, daher wird er im Mittelmeerraum zu Formen beschnitten. Im Topf wird der Lorbeer im Spätwinter oder Vorfrühling beschnitten, damit die oberirdischen Teile in einem gesunden Verhältnis zum Wurzelwerk stehen.

anderen Kräutern. Die Blüten locken Nützlinge an; stellen Sie den Topf in die Nähe einer durch Blattläuse gefährdeten Pflanze.

Anmerkungen: Den schönsten Duft verströmen englische Züchtungen von *L. angustifolia*. Achten Sie beim Kauf nicht nur auf die Sorte, sondern auch auf die Art, denn die Hybride *L.×intermedia* duftet deutlich schwächer.

Lavendel (Blätter und Blüten) für Duftsäckchen und Potpourris sollte geerntet werden, bevor sich die Blüten öffnen. Zum Trocknen werden sie in einem warmen trockenen Raum auf Sieben oder Ziegelsteinen flach ausgebreitet. Hängend getrocknete Blütenstände verlieren manchmal die Blütenknospen. Völlig trockene Exemplare kommen in ein undurchsichtiges Gefäß oder in wieder verschließbare Gefrierbeutel; fügen Sie Silicagel dazu, das die Feuchtigkeit bindet.

Ocimum basilicum
Basilikum

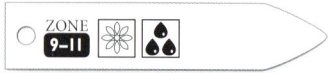

Beschränken Sie sich nicht auf einen Topf, sondern stellen Sie mehrere Formen zusammen. Frisches Basilikum ist im Supermarkt nicht ganz billig; mit einer eigenen Produktion haben Sie immer die richtige Menge zur Hand. Eine Fensterbank reicht aus, um für ein ganzes Jahr Soßen zu aromatisieren und Pestos herzustellen.

Größe: 50–60 cm hoch, 15–30 cm breit.

Blüte: Die Blüten locken Nützlinge an, allerdings stellen blühende Pflanzen ihr Wachstum ein. Kluge Gärtner überlassen daher stets einige Töpfe den Insekten, die anderen sind für die Küche.

Standort: Volle Sonne.

Substrat: Gut durchlässig, nährstoffreich, hoher Humusgehalt; pH-Wert 6–7,5. Dünger mit hohem Stickstoffgehalt machen Basilikum anfälliger gegenüber Krankheiten und Schäden. Das Substrat sollte immer feucht sein.

Begleitpflanzen: Basilikum verträgt sich gut mit Tomaten und Paprika. Die purpur-

---

Petersilie ist eine sehr dankbare Topfpflanze. Sie liefert ein beliebtes und viel gebrauchtes Küchenkraut und taugt sogar als hübscher Vordergrund in einem formalen Garten.

blättrigen oder gefleckten Sorten eignen sich sogar als Blattschmuckpflanze in einer Gruppe.

Anmerkungen: Solange eine Basilikumpflanze genügend Wasser bekommt und mit einem organischen Volldünger versorgt wird (ideal wäre Mistkompost), gedeiht er prächtig und problemlos. Knipsen Sie die Triebspitzen aus, damit die Pflanze kompakter und buschiger wächst; aus den Blattachseln wachsen bereitwillig neue Triebe aus. Auch die Blütenstängel werden abgeknipst, sobald sie sich zeigen, zumindest vor den ersten Blütenknospen. Die Sorten mit gekräuselten oder sehr hellgrünen Blättern machen sich gut in einem Strauß.

Basilikum soll Fliegen abschrecken. Stellen Sie einen Topf mit Basilikum in den Eingangsbereich des Hauses, und verstärken Sie die Wirkung, indem Sie einige Blätter zerdrücken.

Petroselinum crispum
Petersilie

Petersilie steht oft auf der Zutatenliste. Warum also nicht ausreichend Petersilie selbst anpflanzen? Einige gut gepflegte Exemplare liefern genügend frische Vorräte – in warmen Regionen sogar das ganze Jahr hindurch.

Petersilie wird in glatten und krausen Sorten angeboten. Glatte Petersilie hat ein kräftigeres Aroma und hält den Geschmack besser, wenn sie mitgekocht wird. Dafür sieht die krause Version hübscher aus und gibt einem Teller oder der Salatschale den letzten Pfiff.

Größe: 20–45 cm hoch, 20–30 cm breit.

Blüte: In der Frühlingsmitte des zweiten Jahres treibt die Petersilie Blütenstängel

---

aus. Nur wenn sie gleich abgeknipst werden, kann die Petersilie noch eine Zeitlang geerntet werden.

Standort: Volle Sonne in kühleren, Halbschatten oder lichter Schatten in heißen Regionen.

Substrat: Gut durchlässig, nährstoffreich, hoher Humusgehalt; pH-Wert 5,8–6,8; alle 10–14 Tage mit einem flüssigen Volldünger düngen (Fischemulsion).

Begleitpflanzen: Petersilie kommt sehr gut als Randbepflanzung in größeren Kübeln zur Geltung. Ernten Sie die jeweils großen, äußeren Blätter, damit der Wuchs kompakt bleibt. Die blühende Pflanze lockt viele Nützlinge an.

Rosmarinus officinalis
Rosmarin

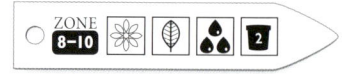

Rosmarin hat eine attraktive Wuchsform, die sich harmonisch in ein lockeres, mediterranes Gestaltungskonzept einfügt. Da der Strauch gut auf Schnitt reagiert, lässt er sich aber auch für eine formale Gruppe beschneiden. Rosmarin verträgt keinen Frost und muss im Winter ins Haus. Lassen Sie sich davon aber nicht abschrecken. Drehen Sie ihn während des Winters regelmäßig um, damit er gleichmäßig belichtet wird (Kübel auf Rollen).

Größe: 60 cm–1,80 m hoch, 30–90 cm breit.

Blüte: Dicht stehende Blüten in rosa bis purpurnen Tönen im Frühling.

Standort: Volle Sonne.

Substrat: Extrem gut durchlässig, mäßig nährstoffreich; pH-Wert 6,5–7,5; jeden Frühling mit neuer Topferde auffrischen.

Begleitpflanzen: Rosmarin ist ein Strauch und braucht ein eigenes Gefäß. Stellen Sie einen Topf mit einer flachwüchsigen Form zu einer gemischten Gruppe von Nadelgehölzen zusammen. Blühender Rosmarin lockt Nützlinge an.

Anmerkungen: Ein Rosmarin leidet mehr unter feuchtem Substrat als unter Vernachlässigung. Das Substrat muss extrem wasserdurchlässig sein; gegossen wird nur, wenn die obersten Zentimeter trocken sind.

Ernten Sie Rosmarin an einer oder zwei Triebspitzen. Brauchen Sie mehr für den Vorrat, ein Duftsäckchen oder ein Potpourri, suchen Sie einen Jungtrieb des laufenden Jahres. Schneiden Sie ihn zwei oder drei Knoten oberhalb der Ansatzstelle ab. Rosmarin treibt nicht aus schlafenden Knospen im Holz aus, vermeiden Sie es, einen Zweig aus dem Holz abzunehmen.

Nutzen Sie den aromatischen Duft von Rosmarinzweigen in einem Vollbad. Lassen Sie heißes Wasser über einen frischen Zweig oder getrockneten Rosmarin in die Wanne laufen. Ein Bad darin wirkt sehr anregend. Wenn Sie dunkles Haar haben, gibt ein starker Aufguss von Rosmarin im letzten Spülwasser dem Haar nach der Haarwäsche einen angenehmen Duft und verstärkt den natürlichen Glanz.

Salvia officinalis
Salbei

Da Salbei sehr attraktive, graugrüne Blätter hat und buschig wächst, passt er sowohl zwischen Zierpflanzen als auch in eine hübsche Gruppe von Küchenkräutern. Salbei, der sich selbst überlassen wird, fällt gerne auseinander; halten Sie den Wuchs mit gezieltem Schnitt kompakt und rundlich. Die Blätter von *Salvia apiana* sind anders gefärbt; neben einem klassischen Salbei bringen sich beide Arten gegenseitig besser zur Geltung.

Salbei ist eine vielseitige Pflanze. Sie können einen ganzen Zweig in einen Kräuterkranz binden oder getrocknete Blätter in Duftsäckchen oder Fußbäder geben. Als Gewürz passt Salbei in Geflügelfüllungen und Soßen.

Größe: 30–75 cm hoch, 25–60 cm breit.

Blüte: Von Spätfrühling bis Frühsommer ab dem zweiten Jahr; weiße, rosafarbene, purpurne oder blaue Blüten in dichten Blütenständen auf hohen Stängeln. Die Blüten sind essbar und sorgen für hübsche Farbtupfer in einem Salat (sparsam verwenden wegen des intensiven Aromas).

Standort: Volle Sonne.

Substrat: Gut durchlässig, mäßig nährstoffreich; pH-Wert 5,8–6,5; wenn der Salbei nicht umgetopft wird, füllen Sie jedes Frühjahr mit einer Schicht ausgereiftem Mistkompost auf.

Begleitpflanzen: Blühender Salbei lockt Nützlinge an; stellen Sie den Topf in die Nähe gefährdeter Pflanzen (Blattläuse oder Insekten mit weichen Körpern).

Thymus
Thymian

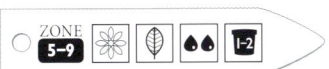

Thymian wird in einer Vielzahl von Sorten in den Blütenfarben Hellrosa, Rosarot, Reinweiß und allen Schattierungen von Lavendel und Purpur angeboten; die Blätter können hellgrau, dunkelgrün, silbern, goldgelb, gelb gerandet, glatt oder gekräuselt sein. Jedes Jahr erscheinen neue Züchtungen, die man seiner Sammlung hinzufügen kann. Während Thymian in der Natur viele Jahre lang sehr wüchsig bleibt, lässt seine Kraft im Topf rasch nach.

Größe: 5–30 cm hoch, 20–60 cm breit.

Blüte: Im Hochsommer erscheinen Hunderte winzige Blüten an den Triebspitzen.

Standort: Volle Sonne in Zonen 5 bis 7, lichter Schatten in den Zonen 8 und 9.

Thymian gedeiht in jedem Gefäß. Wenn Sie getrockneten Thymian für den Winter sammeln oder verschenken möchten, wählen Sie einen großen Topf.

Substrat: Extrem gut durchlässig, mäßig nährstoffreich; pH-Wert 6,5–8,5.

Begleitpflanzen: Thymian wächst am besten zusammen mit anderen Thymianpflanzen. Pflanzen Sie als Blickfang kriechende Sorten mit unterschiedlich gefärbten Blättern zusammen in eine flache Schale. Aufrecht wachsender Thymian wird zur Blütezeit in die Nähe gefährdeter Pflanzen gerückt, um Nützlinge anzulocken – Insekten lieben die winzigen Blüten.

Anmerkungen: Die Thymiansorten lassen sich grob in die beiden Kategorien kriechend und aufrecht untergliedern. Die besten kriechenden Sorten gehen auf die Mutterpflanze *T. serpyllum* zurück: 'Albus' mit weißen, 'Coccineus' mit roten und 'Roseus' mit rosa Blüten. Suchen Sie sich im Gartencenter eine in Blüten- und Blattfarbe zu ihrem Arrangement passende Sorte heraus. Für die Küche eignen sich besonders gut Sorten des Echten Thymians (*T. vulgaris*) und Zitronen-Thymian (*T. × citriodorus*). Mitgekochter Zitronenthymian verliert den Geschmack, doch frisch ausgestreut gibt er Fisch oder Salaten ein leichtes Zitronenaroma. Probieren Sie vor dem Kauf eines „Küchenthymians" ruhig, wie er schmeckt. Der Thymianduft schreckt Insekten ab; legen Sie einen Zweig getrockneten Thymian zwischen Wollsachen, um Motten abzuwehren. Thymianöl wirkt antiseptisch.

Gemüse

Gemüse frisch aus dem eigenen (Topf-)Garten zu ernten, ist ein Genuss. Ein Produkt zu essen, das Sie selbst gepflanzt und bis zur Ernte gepflegt haben, ist ein sehr befriedigendes Gefühl.

Beim Gemüse hängt beinahe alles von der Qualität des Substrates ab. Je besser der Boden, desto besser das Gemüse. Geben Sie Mistkompost oder beste organische Erde in die Gefäße; das Substrat sollte wie ein reifer Komposthaufen duften, weniger wie Blumenerde aus dem Sack. Die meisten Gemüse mögen Erden mit hohem bis mäßigem Nährstoffgehalt, die mit organischen Düngern wie Trockendünger, Fischemulsion, Algenextrakten und anderen Flüssigdüngern verbessert werden.

Einige Gemüsepflanzen können im Gefäß überwintern, solange die Erde nicht gefriert; denken Sie deshalb rechtzeitig an isolierenden Frostschutz.

Schädlingsbekämpfung mit organischen Methoden

Früher oder später stellen sich Schädlinge auf dem Gemüse ein. Stellen Sie gleichartige Gemüse jeweils in separaten Töpfen mit Abstand zueinander auf, und platzieren Sie andere Arten dazwischen. Monokulturen werden eher befallen als Mischkulturen". Stellen Sie Töpfe dazu, die Nützlinge anlocken: Petersilie, Dill, Koriander und blühende Pflanzen, wie Salbei, Duftsteinrich und Skabiosen.

Pestizide: Eine Warnung

Wenn Sie sich für ein Pestizid entscheiden, müssen Sie sich unbedingt an die Vorgaben des Herstellers halten. Jedes Mittel, das einem Insekt schadet, könnte auch Ihnen schaden. Tragen Sie Schutzhandschuhe und –kleidung und bewahren Sie die Mittel für Kindern unzugänglich auf.

Normale Kirschtomaten, hier 'Tasty Tom', gedeihen gut in Töpfen und liefern eine gute Ernte; binden Sie die Triebe hoch, und entfernen Sie die neuen Schösslinge.

Allium cepa, A. fistulosum
Zwiebel, Winterzwiebel

Zwiebeln brauchen nur wenig Platz und können zwischen anderen Pflanzen wachsen. Ihre aufrecht stehenden, blaugrünen Blätter bieten einen hübschen Anblick, und der strenge Duft schreckt manche fliegenden Schadinsekten ab – ein angenehmer Nebeneffekt.

Größe: 20–30 cm hoch, 2 cm breit.
Blüte: Keine.
Standort: Volle Sonne oder lichter Schatten.
Substrat: Gut durchlässig, nährstoffreich, hoher Humusgehalt; pH-Wert 6–7.
Begleitpflanzen: Einjähre, alle Gemüse außer Hülsenfrüchten.
Anmerkungen: Frühlingszwiebeln werden im Sommer ausgesät (Winterschutz) und sind im Frühling des nächsten Jahre erntereif. Vorgezogene Zwiebeln kommen im zeitigen Frühling in die Erde; sie können schon zwei Monate später geerntet werden. Setzen Sie Jungzwiebeln in zeitlichem Abstand, dann steht immer ein Vorrat bereit (abgedeckt reicht die Ernte bis in den Winter).

Beta vulgaris var. cicla
Mangold

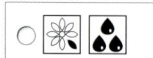

Der Mangold vereint attraktives Aussehen mit hohem Nutzen Nutzen. Klassische Sorten haben weiße Blattstiele und gekräuselte grüne Blätter, moderne Züchtungen haben leuchtend orange, goldene, purpurne, rote oder magentafarbene Blattstiele. Wenn Sie Mangold aus Samen ziehen, können Sie bereits die kleinen Blättchen ernten, um

Der Mangold 'Bright Lights Swiss' hellt mit seinen farbigen Blattstielen jede Gruppe auf.

einem Salat mehr Farbe zu geben. Ausgewachsene Pflanzen werden gedünstet oder wie Spinat zubereitet.

Größe: 20–60 cm hoch, 25–45 cm breit.

Blüte: Keine.

Standort: Volle Sonne.

Substrat: Gut durchlässig, nährstoffreich, hoher Humusgehalt; pH-Wert 6–6,8.

Begleitpflanzen: Mangold harmoniert mit fast allen Zierblumen. Die Kombination buntstieliger Sorten mit rot und gelb blühender Kapuzinerkresse schafft einen auffälligen Blickfang.

Anmerkungen: Die Blattstiele schmecken am besten gedünstet. Ziehen Sie die festen Adern heraus, und geben Sie die Blätter erst nach ein paar Minuten zu den Stielen in den Topf. Schmecken Sie mit Essig, Zitronensaft oder Butter ab. Mangold ist eine Zeigerpflanze für Luftverschmutzung. Gekräuselte Blätter weisen auf Luftschadstoffe

hin; bei stärkerer Verschmutzung drehen sich die Blattstiele ein. Sollten Sie diese Veränderung feststellen, wechseln Sie auf Fruchtgemüse, das weniger Luftschadstoffe aufnimmt.

Capsicum annuum
Paprika, Spanischer Pfeffer

Grüne, rote, orangefarbene oder purpurne Früchte, Zier-, Gewürz-, Gemüse-, Spitz- und Büschelpaprika – die Variationsbreite dieser Art und ihrer Sorten ist vielfältig. bieten die Supermärkte bieten nur eine verschwindend kleine Auswahl an. Wagen Sie den Versuch, und gehen Sie unter die *Capsicum*-Gärtner.

Größe: Je nach Sorte 30–75 cm hoch,

30–60 cm breit.

Blüte: Kleine, weiße Blüten mit auffallendem gelben Zentrum im Früh- bis Hochsommer.

Standort: Volle Sonne, außer in sehr heißen Landstrichen. Die wachsenden Früchte müssen vor der direkten Mittags- und Nachmittagssonne geschützt werden, sonst werden sie krank und anfällig gegenüber Pilzbefall (siehe auch S. 177).

Substrat: Gut durchlässig, mäßig nährstoffreich, humusreich; pH-Wert 5,5–6,8. Ab der Blüte werden die Pflanzen einmal wöchentlich mit einem Tomatendünger gedüngt. Mulchen Sie den Topf mit zerdrückten Eierschalen (Kalziumquelle).

Überwintern: Paprika verträgt keinen Frost, muss also an einem hellen, nicht zu warmen Ort überwintern. Gießen Sie weniger, sorgen Sie für gute Durchlüftung, und lassen Sie die Pflanze über Winter ruhen. Nach den letzten Frösten werden die Pflanzen in neue Erde umgetopft und ins Freie gestellt. Sie werden rasch blühen und Früchte liefern

Begleitpflanzen: Leider ziehen Paprikapflanzen viele Schädlinge an, darunter Blattläuse, Blattspinnmilben, Weiße Fliegen, Blindwanzen und Gurkenkäfer. Gefährliche Pflanzenkrankheiten sind die Verticillium- und Fusarium-Welke, Weißblättrigkeit und mehrere Viruserkrankungen. Stellen Sie Töpfe mit kleinem Basilikum ('Spicy Globe' oder andere) oder Portulak in der Nähe auf. Auch Kapuzinerkresse kann helfen, weil sie Blattläuse von den Paprikapflanzen abzieht.

Anmerkungen: Wenn eine Pflanze reichlich Früchte trägt, kann der Stängel unter dem Gewicht brechen. Bringen Sie daher rechtzeitig außerhalb des Topfes Stützen an, und binden Sie die Pflanze fest. Werden die ersten Früchte bereits geerntet, wenn sie etwa drei Viertel ihrer Endgröße erreicht haben, bildet die Pflanze neue Blüten und Früchte.

Die Farbe der Schoten richtet sich auch nach dem Reifegrad der Sorte. Da vollständig ausgereifte Schoten unter der Hitze leiden, ernten professionelle Züchter die Früchte in unreifem Zustand. Ernten Sie die Schoten, wenn sich die Farbe auszuprägen beginnt. An einem warmen, hellen Ort reifen sie im Zimmer nach (direkte Sonne vermeiden): So bekommen Sie perfekt ausgereifte Früchte mit intakten Oberflächen ohne Sonnenbrand.

Cucumis sativus
Gurke

Der Geschmack einer frischen Gurke ist unvergleichlich. Sie können zwischen den traditionellen Salatgurken und einer Menge exotischer Gewächse wählen: runde, gelbe „Zitronengurken" (Lemon-Cucumber), lange, gestreifte Sorten oder samenlose Züchtungen.

Größe: Je nach Sorte; strauchförmig 45 cm hoch, 90 cm breit; kletternd 30 cm hoch, 1,80–2,50 m lange Ranken.

Blüte: Gelbe Blüten im Frühsommer; die Salatgurken haben männliche und weibli-

Ein großer Topf mit Chillipfeffer versorgt die Küche ein Jahr lang mit frischen, scharfen Schoten und ist eine Bereicherung des mobilen Gartens.

che Blüten, die von Insekten bestäubt werden, manche der neuen Züchtungen bilden Früchte aus unbefruchteten Blüten. Es kann sogar vorkommen, dass eine bestäubte Blüte zu bitter schmeckenden Gurken heranwächst. Um die Bestäubung zu vermeiden, bleiben die Gurken bis zum Fruchtansatz im Glashaus oder werden mit einem dichten Insektennetz abgedeckt. Lesen Sie noch vor dem Kauf die Informationen auf den Samentütchen durch, um solche Probleme zu vermeiden.

Standort: Volle Sonne.

Substrat: Gut durchlässig, nährstoffreich, hoher Stickstoffgehalt; pH-Wert 6–6,8.

Begleitpflanzen: Säen Sie Radieschen mit in den Topf. Sie reifen schnell, schrecken einige der schlimmsten Schädlinge ab und werden geerntet, wenn die Gurke den Platz braucht. Stellen Sie Töpfe mit Studentenblumen um die Pflanzen, um Nützlinge anzulocken.

Anmerkungen: Die Gurkenranken müssen auf ein Gerüst gebunden werden. Wenn sie in einem Halbfass wachsen, stecken Sie stabile Stützen v-förmig hinein und erziehen Sie die Ranken daran. Eine ungewöhnliche Alternative sind stabile hängende Schnüre oder Drähte zum Anbinden der Ranken. Diese Rankhilfe bietet gleich mehrere Vorteile: Die Früchte werden gerade, weil sie herabhängen, sie verrotten nicht so leicht, und sie lassen sich viel einfacher ernten.

Cucurbita pepo
Kürbis

Der Anbau von Kürbissen lohnt sich auch im Gefäß, es muss nur groß genug sein, um den Ranken und Blättern Platz zur Ausbreitung zu bieten – ein halbes Fass reicht aus.

Größe: 90 cm hoch, 1,50–2 m breit.

Blüte: Große, gelbe Blüten, die sich bereits

einen Monat nach dem Pflanzen entfalten und schnell zu Kürbissen heranwachsen. Die Blüten sind entweder männlich oder weiblich; Insekten tragen den Pollen von den männlichen zu den weiblichen Blüten. Wenn die Kürbisse in einem „insektensicheren" Wintergarten stehen, müssen Sie die Bestäubung mit einem dünnen Malpinsel selbst übernehmen – am Morgen, kurz nach Sonnenaufgang, wenn sich die Luft erwärmt. Die Blüten sind essbar. Suchen Sie in Ihren Kochbüchern nach einem passenden Rezept, und verarbeiten Sie die überzähligen männlichen Blüten zu einem leckeren Gericht.

Standort: Volle Sonne.

Substrat: Extrem durchlässig, sehr nährstoffreich, muss die Feuchte halten; pH-Wert 6–6,8; Füllen Sie das Gefäß am besten mit Mistkompost, und geben Sie nach dem ersten Monat einmal pro Wochen einen organischen Volldünger (z. B. Algenextrakt).

Begleitpflanzen: Radieschen, Duftsteinrich, Koriander und Dill, jeweils in eigenen Töpfen rund um die Gurken. Wenn Koriander und Dill blühen, locken sie viele Nützlinge an.

Anmerkungen: Kleine, noch nicht voll ausgereifte Kürbisse schmecken am besten. Außerdem bleibt eine regelmäßig abgeerntete Kürbispflanze produktiv. Sobald sich in einem Kürbis Samen gebildet haben, erscheinen keine neuen Blüten mehr.

Lactuca sativa
Grüner Salat

Grüner Salat ist für den mobilen Garten wie geschaffen. Wer einmal damit angefangen hat, mag bald nicht mehr auf frischen Salat aus dem Topf verzichten. Die besten Sorten finden Sie in den einschlägigen Samenkatalogen, oder Sie lassen sich in einem Fachgeschäft beraten. Viele der Salate dort

Salate und kleine Gemüsepflanzen eignen sich wunderbar für Gefäße. Säen Sie alles gestaffelt aus, und ernten Sie nach Bedarf.

werden Sie niemals an einem Marktstand oder im Supermarkt bekommen. Säen Sie aber nicht wild durcheinander, sondern beschränken Sie sich auf wenige Typen: grüne und rote Blattsalate, Pflücksalate oder Römischer Salat – es gibt Sorten für Frühling, Sommer und Herbst.

Größe: Je nach Sorte 10–35 cm hoch, 15–35 cm breit.

Blüte: Salat sollte nicht blühen, sondern vorher geerntet werden; es sei denn, Sie wollen Samen für einen erbreinen Salat sammeln.

Standort: Volle Sonne im Frühling und Herbst, im Sommer lichter Schatten bis Halbschatten.

Substrat: Nährstoffreich, humusreich, hoher Stickstoffgehalt; pH-Wert 5,8–6,8.

Begleitpflanzen: Duftsteinrich ist ein guter Partner für Frühlingssalate, weil er Nützlinge anlockt; grundsätzlich sollten stets einige Arten mit kleinen Blüten in der Nähe stehen. Viele Salate sind recht attraktiv und sehen hübsch als Grenzlinien, Blattschmuckstauden oder neben Veilchen mit essbaren Blüten in Blumenkästen aus.

Anmerkungen: Sie können mit der Ernte warten, bis der Salatkopf ausgereift ist oder ihn schon als „Babysalat" ernten. Bei heißem Wetter schmecken die Blätter mancher Salate bitter; wenn die Köpfe im Schatten stehen, behalten sie etwas länger ihren guten Geschmack. Grundsätzlich schmecken die meisten Salate im Schatten etwas süßer, und die Blätter sind fleischiger.

Raphanus sativus
Radieschen

Radieschen können sehr früh im Jahr gesät werden; in kalten Nächten werden die Töpfe ins Zimmer gestellt. Kinder freuen sich vor allem über die schnell wachsenden Sorten, die schon nach einem Monat rote, weiße und purpurne Radieschen liefern. Gourmets schätzen eher die länglichen „Eiszapfen".

Größe: 15–25 cm hoch, 5–10 cm breit.

Blüte: Lassen Sie Radieschen nicht zur Blüte kommen.

Standort: Volle Sonne.

Substrat: Gut durchlässig, nährstoffreich; pH-Wert 5,5–6,8.

Begleitpflanzen: Da Radieschen sehr schnell wachsen, passen sie gut in die Lücken von Töpfen mit Stauden. Wenn die Stauden den Platz selbst beanspruchen, sind die Radieschen längst geerntet. Zusammen mit Kürbissen dienen sie als biologischer Schutz. Die schädlichen Kürbisbohrer meiden den Duft von Radieschen und halten sich von den Pflanzen in ihrer Nähe fern.

Anmerkungen: In heißem, trockenem Wetter schmecken Radieschen würziger und haben einen bitteren Nachgeschmack. Da sie ausschließlich in neuer, frischer Erde wachsen, sind Radieschen in Töpfen nur selten von Schädlingen und Krankheiten bedroht. Sollten sich Pilze auf den Blättern zeigen, säen Sie die Pflänzchen beim nächsten Mal in weiterem Abstand zueinander aus. Die langen Daikon-Radieschen entwickeln sich nur gut in einem tiefen Topf mit sehr fruchtbarem Substrat.

Lycopersicon esculentum (syn. *Solanum lycopersicum*) Tomate

Tomaten aus dem mobilen Garten sind purer Luxus. Sie wählen eine Sorte aus, die sie besonders gerne mögen – nach Aroma, Aussehen oder Erntezeit – und machen sich an die Arbeit. Manche Gärtner pflanzen jedes Jahr ihre Lieblinge an und probieren eine neue Sorte dazu aus. Es könnte sein, dass auch Sie mit dieser Methode immer wieder neue Lieblingstomaten entdecken.

Größe: Strauchtomaten 75–90 cm hoch, 60–75 cm breit; andere Sorten 1–2,50 m hoch, 45–60 cm breit.

Blüte: Gelbe Blüten im Frühsommer; die meisten Sorten sind Selbstbestäuber, aber Sie können der Natur nachhelfen, indem Sie morgens, wenn die Sonne den Tau getrocknet hat, die Blütenstände vorsichtig schütteln.

Standort: Volle Sonne; in Zonen 8 bis 10 gedeihen sie besser, wenn sie ab mittags im Schatten stehen..

Substrat: Gut durchlässig, mäßig nährstoffreich, hoher Humusgehalt; pH-Wert 5,5–6,8. Düngen Sie mit einem organischen Volldünger (Fischemulsion, Algenextrakt) einmal wöchentlich bis alle 10 Tage, nachdem sich die Blüten geöffnet haben.

Begleitpflanzen: Stellen Sie Basilikum um den Tomatenstrauch herum und kleinblütige Pflanzen in die Nähe.

Anmerkungen: Sowohl die Strauchtomaten, die ohne Stütze auskommen, als auch die an Tomatenstützen wachsenden Sorten haben Vor- und Nachteile. Die Strauchtomaten neigen sich über den Rand ihrer Gefäße und sind damit durch Stoß gefährdet oder könnten abreißen. Tomaten, die auf eine Stütze angewiesen sind, droht diese Gefahr nicht: Binden Sie von Anfang an jeden Trieb an eine herabhängende Schnur (befestigen Sie diese Schnüre beispielsweise am Querbalken einer Pergola). Sobald der Haupttrieb ein Stück gewachsen ist, wird er neu angebunden; die Seitentriebe, die aus den Blattachseln sprießen, müssen regelmäßig abgeknipst werden, damit alle Kraft in Haupttrieb und Früchte geht und die Tomatenpflanzen gut belüftet bleiben. Sie können auch den obersten Seitentrieb an eine eigene hängende Schnur festbinden, sodass sich Haupt- und Seitentrieb nicht berühren.

Warten Sie mit der Ernte nicht so lange,

bis alle Früchte an der Pflanze reif sind. Pflücken Sie die Tomaten bereits, wenn sie zu etwa drei Vierteln durchgefärbt sind. Die Nachreife erfolgt an einem hellen, nicht zu warmen Ort. Tomaten dürfen nicht im Kühlschrank gelagert werden. Bei Temperaturen von 4 °C und darunter platzen die Zellen und zerstören die Festigkeit der Frucht.

Solanum melongena
Aubergine

Auberginen verdienen wegen ihres hübschen Aussehens einen zentralen Platz im mobilen Garten. Wenn Sie das Angebot sichten, werden Sie neben der traditionellen länglichen, purpurnen Form auch auf runde rosafarbene, lange weiße und dünne purpurne, weiß-rosa gestreifte und sogar orangefarbene Sorten stoßen. Neben den Früchten sind auch Blätter und Wuchsform dekorativ.

Größe: 45–90 cm hoch, 45–60 cm breit.
Blüte: Weiße oder rosa-purpurne Blüten von Früh- bis Hochsommer.
Standort: Volle Sonne.
Substrat: Gut durchlässig, mäßig nährstoffreich, hoher Humusanteil; pH-Wert 5,8–6,8; nach den ersten Blüten einmal wöchentlich

mit einem organischen Volldünger mit hohem Anteil Spurenelementen düngen, beispielsweise mit Fischemulsion oder Algenextrakt.
Begleitpflanzen: Nutzen Sie kleinblütige Pflanzen in direkter Nachbarschaft, um Nützlinge anzulocken.
Anmerkungen: Auberginen wachsen strauchförmig. Sie müssen nicht gestützt werden, im kommerziellen Anbau werden sie allerdings aus praktischen Gründen (Windbruch) an eine Stütze gebunden. Wenn Sie ganz sicher gehen möchten, binden Sie die Aubergine beim Umtopfen an eine feste Stütze im Topf an, oder stellen Sie den Topf vor ein Gitter.

Solanum tuberosum
Kartoffeln

Kartoffeln im Topf? Die Idee ist nicht so abwegig, wie sie klingt, denn tatsächlich wachsen Kartoffeln auf Terrasse oder Balkon völlig problemlos. Suchen Sie im Fachhandel nach Besonderheiten, die man im Supermarkt nicht bekommt, wie die schlanken Fingerling-Kartoffeln oder Sorten mit farbigem Fleisch. Fragen Sie im Fachhandel nach, oder suchen Sie im Internet nach Anbietern alter und seltener Sorten

Größe: 60–75 cm hoch und breit.
Blüte: Nicht alle erhältlichen Sorten bilden auch eine Blüte aus. Kartoffeln blühen weiß, rosa oder violett. Nach der Blüten können Sie vorsichtig in der Erde nach einigen kleinen „neuen" Kartoffeln suchen.
Standort: Volle Sonne in den Zonen 3 bis 7, gefiltertes Nachmittagslicht in Zonen 8 bis 10.
Substrat: Gut durchlässig, nährstoffreich, humusreich; pH-Wert 5,2–5,8, tolerieren aber pH-Werte bis 6,5.

Auberginen im Topf, hier 'Ping Tung Long', 'Fairy Tale' und 'Listade de Gandia' sehen an der Pflanze – und serviert – fantastisch aus.

Begleitpflanzen: Kartoffeln brauchen sehr lange, bis sie ihre Endgröße erreichen. Pflanzen Sie Salate an den Rand des Gefäßes, oder säen Sie zusammen mit den Kartoffeln Radieschen aus.
Anmerkungen: Erst wenn die Nachttemperaturen 10 °C überschreiten, wachsen die Kartoffeln schnell und werden widerstandsfähiger.

Kartoffeln, die Sie lagern möchten, werden im Spätsommer oder Frühherbst zwei Wochen nach dem Absterben der oberirdischen Teile geerntet. Erst dann ist die Kartoffelschale dick genug. Sollten die Nachttemperaturen zu früh zu kalt werden, knicken Sie die oberirdischen Pflanzenteile um. Sobald sie braun und abgestorben sind, dürfen Sie die Kartoffeln ernten; isolieren Sie bis dahin die Töpfe gegen Frost.

Verschiedenes
Mischsalat, Mesclunsalat

Selbst gesäter und geernteter Salat ist so frisch, wie er nur sein kann – kein Transport, keine Lagerung – etwas, das weder ein Bauernmarkt und schon gar kein Supermarkt bieten kann. Sie können sich den Geschmack Ihrer Lieblingsmischung immer wieder neu zusammenstellen.

Größe: Beim Angebot in Saatbändern werden die 15 cm hohen Pflänzchen geerntet; dicht auslegen.
Blüte: Ernten, bevor sich die winzigen Blüten bilden.
Standort: Volle Sonne im Frühling, lichter Schatten oder Halbschatten im Sommer; volle Sonne im Herbst.
Substrat: Nährstoffreich, humusreich, hoher Stickstoffgehalt; pH-Wert 5,8–6,8.
Begleitpflanzen: Die Salate werden vom Hersteller der Samenmischung in optimaler Zusammenstellung geliefert. Blühende Kräuter wie Dill oder Koriander ganz in der Nähe locken Nützlinge an.

Beerenobst

Wenn die Sonne ihre Arbeit getan hat und die leuchtenden Beeren erntereif sind, hat sich die Arbeit gelohnt. Tatsächlich gehört Beerenobst nicht nur zu den schönsten Freuden des mobilen Gartens, es lässt sich auch wunderbar auf kleinem Raum kultivieren. Alles, was die Sträucher brauchen, ist der richtige Boden, eine angemessene Umgebung, einen Kübel und natürlich auch etwas Pflege. Vielleicht verführen Sie die Beerensträucher dazu, es auch einmal mit einer größeren „Mini-Obstplantage" zu probieren. Was nicht vernascht wird, landet als Marmelade oder Konfitüre im Vorratsschrank.

Fragaria vesca; Fragaria × ananassa
Walderdbeeren, Kulturerdbeeren

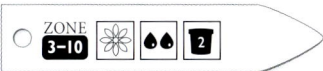

Erdbeeren wachsen im geeigneten Gefäß mindestens genauso gut wie im Freiland. Sie haben flache Wurzeln, und alle Nährstoffe lassen sich leicht mit einem Flüssigdünger zuführen (Fischemulsion, Algenextrakt). Während überraschende Spätfröste eine echte Gefahr für die Blüten im Freiland darstellen, lässt sich ein mobiler Garten sehr effizient schützen: Decken Sie die Gefäße ab oder holen Sie die Pflänzchen ins Zimmer. Auch Pilzkrankheiten, wie die Rote Wurzelfäule, die im Gartenboden eine realistische Gefahr darstellen, spielen im „sauberen" Substrat eines Topfes keine Rolle. Sollte dennoch eine Infektion auftreten, ist sie schon in der Frühphase einfach zu bekämpfen. Tatsächlich lassen sich Erdbeeren im Gefäß viel einfacher aufziehen und pflegen als im Garten.

Eine Erdbeerpflanze trägt ein bis drei Jahre, wenn die Wurzeln in kühlen Regionen vor Frost geschützt werden: Überwintern Sie die Pflanzen an einem frostfreien Ort oder isolieren Sie die Gefäße gegen die Kälte. Ohne Schutz dürfen sie nur im Freien bleiben, wenn keine Nachtfröste zu erwarten sind.

Größe: 15–30 cm hoch, 20–30 cm breit.
Blüte: Frühling; die kleinen Blüten mit fünf weißen Kronblättern stehen um ein gelbes Zentrum. Die Erdbeere ist ein Rosengewächs; die „Beere" besteht aus dem saftig verdickten oberen Stiel der Blüte. Die eigentlichen Früchte sind winzige helle Nüss-

chen außen auf der Beere. Die Erdbeere wird von Insekten bestäubt, daher müssen die Blüten für Bienen, Fliegen und andere fliegende Insekten zugänglich sein.
Standort: Volle Sonne während der Blüte- und Fruchtzeit.
Substrat: Gut durchlässig, sehr nährstoffreich, humusreich; geben Sie ab den ersten Knospen alle 2–3 Wochen flüssigen, organischen Volldünger (Algenextrakt). Wenn sich die ersten Blüten öffnen, wird die Düngung eingestellt. Im Frühsommer bekommt jede Pflanze eine Tasse verdünnter Fischemulsion, eine weitere im Spätsommer, wenn die Erdbeeren überwintern sollen.
Begleitpflanzen: Erdbeeren brauchen viel Dünger und wachsen sehr schnell – sie dulden keine Nachbarn im Topf. Stellen Sie Begleitpflanzen im Topf nahe an die Beeren heran. Duftsteinrich und blühender Koriander, Thymian und Minze locken Nützlinge gegen die Blattläuse an.
Anmerkungen: Die einmal tragenden Sorten werden schon ab dem späten Frühjahr geerntet; fragen Sie in einem Fachbetrieb nach geeigneten Sorten. Viele Gärtner halten die alten Sorten dieser Gruppe für die leckersten Erdbeeren überhaupt. Immer tragende (mehrfach tragende, Monatserdbeeren) Sorten können den ganzen Sommer über und bis in den Frühherbst hinein geerntet werden. Eine Kombination beider Sortengruppen versorgt Ihre Familie über eine lange Zeit mit Früchten. Wenn der Platz ein Problem darstellt, setzen Sie einige

mehrfach tragende Sorten in eine Hänge-ampel und lassen Sie einen bis zwei Ausläufer entstehen, an denen sich die Früchte bilden können.

Blätter, Wuchs und Früchte der Walderdbeeren sind viel kleiner, schmecken aber besonders intensiv. Sie wirken am besten in Reihen kleiner Blumentöpfe; ein Durchmesser von 15 cm reicht aus.

Knipsen Sie rechtzeitig die Mehrzahl der neuen Ausläufer ab, sonst stecken die Pflänzchen zu viel Energie in die Triebe und nicht in die Früchte.

Für Erdbeeren ist ein guter Wasserabzug genauso wichtig wie fruchtbares Substrat. Das Substrat darf weder austrocknen noch nass werden. Wenn der Wetterbericht Spätfröste ankündigt, werden die Töpfe zur Sicherheit abgedeckt.

Ribes hirtellum und *R. uva-crispa; R. nigrum* und *R. rubrum, R. petraeum*
Amerikanische und Europäische Stachelbeere; Schwarze und Rote Johannisbeere, Felsen-Johannisbeere

Stachel- und Johannisbeeren wurden aus wilden Vorfahren gezüchtet, die im lichten Schatten von Waldrändern oder Auwäldern

Ein Topf mit Johannisbeeren 'Red Lakes' liefert genügend Früchte für Konfitüre.

auf feuchten Böden wuchsen. Wenn sie zu dicht oder auf ungeeigneten Böden stehen, werden sie anfällig gegenüber Krankheiten. Im mobilen Garten ist diese Gefahr deutlich geringer. Die Beerensträucher liefern gesundes Obst, das direkt verzehrt oder zu Säften und Marmeladen verarbeitet werden kann.

Größe: 90 cm–1,50 m hoch und breit.

Blüte: Im Frühling; die unauffälligen Blüten stehen, wie später die Früchte, in hängenden Blütenständen.

Standort: Volle Sonne in den Zonen 3 bis 5, lichter Schatten ab Mittag in Zonen 6 und 7.

Substrat: Leicht saurer Boden mit hohem Anteil organischen Materials. Düngen Sie jeden Strauch vom Spätwinter bis Vorfrühling mit etwa drei Tassen organischem Dünger mit hohem Stickstoffgehalt. Decken Sie das Substrat mit einer dicken Mulchschicht ab.

Begleitpflanzen: Pflanzen Sie jeden Strauch in ein eigenes Gefäß. Decken Sie das Substrat mit einer Folie ab, damit Fruchtfliegen keine Eier in den Boden legen können; die Larven schädigen die Pflanzen. Stellen Sie Töpfe mit Arten, die Nützlinge wie Schwebfliegen oder parasitische Schlupfwespen anlocken, in die direkte Nachbarschaft.

Anmerkungen: Die Sträucher werden im zeitigen Frühjahr oder Herbst eingepflanzt. Schneiden Sie die Haupttriebe danach auf ca. 25 cm zurück, und entfernen Sie störende oder sich kreuzende Zweige. Die Arten der Gattung *Ribes* fruchten am ein-, zwei- und dreijährigen Holz. Schneiden Sie im Winter die ältesten Triebe und den schwachen oder ungünstig stehenden Jungwuchs aus. Zur Blütezeit sollte jeder Strauch aus höchstens 8–10 gesunden Haupttrieben bestehen.

Sobald die Sträucher an Vitalität verlieren, werden sie umgetopft. Schneiden Sie auf jeden Fall das Wurzelwerk zurück (siehe S. 181), bevor die Pflanze ins neue Substrat gesetzt wird.

Vaccinium corymbosum, V. angustifolium
Amerikanische Blaubeeren

Blaubeeren sind ideale Topfpflanzen. Für einen guten Fruchtansatz sind mehrere Sorten erforderlich; planen Sie am besten sechs, mindestens aber drei Sträucher ein. Die kleinen, glänzenden Blätter sehen außerhalb der Fruchtzeit ganzjährig recht attraktiv aus und bilden schöne Füllpflanzen zwischen anderen Töpfen. Zur Fruchtzeit stellen sich Vögel als Konkurrenten um die Beeren ein; spannen Sie ein festes Kunststoffnetz über die Töpfe, um sie abzuhalten.

Größe: Halbsträucher 60–90 cm hoch und breit; Kleinsträucher 30–90 cm hoch, 90 cm breit, bzw. so breit, wie es das Gefäß zulässt.

Blüte: Frühling; zahlreiche wachsweiße Blüten.

Standort: Volle Sonne.

Substrat: Sehr gut durchlässig, sehr nährstoffreich, sehr humusreich; pH-Wert 4–5. Der pH-Wert muss im Frühjahr und Herbst gemessen und ggf. neu eingestellt werden. Düngen Sie mit einem ausgereiften Mistkompost und stellen Sie den pH-Wert mit einem organischen Dünger für saure Böden ein (einige neue Sorten sind pH-toleranter).

Begleitpflanzen: Mit dem sauren pH-Wert kommen nur wenige Pflanzen zurecht, daher brauchen Heidelbeeren einen eigenen Topf. In der Nachbarschaft platzierter, blühender Ziertabak sieht hübsch aus. Sein Duft macht die Ernte noch mehr zum Vergnügen.

Anmerkungen: Niedrige Halbsträucher eignen sich besser für Gefäße als die hohen Sorten. Kriechende Formen, die in der Wuchsform eher den heimischen Heidelbeeren gleichen, sehen sehr gut in einer Gruppe zwischen anderen Töpfen aus.

Die Halbsträucher werden im Spätwinter oder Vorfrühling zurückgeschnitten: Entfernen Sie das alte Holz, und schneiden Sie jeden Zweig auf 3–5 Augen zurück. Dann wird ausgelichtet, damit die verbliebenen Zweige viel Licht und Luft bekommen. Dünnen Sie auch die kriechenden Sorten

Weintrauben gedeihen auch im Gefäß. Sie bereichern jeden Garten, gleichgültig, ob Sie die Ranken für guten Fruchtansatz beschneiden oder sie aus ästhetischen Gründen über ein Rankgitter erziehen.

jedes Jahr etwas aus. Wenn die Pflanzen in die Winterruhe gehen, werden die fruchttragenden Seitenzweige abgeschnitten.

Sobald die Pflanzen die vorgesehenen Gefäße ganz ausfüllen, werden die Wurzeln gekürzt (siehe S. 181). Sollte danach der Ertrag der kriechenden Sorten nachlassen, schneiden Sie im nächsten Spätwinter alle alten Triebe zurück, bis sich der Strauch verjüngt hat. Kontrollieren Sie regelmäßig den pH-Wert und stellen Sie ihn wieder ein. Wenn sich Krankheiten zeigen, nehmen Sie die Sträucher aus dem Topf, waschen Sie die alte Erde von den Wurzeln, und pflanzen Sie den Strauch in völlig neues Substrat. Die beste Zeit ist der Vorfrühling, kurz bevor die Winterruhe bricht.

Vitis labrusca, V. vinifera
Fuchsrebe, Weinrebe

Sie können sich die Arbeit mit Weinreben einfach oder schwer machen, je nachdem, welche Sorte Sie anpflanzen und wo der Wein wachsen soll.

Größe: Je nach Kletterhilfe 3–3,50 m hoch, 90 cm–1,50 m breit.

Blüte: Im Frühling; Trauben von kleinen, unauffälligen Blüten.

Standort: Volle Sonne.

Substrat: Extrem durchlässig, nährstoffreich mit hohem Anteil organischen Materials; geben Sie jedem Weinstock zum Ende des Winters oder im Vorfrühling bis zu einem Kilogramm Mistkompost (oder eine entsprechende Menge Humus mit organischem Volldünger).

Begleitpflanzen: Stellen Sie Töpfe in die Nähe, die Nützlinge gegen Blattläuse und Schmierläuse anlocken.

Anmerkungen: Das Wurzelwerk eines Weinstocks braucht Platz; ein Halbfass oder ein ähnlich großes Gefäß sollte es schon sein. Stellen Sie das Gefäß vor einer stabilen Kletterhilfe auf, und schneiden Sie die Triebe regelmäßig zurück. Lassen Sie den Wein über eine Laube klettern, oder bringen Sie Stützen im Gefäß an.

Die Blüten bilden sich aus Knospen am einjährigen Holz. Da manche Sorten nicht nahe am Stamm blühen und fruchten, werden die Triebe so gekürzt, dass genügend Knospen stehen bleiben. Wenn Aufbinden und Schnitt korrekt durchgeführt werden, tragen Weinstöcke viele Jahre lang Trauben.

Es ist nicht ganz einfach, einen gut angewachsenen Weinstock umzutopfen. Daher ist es in der Regel sinnvoller, die Wurzeln im Gefäß zu belassen und jedes Jahr neuen Kompost aufzufüllen.

Obstbäume

Kleinwüchsige Obstbäume wachsen problemlos im Kübel. Sie haben duftende Blüten, bilden reichlich Früchte, haben hübsche Blätter und wachsen zu vorteilhaften Formen heran, sofern sie korrekt beschnitten werden (siehe unten). Natürlich liefern Obstbäume im Gefäß wegen des begrenzten Wurzelraums nicht denselben Ertrag wie eine Gartensorte, aber die Fruchternte lohnt sich doch.

Die Größe des Gefäßes ist entscheidend für den Erfolg. Die Bäumchen müssen während des Wachstums solange umgetopft werden, bis sie in einem Halbfass (oder einem entsprechend großen Gefäß) ihre Endgröße erreichen. Gefäße dieser Größe sind sehr schwer, deshalb ist es sinnvoll, sie auf eine Unterlage mit Rollen zu stellen.

Wurzelschnitt

Ein ausgewachsener kleiner Obstbaum kann maximal ein oder zwei Jahre im Kübel verbleiben, dann müssen die Wurzeln eingekürzt werden; andernfalls lassen Wuchs und Fruchtansatz nach.

Zwergapfelbäume im Kübel tragen derart viele Früchte, dass Sie sich bald fragen werden, wieso Sie nicht schon früher Apfelbäume gepflanzt haben.

1 Während der Winterruhe im Spätwinter wird der Topf vorsichtig gekippt, auf einer festen Unterlage hin und her gerollt und das Wurzelwerk mit Substrat seitlich herausgehoben.

2 Schauen Sie sich den Ballen genau an; kappen Sie etwa ein Drittel von unten oder mehrere Zentimeter an der Peripherie.

3 Sitzen die Feinwurzeln vor allem unten am Ballen, beschneiden Sie die Wurzeln rund um den Ballen um jeweils 5 cm. Sitzen die Feinwurzeln vor allem seitlich, wird das untere Drittel des Ballens entfernt.

4 In beiden Fällen werden außerdem alle großen Wurzeln abgeschnitten, von denen keine Seitenwurzeln mit Feinwurzeln abzweigen. Klopfen Sie von den restlichen Wurzeln vorsichtig die Erde ab.

5 Nun können Sie die Struktur des Ballens besser erkennen und weitere Wurzeln abschneiden (schwache oder die anderen behindernde Wurzeln).

6 Füllen Sie neues Substrat ein, und heben Sie zu zweit den Baum wieder in die Mitte des Kübels.

7 Füllen Sie die Lücken mit neuem Substrat auf, drücken Sie das Substrat mit dem Griff eines Kochlöffels in alle Lücken.

8 Reichlich gießen und Substrat nachfüllen, bis die Erde 5 cm unter der Oberkante des Topfes steht.

Danach wird auch der oberirdische Teil des Bäumchens beschnitten, damit die Feinwurzeln nicht mit der Versorgung der neu austreibenden Blätter überfordert sind. Außerdem sorgt gründliches Auslichten für bessere Durchlüftung und Belichtung des Bäumchens, wenn die Früchte reifen.

Citrus
Zitrusbäumchen

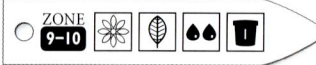

Zitrusbäumchen sind eine Bereicherung jedes mobilen Gartens – in jeder Klimazone. Einige Formen, wie Meyer-Zitronen (*Citrus × meyeri*), Kafir-Limetten (*Citrus hystrix*) und Kumquat (*Fortunella margerita*) sind von Natur aus klein genug für ein Gefäß. Eine Reihe von anderen Arten und Sorten wird auf Zwergwurzelstöcke gepfropft, sodass sie ebenfalls mit dem begrenzten Raum in einem Gefäß zurecht kommen. Es gibt allerdings einen Nachteil: Zitrusfrüchte sind nicht winterhart und müssen zur frostigen Winterzeit ins Haus. Nur in extrem günstigen Lagen mit Weinbauklima reicht es aus, Topf und Pflanze

gegen die Kälte zu isolieren und sie draußen zu lassen.

Größe: 90 cm-3 m hoch, 60 cm-1,50 m breit.

Blüte: Duftende weiße Blüten, Spätwinter bis zeitiges Frühjahr.

Standort: Volle Sonne, bzw. mindestens 8 Stunden täglich in der Sonne, windgeschützt.

Substrat: Fragen Sie in der Gärtnerei, die Zitrusbäumchen anbietet, nach dem speziellen Substrat. Ein selbst gemischtes Substrat sollte zu gleichen Teilen Sand und Holzschnipsel enthalten und sehr gut durchlässig sein. Das Substrat muss einen hohen Gehalt an Stickstoff und reichlich Spurenelemente aufweisen. Der Topf wird einmal monatlich gedüngt; im Winter die Stickstoffgaben reduzieren. Sprühen Sie die Blätter mit einem Algenextrakt ein, um die Pflanze mit Spurenelementen zu versorgen. Der aufgesprühte Dünger muss spätestens bis zu den ersten Sonnenstrahlen verdunstet sein.

Begleitpflanzen: Die Erde rund um den Stamm muss frei bleiben; alle Begleitpflanzen wachsen in eigenen Töpfen. Entscheiden Sie sich für kleinblütige Arten, die Nützlinge anlocken.

Anmerkungen: Zitrusbäumchen sind heikel beim Gießwasser: Warten Sie ab, bis die Substratoberfläche völlig ausgetrocknet ist. Prüfen Sie mit dem Finger, ob das Gefäß wirklich Wasser braucht. Gießen Sie dann durchdringend.

Auch Zwergformen müssen regelmäßig beschnitten werden, damit die Baumkrone locker aufgebaut bleibt: Entfernen Sie zu dichte oder über Kreuz wachsende Zweige, um Licht und Luft ins Innere der Krone zu lassen. Knipsen Sie die Spitzen der neu austreibenden Zweige im Frühling und Sommer ab. Die Früchte bilden sich aus Blüten an den Spitzen kurzer Seitentriebe, daher sollten diese nur entfernt werden, wenn die Fruchtlast zu hoch wird. Zitrusbäumchen werden jedes Jahr umgetopft. Entfernen

Ein Bäumchen, das im direkten Sonnenlicht wächst, trägt viele Früchte und sieht prachtvoll aus.

Sie dabei rund um den Ballen etwa 2–3 cm Wurzelmasse, und klopfen Sie so viel Erde wie möglich zwischen den Wurzeln heraus. Der Wurzelhals muss auch nach dem Umtopfen oberhalb des Substrates liegen, auf keinen Fall darf der Stamm von Erde bedeckt sein. Drücken Sie die Erde nur locker an, sonst können sich Pilze festsetzen.

Ficus carica
Feige

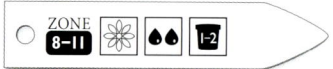

Nach gängiger Meinung wachsen Feigen im Kübel besser, da ihrem Wurzelwerk auch am natürlichen Standort auf den sonnigen Felshängen nicht viel Raum zur Verfügung steht. Manche Gärtner sind dagegen überzeugt, dass der Schnitt den entscheidenden Erfolgsfaktor darstellt. Über eines sind sich alle einig: Feigen lassen sich völlig problemlos im Gefäß ziehen.

Größe: 1,50–3 m hoch, 90 cm-2,50 m breit.

Standort: Volle Sonne, mindestens 8 Stunden täglich.

Substrat: Gut durchlässiges, mäßig nährstoffreiches Substrat ist der Schlüssel zum Gedeihen; pH-Wert 6–7,8. Im Frühling wird der Kübel mit 5 cm gut gereiftem Mistkompost abgedeckt; während des aktiven Wachstums einmal monatlich mit flüssigem Algenextrakt düngen. Nach zwei oder drei Jahren wird das Wurzelwerk zurückgeschnitten und mit neuem Substrat versorgt.

Begleitpflanzen: Kleinblütige Zierpflanzen und Kräuter locken Nützlinge an.

Anmerkungen: Wilde Feigen werden von speziellen Wespen bestäubt, die in den Blütenstand kriechen; die Gartensorten bilden ihre Früchte ohne Hilfe von Insekten. An heißen und zu trockenen Standorten werfen Feigen ihre Früchte verfrüht ab – gießen Sie häufiger und intensiver. Auch im Schatten stehende Feigen verlieren gerne ihre Früchte; allenfalls nachmittags vertragen die Bäume etwas Schatten. Die Früchte stehen am Holz des Vorjahres, schneiden Sie im Spätwinter oder Vorfrühling. Die Sorte 'Mission' bildet Früchte am Holz

Die Feige 'Brown Turkey' bekommt durch ein Drahtspalier Halt; es hält den Baum gesund und sorgt für reichen Fruchtansatz.

oder als Blickfang in einer Gruppe von Kübeln. Dennoch sollte man die Früchte nicht verachten. Ein paar Bäumchen liefern genug Äpfel für eine Stärkung zwischendurch. In kalten Regionen werden die Kübel im Winter in eine ungeheizte Garage oder in ein Gartenhaus gestellt. Wenn nur gelegentliche Nachtfröste zu erwarten sind, reicht gewöhnlich eine gute Isolation der Gefäße.

Größe: 2–3 m und mehr hoch, 60–100 cm breit.

Blüte: Zeitiges Frühjahr, weiße oder zart rosa überlaufene, süß duftende Blüten.

Standort: Volle Sonne.

Substrat: Gut durchlässig, mäßig nährstoffreich; Substrate mit hohem Stickstoffgehalt ziehen Blattläuse an. Ideal sind Böden mit geringer Stickstoff- und höherer Kalium- und Phosphatkonzentration, dazu Kalzium und ausgewogene Spurenelemente. Eine wöchentliche Blattdüngung mit Algenextrakt oder Flüssigdünger versorgt die Bäumchen mit den nötigen Mineralien. Mit organischem Volldünger wird ab dem Frühling bis in den Hochsommer gedüngt. Ab dem Spätsommer setzen Sie alle Dünger ab, damit das Holz altern kann und der Baum besser über den Winter kommt.

Im Spätwinter wird das Bäumchen in neues Substrat umgetopft und dabei die Wurzeln zurückgeschnitten; füllen Sie die oberste Schicht mit 5 cm gut verrottetem Mistkompost auf; durchdringend gießen. Er gibt kontinuierlich Nährstoffe ab und regt das Leben der Mikroorganismen an. Setzen Sie ein paar Regenwürmer aus dem Garten in den Topf.

Begleitpflanzen: Kleinblütige ein- und mehrjährige Pflanzen locken Nützlinge an, die sich über die Blattläuse hermachen. Da die meisten Apfelbäume fremd bestäubt werden, brauchen Sie einen zweiten Topf mit einer kompatiblen Art, die zur selben

Zeit blüht – die Baumschulen können Ihnen raten, welche Sorten in Frage kommen. Die eigentliche Bestäubung übernehmen dann fliegende Insekten, die den Pollen in die Blüten transportieren.

Anmerkungen: Kaufen Sie nur Sorten, die dem Klima in Ihrer Region angepasst sind. Sie werden nicht nur besser mit Krankheiten und Schädlingen fertig, sie sind auch an die Winter angepasst. Eine Temperaturerwärmung nach der winterlichen Kälte (mehrere Stunden bei 4–32 °C) bricht die Winterruhe – an den Norden angepasste Sorten brauchen eine längere Warmphase, ehe sich ihre Knospen öffnen.

Säulenförmige Sorten machen sich in Gefäßen bestens; ihre schlanke Form gibt ihnen Stabilität. In einem Topf von 45–60 cm Durchmesser brauchen sie alle zwei Wochen Dünger. Die Wurzeln werden wie üblich eingekürzt – in einem großen Topf weniger als in einem kleinen.

Zwergformen bleiben nur klein, wenn sie regelmäßig beschnitten werden. Bauen Sie das Gerüst auf einem Haupttrieb oder offen auf. Wenn die Winterhärte es zulässt, können Sie den Baum auch draußen lassen und als Spalier erziehen. Um ihm mehr Stabilität zu geben, wird er mit einem Drahtgerüst abgestützt.

Einige Sorten tragen zu viele Früchte für ihre Größe. Die meisten Sorten werfen zwar im Juni einen Teil ihrer Früchte selbstständig ab, Sie sollten aber den Fruchtansatz kontrollieren und ggf. noch mehr Früchte abschneiden. Bei allen Sorten, außer den säulenförmigen, sollten Äpfel für den Verzehr 10–15 cm Abstand voneinander haben (Kochäpfel 15–25 cm). Auf den Säulen dürfen sie sich nicht berühren, denn an den Kontaktstellen setzen sich gerne Schädlinge und Krankheiten fest.

des laufenden Jahres. Sie wird entweder im Herbst (Süden) oder im sehr zeitigen Frühjahr (kühlere Regionen) beschnitten. Lichten Sie die Pflanze aus, und entfernen Sie kreuzende Triebe, damit die Krone gut belichtet und belüftet wird. Der Saft der Feige reizt die Haut; tragen Sie Handschuhe bei der Arbeit.

Malus
Apfel

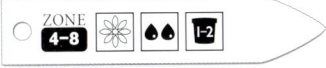

ZONE 4–8

Zwergwüchsige oder säulenförmige Apfelbäume verleihen einem mobilen Garten Duft und lassen die Schönheit eines Obstgartens anklingen. Tatsächlich nutzen manche Gärtner diese Bäumchen eher wegen ihres Schmuckwertes als wegen der Früchte: Säulen als „Zäune" an der Grenze

Glossar

Abdeckfolie: Wasser- und luftdurchlässige, synthetische Folie zum Abdecken von Pflanzen. Sie wirkt wie ein Mini-Gewächshaus und schützt vor Kälte.

Abhärten: Jungpflanzen oder Pflanzen aus dem Gewächshaus müssen langsam an die Außentemperaturen gewöhnt werden.

Abknipsen: Vorsichtiges Entfernen von Spitzen- oder Seitentrieben (mit Daumen und Zeigefinger geht das eleganter als mit einer Schere).

Alpenpflanze: Pflanzenarten, deren natürlicher Lebensraum im Hochgebirge liegt. Sie wachsen oberhalb der Baumgrenze, aber unterhalb der Schneegrenze.

Art: Die kleinste natürliche Einheit der Lebewesen. Nur Arten sind untereinander fruchtbar (wenige Ausnahmen).

Ausdünnen: Der Schnitt eines Gehölzes, bei dem kreuzende oder störende Zweige entfernt werden; Ziel ist eine locker aufgebaute Krone.

Auswaschen: Regen oder häufiges Gießen spülen Salze, Kalk oder Dünger aus dem Substrat. Durch Umtopfen oder Düngung wird der Verlust ersetzt.

Base, basisch: Boden mit hohem Kalkanteil, Gegenteil von Säure; der pH-Wert (s. d.) liegt über 7.

Bestäubung: Die Übertragung von Pollen aus einer in die Blüte einer anderen Pflanze als Voraussetzung für die Samenbildung; Insekten, Wasser, Wind oder die Hand des Gärtners können die Bestäubung übernehmen.

Bio: Allgemeiner Begriff für eine naturnahe Gartenbearbeitung. In einem Biogarten wird weitgehend auf Chemie und Kunstdünger verzichtet.

Blumenerde: Allgemeiner Begriff für Substrat. Je nach Hersteller besteht Blumenerde aus unterschiedlichen Anteilen natürlicher Erde, Ton, Humus, Torf oder Torfersatzstoffen.

Blütenstand: In einer Gruppe zusammenstehende Blüten; Die Form des Blütenstandes ist typisch für eine Art. Dolden oder Trauben sind Blütenstände.

Einjährige, einjährige Pflanze: Arten, die ihren Lebenszyklus vom Samen bis zur Frucht in einem Jahr abschließen.

Faserwurzeln: Drahtige, verzweigte Wurzeln.

Formale Gestaltung, Formalität: Wie in den historischen Vorbildern nach geometrischen Regeln und in strengen Formen gestaltete Gruppen/Gärten.

Formschnitt: Eine Form des Zierschnitts, bei dem die Oberfläche des Gehölzes zu geometrischen (Quader, Kugeln) oder freien Formen (Tiere) beschnitten wird.

Frostfrei: Regionen, in denen keine winterlichen Fröste auftreten.

Galvanisiert: Mit einem rostfreien Überzug versehenes Metall.

Gehölz: Mehrjährige Pflanze (Baum oder Strauch), deren Triebe verholzen.

Gemäßigte Klimazone: Bereich zwischen den Subtropen und der Arktis/Antarktis mit ausgeprägten Jahreszeiten.

Glasiert, Glasur: Glatte, glänzende Oberfläche eines Pflanzgefäßes. Die eingebrannte Glasur macht ein Tongefäß wasserundurchlässig.

Halbstamm: Kleinwüchsiger Baum, dessen freier Stamm etwa 1,40 m hoch ist.

Hochstamm: Normalwüchsiger Baum, dessen Krone in 180-200 cm Höhe ansetzt; im gärtnerischen Sprachgebrauch aber auch allgemein Ziergewächse mit freiem Stamm („Hochstammrose").

Humus: Organisches Bodenmaterial, das durch natürliche Verrottung entsteht.

Hybride: Gezüchtete Pflanze aus der Kreuzung zweier Eltern, die nicht derselben Art angehören.

Immergrüne: Pflanzen, die ihre Blätter nicht abwerfen.

Informelle Bepflanzung: Gestaltung in freien, lockeren Formen ohne geometrische Einteilung.

Kalk: Naturstein mit hohem Kalziumgehalt; kalkhaltiger Dünger macht den Boden basischer.

Kletterpflanze: Alle Arten, die mit eigener Kraft an einer Unterlage hochklettern können. Auf einer Kletterhilfe können auch Pflanzen mit langen, kriechenden Trieben in die Höhe erzogen werden.

Knolle: Unterirdisches Speicherorgan aus verdickten Wurzel- oder Sprossanteilen; siehe Rhizom.

Kompost: Natürliche, humusartige Erde, die durch Verrotten von organischem Material entsteht.

Kräuter: Krautige Pflanzen (in Ausnahmen auch Sträucher wie Rosmarin), die als Gewürzkräuter oder als Heilpflanzen verwendet werden.

Krautige Pflanze: Ein- oder mehrjährige, aber nicht verholzte Pflanze. Die oberirdischen Teile sterben im Winter ab.

Kriechend: Zweige oder Triebe, die nicht aufrecht, sondern aufliegend wachsen; im Hängekorb hängen sie nach unten.

Kübel: Sammelbegriff für ein besonders großes Pflanzgefäß.

Laub abwerfend: Alle Gehölzarten, die ihre Blätter im Winter abwerfen.

Lehm: Eine Bodenart, die aus Ton, Sand und Humus besteht.

Luftfeuchte: Wassergehalt der Luft.

Mikroklima: Kleinklima in einem Garten, bestimmt durch Lage und Exposition zur Sonne.

Mulch: Abdeckung für Erde oder Substrat. Organischer Mulch besteht z. B. aus Holzschnipseln oder Rinde, anorganischer Mulch z. B. aus Muscheln oder Steinen. Mulch erhält den Boden feucht und unterdrückt Unkraut.

Nachhaltig: Eine Wirtschaftsweise, die aus der Natur nur das entnimmt, was wieder nachwachsen kann; im Garten oft synonym mit „bio" oder „umweltschonend" verwendet.

Nadelgehölz: Bäume oder Sträucher mit nadelförmigen Blättern (Kiefer, Tanne, Wacholder), die in der Regel immergrün sind.

Nährstoffe: Natürliche Chemikalien und Mineralien, die eine Pflanze zum Leben braucht. Wichtige Nährstoffe sind Stickstoff, Kalium und Phosphat.

Panaschiert: Blätter mit farbigen (weiß, gelb, gold) Markierungen oder Zeichnungen.

ph-Wert: Physikalisch-chemische Maßeinheit für den Säuregrad des Bodens, ausgedrückt in Zahlen von 1 bis 14 (7 ist neutral).

Polster: Wuchsform; Pflanzen, deren Triebe kurz bleiben und zu einer kompakten, rundlichen Form heranwachsen. Küsten und Gebirge sind typische Lebensräume für Polsterpflanzen.

Reifes Holz: Verholzter Teil eines Gehölzes, das bereits Rinde gebildet hat (meist ab dem zweiten Jahr).

Rhizom: Flacher, knapp unter der Oberfläche wachsender Spross, der als Speicherorgan dient. Schwertlilien werden über Rhizome vermehrt.

Säure liebende Arten: Pflanzenarten, z. B. Heiden oder Azaleen, die einen sauren Boden brauchen.

Säure, sauer: kalkarmer Boden, sandig oder torfig; der pH-Wert (s. d.) liegt unter 7.

Setzholz: Spitz zulaufendes Gerät, um Pflanzlöcher in den Boden zu drücken. Die sehr dünnen Pikierstäbe benutzt man für Keimpflänzchen.

Sommerblumen: Allgemeine Bezeichnung für Einjährige, die nur einen Sommer blühen.

Sorte: Eine durch Züchtung entstandene, spezielle Form einer Pflanzenart.

Spalier: Waagerecht, senkrecht und/oder schräg erzogene Zweige eines Gehölzes; sie werden an eine Unterlage gebunden.

Stamm: Der astfreie, untere Abschnitt eines Baumes.

Staude: Pflanze, die mehrere Jahre lang lebt und jährlich neu austreibt.

Steckholz: Vermehrungsart; ein bereits verholztes Stück eines Gehölzes mit mehreren Augen wird abgeschnitten und in die Erde gesteckt.

Steckling: Vermehrungsart; man schneidet ein grünes Sprossstück oder einen Trieb ab und pflanzt es in Erde. Der Steckling bildet neue Wurzeln und wächst zu einer Pflanze heran.

Strauch: Gehölz, das mit mehreren Stämmen aus dem Boden wächst.

Ton: Natürliches Material, aus denen Pflanzgefäße (Töpfe, Kübel) hergestellt werden. Terrakotta ist gebrannter Ton, ein poröses Material, das Staunässe verhindert.

Topf: Sammelbegriff für ein kleines Pflanzgefäß.

Topferde: Substrat für Pflanzgefäße mit Torfgehalt, das zu einem Drittel aus Ton besteht und Dünger enthält; siehe auch Blumenerde.

Torf: Nicht erneuerbare Ressource, die aus Mooren gewonnen wird; gute Gartencenter bieten Substrate mit Torfersatzstoffen an.

Umtopfen, Eintopfen: Einsetzen einer Pflanze in einen größeren Topf.

Unterlage: Beim Pfropfen von Pflanzen wird ein gezüchteter Trieb auf eine bewurzelte „Unterlage" aufgesetzt.

Varietät (var.): Eine natürlich auftretende Modifikation einer Art.

Verblühtes entfernen: Nur wenn welkende Blüten sofort entfernt werden, bilden viele Pflanzenarten neue Blüten aus den Knospen darunter.

Vlies: Poröse Kunststofffolie, die als Wärmeisolation über Pflanzen gebreitet wird.

Wasserpflanze: Arten, die zumindest in Teilen im Wasser wachsen; einige Arten bleiben dauerhaft untergetaucht.

Winterhärtezone: In diesem Buch als Zahlenwert gekennzeichnet, der auf den Karten im Anhang geografisch eingeordnet wird. Die Zonen geben für jede Pflanze an, welche Wintertemperaturen sie im Freien aushält, ohne abzusterben.

Winterruhe: In dieser Zeit stellen mehrjährige Pflanzen ihre Lebensfunktionen weitgehend ein, um die Frostperiode zu überstehen.

Wurzel: Der gesamte unterirdische Teil einer Pflanze.

Wurzelballen: Die Wurzeln mit der anhängenden Erde.

Wurzelhals: Übergangsbereich zwischen Wurzel und Spross.

Zone: siehe Winterhärtezone.

Zweijährige, zweijährige Pflanze: Arten, die ihren Lebenszyklus vom Samen bis zur Frucht in zwei Jahren abschließen.

Zwergformen: Gezüchtete Sorten mit kleinerer Wuchsform als die Art.

Zwiebel: Unterirdisches Speicherorgan aus eng stehenden Blättern, aus dem im Frühling der oberirdische Teil der Pflanze auswächst.

Winterhärte-Zonen

Die Winterhärte wird nicht nur von der winterlichen Tiefsttemperatur, sondern von vielen Faktoren wie Standort, Boden und Mikroklima im Garten beeinflusst.

Als Winterhärte-Zone wird der Bereich oder die Region bezeichnet, in der eine Pflanzenart ganzjährig im Freien wächst und gedeiht. Entscheidender Faktor bei der Einteilung ist die Länge und Härte des Winters sowie die durchschnittlichen Minimimumtemperaturen. Diese werden einzelnen Zonen zugeordnet. Langjährige Erfahrungen zeigen, dass die Überlebensquote einer Pflanze in ihrer Wachstumszone bei 80 % liegt.

Innerhalb einer Zone kann die Frosthärte variieren, denn sie ist nicht nur von der tiefsten Temperatur, sondern auch der Dauer der Kälteperiode, der Wasser- und Nährstoffversorgung und dem Witterungsverlauf im Sommer abhängig. So sind Stadtregionen in der Regel deutlich wärmer als die ländlichen Gebiete der Umgebung und können durchaus eine halbe Zonenstufe höher eingeordnet werden.

Europa

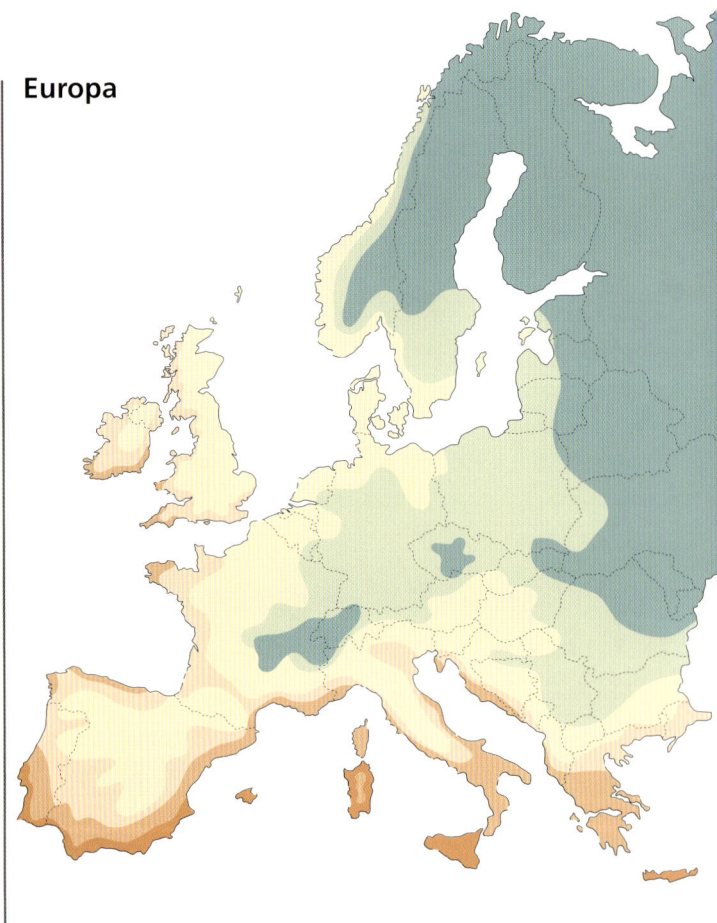

Legende
Durchschnittliche jährliche Tiefsttemperaturen

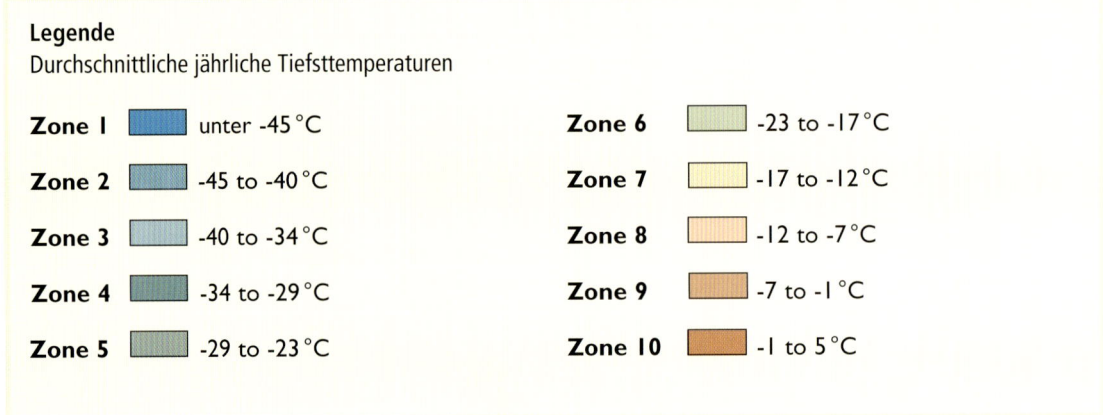

Zone 1	unter -45 °C	
Zone 2	-45 to -40 °C	
Zone 3	-40 to -34 °C	
Zone 4	-34 to -29 °C	
Zone 5	-29 to -23 °C	
Zone 6	-23 to -17 °C	
Zone 7	-17 to -12 °C	
Zone 8	-12 to -7 °C	
Zone 9	-7 to -1 °C	
Zone 10	-1 to 5 °C	

Danksagung

Bildnachweis

Abkürzungen: l links; r rechts; u unten; m Mitte; o oben

GAP Photos www.gapphotos.com
S. 11 ul, 14–15, 16, 18, 19 ul & ur, 20 m, 21 ul & ur, 23, 25 ul, 2. & 3. von l, 26 ul & ur, 27 ul, 3. von l & ur, 28–29, 30–31, 32–35, 36, 37 m & r, 38 m, 39–40, 43, 44, 45 r, 46, 47 u, 48–49, 51, 53 u, 55, 57 u, 59 ol & u, 61 or & ur, 62 l & m 70, 72 u, 75 o, 78, 79 o, 80–81, 83, 84 o, 86–87, 89 o & u, 91 ul & 91 o, 92–93, 95, 96–97, 100–101, 111, 118, 120–122, 125, 217 ol, 129–131, 136–183

Garden Collection www.garden-collection.com
S. 1, 2–3, 4, 6–7, 13, 16/17b 17 r, 19 m, 20 l & r, 21 m, 24, 25 r, 26 2. & 3. von l, 27 2. von l, 27 l & r, 41, 44 ul, 45 l, 47 o, 52 o, 55 u, 57 o, 59 or, 61 l, 71 l, 72 or, 73–74, 76–77, 82, 84 u, 88 u, 90 u, 91 u, 98, 99, 172

Bridgeman www.bridgeman.co.uk
S. 9, 11 o, 11 ur

Christie's Images www.christiesimages.com
S. 10, 12

Shutterstock www.shutterstock.com
S. 42, 132–135

Photolibrary www.photolibrary.uk.com
S. 68–69

Alle übrigen Abbildungen: Quarto Inc.

Joanna Harrison bedankt sich bei:
Miranda Smith für ihre Unterstützung bei der Erstellung des Buchs, besonders für den Porträtteil, Paul Gingell und Elaine Day von der Burford Garden Company für ihre Hilfe sowie die Pflanzen und Container, die sie für dieses Buch zur Verfügung stellten. (Burford Garden Company, Shilton Road, Burford, Oxfordshire, OX18 4PA, UK, E-Mail: info@burford.co.uk) und John Fryer und Guy Dagul für ihre Ratschläge und Unterstützung.